Agent immobilier :

du Rêve à la Réalité !

Guide complet pour les professionnels du courtage immobilier

Tome I

SYLVIA PERREAULT

Courtier immobilier agréé

LES ÉDITIONS IMMO-SUCCÈS

Données de catalogage avant publication (Canada)

Perreault, Sylvia, 1959-
Agent Immobilier : du rêve à la réalité!, Tome I
ISBN 978-2-9810117-0-1

1. Affaires. 2. Immobilier. 3. Éducation. 4. Succès. 5. Motivation.
I. Titre. II. Collection. Immo-Succès

Dépôt légal
Bibliothèque nationale et archives du Québec, 2007
Bibliothèque nationale et archives du Canada, 2007

Mise en pages et conception graphique de la couverture:
CORAIL COMMUNICATION DESIGN INC.
Correction et révision: France Barabé
Impression: TRANSCONTINENTAL

Imprimé au Canada

LES ÉDITIONS IMMO-SUCCÈS

**Les raisonnables ont duré,
les passionnés ont vécu.**
Nicolas De Chamfort 1741-1794

**Le poids véritable d'une passion se mesure aux
sacrifices et à l'audace que l'on est
prêt à mettre dans la balance.**
Robert Charlebois 1944-   .

<u>Du même auteur, chez le même éditeur</u>

Agent Immobilier : de la réalité aux rêves!   Tome II

*

Les outils IMMO-SUCCÈS

*

𝒱OICI QUELQUES TÉMOIGNAGES

¨Le livre **«Agents immobiliers : du rêve à la réalité!»** est une mine de renseignements considérable pour tous les nouveaux agents immobiliers, de même que pour ceux ayant de l'expérience dans le domaine. Il s'agit d'un guide efficace dans lequel trucs, outils et astuces du métier sont énumérés et expliqués afin de donner un sérieux coup de pouce à bon nombre de praticiens. Bien que je n'endosse pas tous les propos de l'auteur, ce livre saura certainement répondre à plusieurs questionnements. Ceux qui connaissent Sylvia Perreault retrouveront dans ce livre sa passion du métier et c'est un des atouts majeurs de cet ouvrage. Bonne lecture!¨

Yolande Ratelle
Directeur, Service aux membres
Fédération des Chambres immobilières du Québec

Wow! Excellent livre de référence en immobilier couvrant énormément de sujets. Pourra aider plusieurs futurs agents, ainsi que les agents établis et sans oublier les courtiers voulant les aider à s'organiser et progresser. Elle nous offre les livres que le milieu de l'immobilier atttendait tant. Bravo!

Alain Chaput
Copropriétaire et agent immobilier agréé depuis 1974
RE/Max Immo-Contact (1981) Inc.
Laval

Sylvia c'est elle,

Voilà un beau cadeau que l'auteure fait à tous ceux et celles qui évoluent dans l'univers de l'immobilier, ou qui y aspirent. Elle-même agent immobilier chevronnée, elle partage généreusement avec nous anecdotes, conseils et astuces.

Organisation, efficacité et rentabilité sont ses mots d'ordre: trois éléments essentiels pour être en mesure de faire face aux hauts et aux bas d'un domaine plus exigeant qu'il n'y paraît.

Les agents expérimentés y découvriront des réflexions fort intéressantes sur des sujets d'actualité reliés à la gestion de leur entreprise.

Les nouveaux venus y trouveront le fil conducteur leur permettant un passage tout en douceur de la théorie immobilière - toujours essentielle - à la réalité du travail lui-même au quotidien. Un must!

Source d'inspiration, ce livre vise l'amélioration : apprendre à mieux canaliser son énergie vers les éléments importants, en vue d'une plus grande rentabilité... et d'une meilleure qualité de vie.

Trois fois bravo d'avoir osé. Félicitations!

Chantal Demers
Agent immobilier affiliée, passionnée de l'immobilier
ReMax Immo Contact inc.
Laval

TABLE DES MATIÈRES

REMERCIEMENTS

À mes enfants, Catherine et Charles André, pour qui le mot *passion* à été pour moi une source d'inspiration et une preuve de réussite par l'effort et la détermination.

Je tiens à remercier les nombreuses personnes qui ont rendu possible la rédaction de ce livre. Mes adjointes, au fil des ans, Johanne Beauchemin, Maryse Picard, Catherine et Victoria Amorosa, mes grands amis et courtiers associés Jean-Jacques Barbeau et Alain Chaput. Mes grandes amies et amis, Gérard Laporte, Diane Emond, Annie Chouinard, Suzanne Lavigne, Melissa Mensing, Chantal Demers, Josée Martin et Noëlla Bergevin qui m'ont appuyée et motivée tout au long de cette aventure. Mes nombreux amis du monde associatif tel que, membres et le personnel de la Chambre immobilière du grand Montréal. Naturellement les agents et courtiers que j'ai croisés et franchement appréciés au fil des ans. Parmi ceux-ci, je ne voudrai pas oublier les nombreux agents d'expérience qui sont venus vers moi généreusement afin de me transmettre leur savoir et leur expérience: Je suis si fière aujourd'hui de vous avoir connu. Vous avez nourri ma détermination!

Mes complices d'écriture: la correctrice France Barabé pour son travail exceptionnel, mon ami le célèbre avocat devenu juge, l'honorable Henri Richard, qui est toujours là pour me conseiller et me protéger! Ma conscience, mon comptable et mon ami Jean-François Beaulieu. Christian Fortin, Agent liaison - Membres CIGM pour les très bons tableaux de statistiques préparés avec passion et dévouement. Mon amie Betty Morin dont l'esprit créatif a su répondre à mes attentes artistiques pour la mise en page de mes deux tomes.

Mes innombrables clients qui m'ont aidée à me surpasser à les servir avec tout l'enthousiasme que l'amour de cette profession m'apporte. Vous mes chers agents et chères agentes que j'ai entraînés et coachés de loin ou de près et dont le plaisir de vous voir réussir m'a donné de l'énergie et surtout la raison de croire que ce livre sera essentiel à votre développement professionnel. Vous êtes d'excellents agents et courtiers, soyez-en fiers!

*A*VANT-PROPOS

Ce premier tome axé sur les connaissances pratiques et organisation-nelles d'un agent en devenir est, de plus, un excellent guide pour un agent établi qui désire revoir et solidifier ses bases. Il vous guidera vers les choix et décisions qui s'imposent dans le but de faire fructifier votre potentiel. Je ne douterai jamais de votre capacité à atteindre vos rêves les plus fous.

Certains, pendant mes trois années d'écriture, se sont un peu moqué de moi et m'ont surnommée «la Mère Teresa de l'immobilier». Je le prends comme un grand compliment.

Mon unique force a été de constater l'absence d'ouvrages de référence pour les agents et courtiers du Québec et de combler cette lacune. J'ai donc été à l'écoute des besoins de mes clients: mes futurs lecteurs. J'ai pondu ce livre!

Pour y arriver, j'ai posé beaucoup de questions et entendu vos deman-des, vos inquiétudes, vos soucis, vos questions, et surtout, ce qui m'a frappé le plus, vos croyances. De là vient le format de ce livre avec cette présentation basée sur les légendes et mythes urbains à détruire. Ce tome représente ma vision personnelle du métier, une vision évolutive prête à susciter réflexions et changements si nécessaire, pour améliorer notre image professionnelle. Ce défi, maintenant terminé, un autre m'attend déjà. J'espère maintenant vous rencontrer lors de mes conférences **IMMO-SUCCÈS** et que vous viendrez visiter mon site Internet: *www.sylviacmoi.com.*

Nous partagerons ainsi nos connaissances et croyances pour continuer à faire évoluer nos pensées, nos actions dans le but ultime de faire grandir cette profession et le tout de façon instructive et même un peu évolutive!

Sylvia Perreault

PRÉFACE

C'est avec intérêt que j'ai pris connaissance des deux tomes de l'ouvrage de Mme Perreault. Deux mots me viennent à l'esprit après la lecture de ce livre: mentor et générosité.

C'est dans un style bien à elle et plutôt vivant que Mme Perreault fait part de son expertise et de son expérience dans le domaine du courtage immobilier. Un mentor est défini comme étant un guide, un conseiller sage et expérimenté. Ce livre est l'œuvre d'un véritable mentor et tant les nouveaux agents et courtiers immobiliers que les plus expérimentés apprécieront ses propos.

Peu de personnes prendront le temps, l'énergie et l'argent nécessaires afin d'écrire un livre qui a pour but de rendre service à des collègues de travail. Le livre de Mme Perreault est un exemple de générosité puisqu'elle y dispense de nombreux conseils, trucs du métier et manières de s'y prendre afin de rendre agréable et efficace la carrière d'un agent ou d'un courtier immobilier.

Il s'agit d'un livre écrit dans un style dynamique, sans prétention et qui s'adresse à toute personne œuvrant dans le domaine du courtage immobilier ou qui désire y travailler. Dans un langage accessible et intimiste, Mme Perreault sait transmettre ses connaissances et sa passion pour tout ce qui touche à la vente immobilière.

Lorsque Mme Perreault m'a approché afin de signer la préface de son livre, j'étais avocat, spécialisé dans le domaine du droit immobilier et plus particulièrement en matière de courtage immobilier, étant l'auteur du volume Le courtage immobilier au Québec - Droits et obligations des courtiers, agents et clients, dont les deux éditions ont été publiées aux Éditions Yvon Blais (1988 et 1994). Je sais comment l'écriture d'un livre constitue un exercice passionnant, mais combien exigeant.

Malgré mes nouvelles fonctions à titre de juge à la Cour du Québec, Chambre civile du district de Montréal, je ne pouvais renier l'engagement que j'avais pris envers Mme Perreault d'écrire cette préface. Ce n'est évidemment pas à ce titre que je l'ai écrite et que j'ai pris connaissance de l'ouvrage de Mme Perreault, mais bien à titre d'ami et d'ancien conseiller.

C'est avec respect que je salue son courage et sa grande générosité afin de décrire avec réalisme et acuité la nature et les défis que doivent affronter les agents et les courtiers immobiliers au Québec, bien que je ne puisse partager toutes ses opinions. C'est avec beaucoup de pertinence qu'elle traite de l'aspect commercial de cette profession et des conséquences qui découlent de cette réalité.

Je transmets à Mme Perreault toutes mes félicitations pour le temps et l'énergie qu'elle a consacrés à l'écriture de cet ouvrage. Je suis persuadé que son livre saura répondre à un besoin pour toutes personnes qui envisagent une carrière dans le domaine du courtage immobilier et pour celles qui désirent bonifier leur façon de faire.

Montréal, le 27 avril 2007

Henri Richard

AGENT IMMOBILIER EST-CE POUR MOI ?

«Sur cent personnes, il y en a deux seulement qui sont dans la parade; huit la regardent passer et les quatre-vingt-dix autres ne savent même pas qu'il y a une parade.»   *Jean-Marc Chaput*

«Regardons l'avenir en face sinon nous l'aurons tous dans le dos»   *Pierre Dac*

La profession vous tente ou vous fascine?
Comment savoir si c'est vraiment pour vous?

Il y a peu de livres sur la profession d'agent immobilier au Québec, et pourtant, il y a beaucoup d'histoires de réussites extraordinaires et malheureusement aussi de mythes qui alimentent les légendes urbaines. Nous retrouvons peu de bons manuels de référence en français, nonobstant les livres de motivation et de vente en général qui s'appliquent en partie à notre profession. Pourtant, beaucoup de versions différentes et de méthodes de travail circulent entre nous et elles se devaient d'être écrites, élaborées et divulguées, et pourquoi pas, «enseignées» un jour, je l'espère!

Voici, en introduction, un peu à l'image de ce que sera ce livre, une petite liste des avantages et inconvénients ainsi que leurs mythes et leurs réalités pour vous permettre d'avoir une vision adéquate du métier ou de prendre une décision éclairée concernant une éventuelle carrière en immobilier. Je m'adresse aussi aux gens déjà en immobilier, qui désirent revoir certains concepts et le tout, avec un peu de ma touche d'humour et quelques commentaires.

Premièrement, je crois sincèrement que beaucoup de gens rêvent en couleur lorsqu'ils décident de devenir agents immobiliers. Hé oui! Et **heureusement d'ailleurs**, car il faut parfois être un peu fou pour se lancer dans cette galère!

Le métier est attirant et voici les raisons les plus connues et entendues:

- Possibilité d'avoir le titre avec des études minimes, courtes et pas chères
- Possibilité de revenus bien au-dessus du revenu moyen, et ce, facilement
- Possibilité de rencontrer beaucoup de gens et d'avoir une vie sociale prestigieuse
- Possibilité d'être (enfin) son propre boss
- Possibilité d'avoir des heures flexibles
- Possibilité d'avoir une deuxième carrière peu exigeante, après une retraite bien méritée
- Possibilité d'exercer le métier à temps partiel
- Possibilité d'un deuxième revenu
- Possibilité d'être au courant du marché pour pouvoir enfin être le premier à saisir les opportunités et les aubaines.

Toutes d'excellentes raisons pour se convaincre... mais, sont-elles un reflet véritable de la réalité?

Non! Désolée de vous l'apprendre. Dans ce livre je vais vous décrire et vous démontrer qu'il était grandement temps que quelqu'un vous le dise!

Bien sûr, je ne veux pas vous décourager, car c'est en fait la plus belle profession que je connaisse: elle me fait bien vivre et ses possibilités sont considérables par rapport aux efforts requis. J'en suis réellement passionnée au point d'en écrire un livre!

Je sais… vous me direz: «Il faut rêver, non?» Ou bien: «Il faut tenter d'atteindre ses buts dans la vie!»

Je l'admets oui, mais parfois, un peu de réalité ne fait pas de mal. Cela évite les erreurs et vous permet de bien faire. Les statistiques le démontrent seulement 20% des agents immobiliers vivent de leur profession. De plus, les perspectives d'avenir sont peu encourageantes.

Répartition des membres de l'ACAIQ
(Au 1er janvier)

	1997	1998	1999	2000	2001	2002	2003	2004	2005	2006	2007
Par catégorie de certificat											
Agent agréé	2021	2022	2028	2028	2029	2042	2070	2131	2131	2218	2406
Agent affilié	5618	6077	6370	6671	6787	6932	7606	8440	8440	9814	11633
Courtier agréé	1507	1490	1495	1468	1481	1509	1512	1545	1545	1554	1627
Courtier affilié	86	90	80	82	79	77	76	74	74	73	66
	9232	9679	9973	10249	10376	10560	11264	12190	12190	13659	15732

Par sexe et âge moyen											
Homme	62%	62%	60%	60%	59%	60%	59%	59%	58%	58%	53%
Femme	38%	38%	40%	40%	41%	40%	41%	41%	42%	42%	47%
Homme - âge moyen	48	49	51	50		50	50	50	49	49	49
Femme - âge moyen	48	49	46	49		49	47	47	47	48	48

Répartition des membres de l'ACAIQ

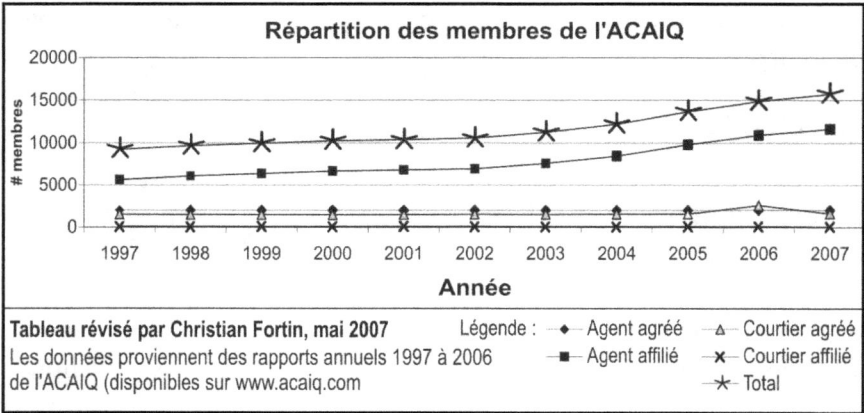

Tableau révisé par Christian Fortin, mai 2007
Les données proviennent des rapports annuels 1997 à 2006
de l'ACAIQ (disponibles sur www.acaiq.com

Légende : ◆ Agent agréé   △ Courtier agréé
■ Agent affilié   ✕ Courtier affilié
✳ Total

Comparaison des professions

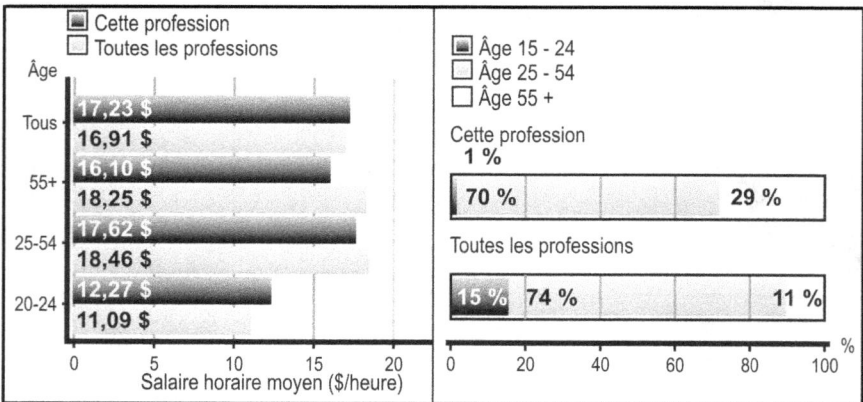

PERSPECTIVES

D'après Emploi Avenir Québec

Après avoir diminué fortement au cours de la récession du début des années 1990, le nombre d'agents et vendeurs en immobilier est demeuré assez stable jusqu'à la fin de cette décennie, pour ensuite augmenter fortement. Ces mouvements dépendent de l'état du marché de la revente de maisons, de l'adaptation de leurs revenus aux fluctuations du marché et du niveau d'utilisation des outils de communication électronique. Étant donné que le marché de la revente de maisons devrait plafonner et que l'utilisation des outils de communication électronique continuera à restreindre la demande de courtage immobilier, on prévoit que le nombre d'agents et vendeurs en immobilier diminuera légèrement au cours des prochaines années.

www150.hrdc-hc.gc.ca/asp/emploi/emploi.asp?page=listeprofessions.asp&
(Mise à jour: avril 2005)

Source des débouchés

Comme on ne prévoit pas de croissance d'emploi dans cette profession, les débouchés proviendront essentiellement des postes qui seront libérés par les agents et vendeurs en immobilier qui seront nombreux à prendre leur retraite ou à quitter la profession pour toutes sortes d'autres champs d'activité. Ils seront en effet nombreux à prendre leur retraite, car l'âge moyen est beaucoup plus élevé chez ces agents et vendeurs que dans l'ensemble des professions: environ 64% d'entre eux étaient âgés de 45 ans et plus en 2001, proportion beaucoup plus élevée que pour l'ensemble des professions (35%). Encore plus, 7% d'entre eux étaient âgés de 65 ans et plus, proportion cinq fois plus élevée que dans l'ensemble des professions (1,4%).

Le fort roulement dans cette profession, qu'il soit dû à la retraite ou à l'abandon de la profession pour d'autres champs d'activité, se reflète dans les données de l'Association des courtiers et agents immobiliers du Québec. Ainsi, selon les années, de 15% à 20% des agents immobiliers quittent la profession.

Finalement, quelques postes seront libérés par ceux qui obtiendront des promotions dans l'industrie du courtage immobilier. Les perspectives d'emploi sont considérées SATISFAISANTES pour les raisons suivantes:

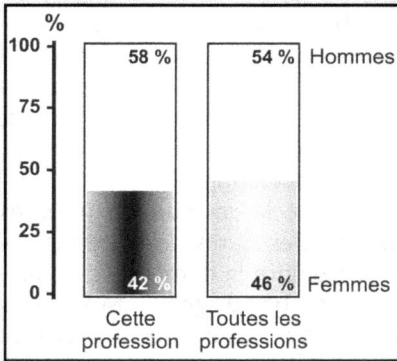

La demande est limitée malgré l'expansion du marché de l'habitation, car plus de propriétaires vendent leurs maisons eux-mêmes et plus d'acheteurs se servent d'Internet pour trouver des maisons.

Le salaire horaire (17,23 $) est supérieur à la moyenne (16,91 $) et son taux de croissance se situe dans la moyenne.

Le taux de retraite est considérablement supérieur à la moyenne et les départs à la retraite créent bon nombre d'ouvertures.

Le taux de chômage (1,3%) est considérablement inférieur à la moyenne (5%).

Le nombre de chercheurs d'emploi correspond presque au nombre de postes disponibles, mais faute d'expérience, les diplômés récents et les immigrants sont peu nombreux parmi les nouveaux travailleurs.

Par contre: Le pourcentage relativement faible de jeunes travailleurs laisse entrevoir peu de possibilités d'emploi de premier échelon et pourrait indiquer qu'on a davantage besoin de travailleurs ayant de l'expérience ou un certain nombre d'années de formation.

En raison de l'âge moyen supérieur à la moyenne (62), le taux de retraite sera probablement supérieur à la moyenne jusqu'en 2007.

Le pourcentage de femmes s'établit à 42% comparativement à la moyenne de 2001 (46%) et il est resté à peu près inchangé depuis 1994.

Avez-vous tout ce qu'il vous faut pour être un agent immobilier?

J'observe, avec l'expérience, que la passion requise pour exercer cette belle profession, doit être déjà en soi…Par passion, j'entends celle de vouloir rendre service, de se vendre et d'être une référence en matière d'immobilier, mais sans oublier la plus importante, **celle d'aimer les gens et leurs propriétés!**

À chaque transaction, même après mes nombreuses années dans ce métier, je suis encore tellement fière d'avoir été choisie pour accompagner mes clients à travers cette étape cruciale du rêve de leur vie.

Pourtant, nous qui pratiquons cette profession, on s'entend pour dire que ce n'est pas la formation de 240 heures qui donne cette passion. C'est pour cela que j'ai consacré, en plus du chapitre sur la formation minimale requise (chapitre «*La formation à tout prix*»), un chapitre sur le rôle et les qualités requises pour être un bon agent. Grâce au chapitre: «*Dans quoi je m'embarque!*» ces qualités essentielles décrites donneront un sens approprié au sérieux de votre démarche.

Le désir de réussir cette nouvelle carrière doit être très fort et réaliste par rapport à vos attentes. Vous devez être conscient que ce n'est aucunement une porte d'entrée facile vers le succès instantané que certains paraissent obtenir. Les efforts doivent venir de vous, de même que la capacité d'être très autodidacte. Vous constaterez tout au long de ce livre l'importance de ces deux caractéristiques. Cela peut ne pas être évident ou inné pour tout le monde. Le plus vite vous vous en rendrez compte, le mieux ce sera, afin de faire face à la réalité de vos attentes, de votre temps, de votre énergie et surtout de votre portefeuille.

Beaucoup, beaucoup de dollars $$$!

Les dollars parlons-en! On sait que les courtiers, toujours en mode de recrutement, (au chapitre «*Comment choisir son courtier*» on saura comment le choisir, et surtout choisir sa bannière) font miroiter des revenus potentiels mirobolants à ceux qui se présentent à leur porte. Croyez-moi, c'est facile de constater que le meilleur agent du quartier où vous habitez se promène en voiture rutilante de l'année.

La profession est très payante, bien sûr et évidemment, nous entretenons entre nous, les agents, des préjugés accommodants à ce sujet et qui restent en notre faveur pour arriver à y croire durement! Après tout, on parle d'argent vite empoché, d'un travail facile et d'un minimum de 7% de commission par propriété! C'est beaucoup lorsqu'on devine qu'aujourd'hui les maisons se vendent en majorité au dessus de 100 000 $, mais est-elle si payante pour tous? Non! Au risque de vous décevoir un peu, la réalité est très différente et je me dois de vous en informer et de vous la décrire. Il ne faut pas oublier que ce qui vous reste, après le partage avec l'agent collaborateur, est finalement le revenu brut de votre entreprise. De plus, votre statut de travailleur autonome vous permet de soustraire les dépenses et les impôts afférents à votre PME.

Nous sommes une PPE (Petite, Petite, Entreprise) et des dépenses nombreuses existent. Même si celles-ci sont déductibles, il faut quand même avoir des revenus suffisants pour les assumer. Bien sûr, plus vous en faites, plus ça coûte cher! C'est une réalité peu dite, mais elle est très présente.

Rares sont ceux qui, dès la première année, font beaucoup de profits. On sait qu'en général «partir en affaires» demande des investissements importants. Du côté financier, peu passeront à travers, c'est la première embûche de taille que rencontreront les débutants dans cette carrière. On a oublié de leur dire! Les chapitres sur le budget, la comptabilité, la fiscalité et le plan d'affaires et surtout celui: «Dans quoi je m'embarque», vous éclaireront sur ce sujet, en espérant qu'ils ne vous décourageront pas!

Vous pourrez profiter d'heures flexibles

Il faut savoir qu'il n'y a pas d'horaire de travail fixe. En immobilier en général, le plus grand défi des agents est de ne pas se brûler dès les premières années, car nous sommes à notre compte et il n'y a rien, ni personne pour nous arrêter, surtout pas les clients qui profitent à outrance de la trop grande disponibilité que nous leur accordons. Les mythes et légendes urbaines à ce sujet à l'effet que nous sommes disponibles 24 heures sur 24 et 7 jours sur 7, sont propagés et naturellement démesurés. De plus, au début, on se dit souvent: «je vais en faire un peu plus et je ralentirai lorsque que je serai plus connu, soit lorsque les clients me tomberont du ciel!» La vérité est toute autre.

Lorsque votre entreprise prend enfin son envol, les clients vous tombent du ciel, en effet, mais également de l'enfer (ce qui vous occupe encore plus!) La gestion du temps et la connaissance des priorités en sachant bien s'entourer et en sachant, comme mentionné au chapitre «Qui fait quoi» dans l'industrie vous permettront donc de ne pas tomber dans le bateau qui voguerait à la dérive!

Rémunération très avantageuse par rapport au temps requis

Que ce soit 7% du prix de vente d'une propriété ou 10% d'un terrain ou d'un commerce, cela peut paraître comme énormément d'argent. Des milliers de dollars en fait, et ce, avec juste une seule transaction! Les apparences sont trompeuses, car on oublie souvent de vous mentionner toutes les fois où vous travaillerez pour rien, ou encore la somme d'organisation et de travail avant, et après la vente, pour obtenir une transaction. Je vais vous le rappeler: «le temps c'est de l'argent!»

Enfin, être son propre boss!

Ou paraître l'être? Ou se convaincre de l'être? Le pire patron est parfois soi-même, à cause de nos trop grandes attentes envers nous.

De plus, nos clients, nos fournisseurs, nos banquiers, nos frais de service et nos dépenses nécessaires à notre entreprise et sans oublier notre premier fournisseur de services, soit notre courtier, sont là et ils veulent des comptes et du rendement et croyez-moi: la pression de réussir à accomplir une performance à un maximum de profit est donc présente et elle est constante. Il s'agit de savoir la gérer et de bien la contrôler. Alors le voici votre nouveau boss: le stress. C'est pourquoi les chapitres sur la gestion du temps et l'organisation de bureau vous seront utiles pour confronter ce petit démon.

Finalement «Est-ce pour moi?»

Parfois, des clients ou amis nous disent: «Ah! Je vais faire ce métier-là, ça a l'air tellement facile et payant!»

Auront-ils le profil de l'emploi, les qualités essentielles ou le talent nécessaire? Je vais essayer de vous aider. De plus, dans mon deuxième livre, nous regarderons les sujets aussi importants que la prospection, la vente, la formation d'équipe, la mise en marché, soit tous les sujets qui vous permettront de développer une carrière solide et équilibrée et atteindre vos rêves. Il y aura aussi dans ce livre beaucoup d'autres règles et méthodes pratiquées qui ne sont pas enseignées dans votre formation de base.

D'où viennent-elles? Sont-elles réelles? Comment vous initier à celles-ci?

Je vous dévoilerai donc ces «règles non écrites» avec le chapitre «Règles de l'Art», ces règles se transmettent de génération en génération et elles sont essentielles, à mes yeux, à l'appréciation d'exercer cette profession.

Je vais donc tenter, à travers les pages qui suivent et dans mon deuxième tome, de revoir avec vous tous les aspects de ce métier qui, à mon avis, est captivant, payant et emballant lorsqu'il est bien pratiqué. Mon expérience comme agent immobilier de carrière, ainsi que celle de mes consœurs et de mes confrères m'ont grandement aidée à cerner les connaissances minimales, les standards requis et les us et coutumes nécessaires pour exercer cette profession. À travers ce guide, je me permettrai d'ébranler quelques-unes des croyances et des idées préconçues (apparences trompeuses obligent) qui circulent et, si nécessaire, d'expliquer les us et coutumes ultimes à notre profession.

$\mathcal{L}$ES AFFIRMATIONS

«Ne te demande pas ce qu'on a fait de toi. Demande-toi ce que tu as fait de ce qu'on a fait de toi.»
John F. Kennedy

«Les babines doivent suivre les bottines!» = «Walk the talk!»
«Parfois, les seules impossibilités de la vie sont dans ta tête seulement.»
Auteur inconnu

Outils essentiels pour celui qui aspire à réussir!

À la toute fin de chacun des chapitres, je vous confie un petit présent pour entretenir votre «âme» de super agent immobilier!

En effet, en technique de vente et en motivation, les «affirmations» se définissent comme de la nourriture pour l'âme, tout simplement pour garder notre intention et notre désir de réussir.

Nos sentiments et nos façons d'être et de penser sont en fait le résultat de notre langage intérieur. Le «mental» comme dirait le coach de hockey dans le film québécois «Les Boys!». Donc, si vos pensées intérieures sont positives, vous aurez de grosses chances d'être positif et même proactif toute la journée. Si au contraire, elles sont négatives et pessimistes, ce manque total de confiance en soi se reflètera sur vos actions et surtout sur votre détermination nécessaire pour atteindre vos objectifs.

Les affirmations positives

Les athlètes les utilisent beaucoup, les chefs d'entreprise aussi, ainsi que les spécialistes ayant à soigner des patients en manque d'assurance et de confiance en soi. Ce fait est bien connu en psychanalyse. Par exemple: dites souvent et répétez continuellement à un enfant uniquement des notions négatives sur sa personnalité et ses capacités (des bêtises quoi) et celui-ci souffrira d'un manque de confiance en lui, et ce, tout au long de sa vie. Car, en fait, nous sommes et serons tout au long de notre vie, le résultat de ce que nous nous faisons dire, soit de ce que nous entendons.

Les affirmations positives ont toujours fait partie de ma vie, comme probablement de la vôtre sans, peut-être, que vous vous en rendiez compte. Certains sont plus talentueux naturellement à avoir confiance en eux, d'autres, au contraire, vont se flageller continuellement sans s'en rendre compte. Est-ce que vous écoutez ce que votre cerveau vous dit intérieurement? Votre petite voix intérieure, est-elle positive? Pas toujours? C'est normal.

Vous pouvez changer cela et voici l'explication:

Au Québec, à une certaine époque, s'octroyer un compliment ou oser se le dire et se l'offrir à haute voix était une manifestation de vanité probablement incluse dans les sept péchés capitaux!
Nos parents, bien intentionnés, dosaient les reproches mérités avec des compliments en se convainquant d'éduquer des êtres équilibrés! Ils nous soulignaient nos bons coups seulement pour qu'ils se répètent! Vous souvenez-vous de la génération «de nous autres, on est capables» avec M. Olivier Guimond, comme porte-parole d'une brasserie québécoise. C'était dans les années 1960-70. Cela a

marqué positivement toute une génération de fiers Québécois. Pour ma part, à chacun des nouveaux projets de ma vie où j'entraînais mes parents, ils m'encourageaient infailliblement en me disant «Vas-y! T'es capable!»

Avec mes enfants, ce fut un peu la même chose. Ils excellaient dans un sport, un sport de précision d'un niveau de difficulté élevée: le patinage artistique, en danse sur glace, en couple... ensemble.

J'ai passé dix ans à leur dire qu'ils étaient bons, talentueux et qu'ils ne devaient jamais lâcher, qu'ils se devaient de travailler fort pour atteindre leurs buts. Qu'ils en étaient capables! À leur début, c'était surtout pour les encourager à fournir ce petit effort supplémentaire requis alors qu'ils étaient si près du but à atteindre, sauf que durant la période de l'adolescence et en pleine gloire, les «vas-y, t'es capable» ne suffisaient plus! Une tonne de compliments et d'affirmations furent nécessaires. Mais à quel risque? Si ce n'est que pour aider à développer leur ego un peu «fort» à cet âge!

Ces airs sceptiques qu'ils me « lançaient » après avoir raté un podium de peu, m'invitaient à m'évertuer, afin de leur dire qu'ils étaient bons quand même. Mais leurs expressions faciales m'incitaient à comprendre très vite que, j'étais un peu (beaucoup) biaisée, moi, «la mère de patineurs» qui ne connaissait rien et ne comprenait surtout rien de ce qu'ils faisaient et exécutaient. (Une chance que je payais quand même!)

Je me devais donc de trouver, à leur dose de compliments journaliers, une proportion et surtout une façon différente de les encourager. Autodidacte de nature, j'ai écouté les entraîneurs et j'ai lu beaucoup de livres sur la motivation, ainsi que des autobiographies de champions sportifs de tous acabits. J'ai compris rapidement que, d'après le récit de leurs expériences, il fallait y aller spécifiquement par sujet ou par habileté à pratiquer. Décortiquer leurs talents et les complimenter en morceaux, une étape à la fois!

Plus spécifiquement, il fallait un objectif plus tangible, palpable et surtout, atteignable. Ils nécessitaient un encouragement constant, mais avec un but réaliste à atteindre sans oublier des délais ultimes et incontournables.

Des affirmations positives, sincères et réalistes: «J'aime patiner, j'aime la danse, j'aime évoluer sur la glace au gré de la musique, je suis déterminé à réussir ce petit pas difficile avant notre prochaine prestation, je suis discipliné à m'entraîner hors glace la fin de la semaine», etc.

Nos enfants nous connaissent autant que nous les aimons! Il fallait être subtile et sincère, sinon, le mieux était de se taire. C'est évident que je les motivais beaucoup à être et à demeurer réalistes de leurs accomplissements, mais mon but était surtout de leur inculquer la sagesse de croire que de toute façon, ils étaient déjà meilleurs comparativement à toutes nos espérances rêvées. Mais était-ce suffisant? Oui, car finalement, leur propre détermination, leurs désirs, leur plaisir de patiner et d'accomplir une performance parfaite et leur confiance en eux s'occupaient de leur donner des ailes. Déjà une base solide en leur auto motivation était présente.

Je ne pouvais plus, à un certain moment, être à leur côté aussi souvent. Surtout au cours de tous les moments difficiles où ils avaient besoin d'encouragements. Je me devais de travailler de longues heures et me motiver moi-même!

J'en étais bien fière de mes deux athlètes et c'est évident qu'avoir deux enfants membres de l'Équipe nationale canadienne de patinage artistique était une source de motivation autant pour eux que pour moi. Car, avec les factures hebdomadaires de leurs entraîneurs et les frais de temps de glace, les costumes, les patins, les voyages (en fait, plus de 80 000 $ par année) qui s'accumulaient, l'auto motivation, croyez-moi, j'en avais besoin autant qu'eux!

À un certain moment, nous avons tous besoin, pour atteindre un certain niveau de performance, d'une grande dose de confiance en soi et il est requis de l'entretenir quotidiennement. Voilà donc, d'où viennent mes connaissances dans les affirmations positives et, croyez-moi, ça marche!

C'est ainsi, qu'un peu à l'image de mes enfants, et cela à chaque fin de chapitre de ce livre, je partagerai avec vous certaines affirmations qui m'ont aidée personnellement à accomplir mes performances sur le sujet abordé et à conserver ainsi une confiance en moi.

J'espère qu'elles seront utiles dans votre vie!

Comment les utiliser?

Un premier petit truc pour augmenter l'efficacité de ces affirmations est de les afficher dans un endroit où on est en mesure de les visualiser régulièrement. Comme dans votre agenda, sur les murs de votre bureau ou même dans le miroir de votre salle de bain, ce qui les rendra visibles en tout temps. De plus, je vous recommande, dès votre réveil, de les lire et de les répéter rapidement à haute voix plusieurs fois, cela vous rendra confiant de la tâche à accomplir, et ce, pour le reste de la journée.

Toutefois, prenez soin de choisir soigneusement celles qui vous seront utiles. Les affirmations seront pour vous une source de motivation indéniable. Elles pourront être changées au gré de vos besoins, afin de couper la monotonie et garder l'intérêt et la source de motivation qu'elles vous apporteront.

Certains les enregistrent sur une cassette ou sur disque compact en prévoyant une musique de fond de style baroque (ex.: les Canons de Pachelbel). Il en découle, croit-on, une facilité à les assimiler et à les intérioriser. En effet, la musique de style baroque est reconnue pour ses vertus d'assimilation de données dans notre cerveau. (P.S.: Cette musique de fond est un bon truc pour faciliter le «par cœur» afin d'assimiler la matière nécessaire à votre examen pour obtenir votre permis d'agent immobilier!)

Plusieurs livres et sites Internet existent sur ce sujet.

L'art d'utiliser les affirmations positives est donc le plus beau cadeau que je puisse vous offrir et j'espère sincèrement que certaines affirmations que je me suis permise de partager avec vous, inspireront votre réussite.

Mes Anecdotes

Tout au long de mon écriture, j'ai inclus quelques anecdotes personnelles que je tenais à partager avec vous. Elles seront disposées dans un encadré pour les reconnaître. J'espère qu'elles vous assisteront comme elles m'ont aidée à comprendre ce qui, parfois, ne peut pas être appris.

Voici un exemple de vécu sur les affirmations:

À l'automne 2002, on m'annonça brusquement sans crier gare...un cancer. Chanceuse comme je suis, j'ai eu celui qui est le plus facile à soigner, pour une femme, si enlevé à temps, un cancer de l'utérus.
D'urgence, en novembre, j'ai dû subir une hystérectomie et cela m'a confinée au repos pour un bon moment. Indéniablement, le stress de parvenir à payer le patin des enfants était présent. Surtout au lit, d'autant plus que j'avais des ventes et des clients qui m'attendaient.

Les enfants, de leur côté, prirent mal la nouvelle et en plus, ils venaient de perdre leur entraîneur (Isabelle Duchesnay venait de leur annoncer qu'elle attendait un enfant). Ils décidèrent donc, à ce moment précis, que leur carrière les avait comblés et annoncèrent leur retraite, prématurément. Deux mois plus tard, mon conjoint et père de mes enfants me quitta après 24 ans de mariage. Vous pouvez me croire, ma vie bascula et s'écroula...

Je suis une battante, oui, mais il y a des limites quand même! Je ne souhaiterais ceci à personne, même pas à mon pire ennemi.

Devinez ce que mon fils afficha au-dessus de ma porte, face à moi, lors de mon retour au bureau, après ma convalescence et mon repos mérité?

Une affiche où il était écrit en grosses lettres:

I've got Mental Toughness! Yesss!
(Je suis forte mentalement! Oui!)

Son message d'encouragement était pour moi une affirmation solide et précieuse à ce moment de ma vie! Cette affiche est encore exposée dans mon bureau et elle le sera pour longtemps. Ma fille, à son image, se mit à imprimer des affiches affirmatives enjolivées de petits dessins style «Clipart», soulignant les messages, et ce, partout dans la maison. Sur les portes de la maison, sur le réfrigérateur et elle en posa même une sur son plafond dans sa chambre à coucher!

Son but? Tenir le moral de tous, au plus haut!

Une vraie «gang» de fous! Je vous le dis, j'en suis tellement fière…

Je n'avais donc pas le droit de capituler. J'avais l'exemple de mes affirmations, bien vivant cette fois, devant moi qui me soutenait…

De plus, je constatais que jamais je ne pourrais regretter d'avoir tant investi pour le patinage.

J'ai deux enfants extraordinaires. Tout ce que je leur ai appris me revenait finalement en double.

Merci Catherine et Charles André d'avoir été une source d'inspiration, une motivation. Votre détermination m'a appris à ne pas être juste une personne performante, mais à devenir une personne meilleure, et ce, à tous les jours, même avec des projets les plus fous, comme celui d'écrire mon livre!

Maman — xxx —

Affirmations

J'aime les affirmations, elles me donnent confiance en moi!

Les affirmations me nourrissent intérieurement et me donnent la force de me surpasser.

Je suis heureux / heureuse.

Je suis fier / fière de mes réalisations.

Je rends les gens heureux autour de moi.

Je donne généreusement mon savoir,
        mon expérience… j'en reçois autant, sinon plus.

$\mathcal{L}$E RÔLE ET LES QUALITÉS D'UN BON AGENT

«L'excellence est le résultat d'une bonne formation et de la pratique de bonnes habitudes. Nous n'agissons pas correctement parce que nous possédons la vertu ou l'excellence. Nous possédons plutôt ces qualités parce que nous agissons correctement. Nous sommes ce que nous faisons de façon répétitive. Par conséquent, l'excellence n'est pas un acte en soi, mais une habitude.»

Aristote (384 — 322 av. J.-C.)

«D'après tous les livres que j'ai lu et tous les cours que j'ai suivis, c'est très évident: un bon agent doit être parfait! Rien de moins!» Sylviacmoi

Avant de déterminer les qualités essentielles pour réussir en tant qu'agent immobilier, définissons son rôle et les exigences:

Fonctions principales

Les agents et les vendeurs en immobilier exercent une partie ou l'ensemble des fonctions suivantes:

- Solliciter des mandats de vente auprès des personnes qui veulent vendre leur propriété;
- Aider les clients à vendre leur propriété et, à cette fin, déterminer le prix demandé, annoncer la propriété, inscrire la propriété dans les services de catalogues et diriger les visites libres pour des acheteurs potentiels;
- aider les acheteurs éventuels à choisir, à visiter, à inspecter les immeubles et à proposer des offres d'achat;

- Renseigner les clients sur les conditions du marché, les prix, les hypothèques, les exigences d'ordre juridique et les questions connexes;
- Préparer les offres de vente et les soumettre à l'approbation des acheteurs et des vendeurs;
- Louer, s'il y a lieu, les biens immobiliers, au nom de leurs clients.

Les agents et les vendeurs en immobilier peuvent se spécialiser dans les propriétés résidentielles, commerciales, industrielles ou institutionnelles, ou encore dans la vente immobilière en milieu rural.

©www.23.hrdc-drhc.gc.ca/2001/f/groups/6232.shtml/ Développement des ressources humaines Canada

Exigences

Les employeurs recherchent des candidats qui connaissent bien le secteur immobilier et qui maîtrisent les notions de base des mathématiques et de l'informatique. Ils doivent démontrer de l'initiative, des aptitudes à communiquer efficacement et de bonnes habiletés en négociation. Ils doivent être en mesure d'offrir un excellent service à la clientèle, en particulier faire preuve d'affabilité, d'écoute et de capacité à résoudre des problèmes. La disponibilité, l'autonomie et le jugement sont d'autres qualités recherchées. Le bilinguisme est généralement essentiel et représente toujours un atout.

©www.150.hrdc-drhc.gc.ca/asp/emploi/emploi.asp?page=listeprofessions.asp& /Emploie Avenir Québec

Concrètement, comment **moi** j'explique «À quoi sert un agent immobilier?»

Pour prétendre à ce métier, il faut fermement croire à notre rôle essentiel auprès des consommateurs. En premier lieu, il faut croire en notre capacité de les conseiller et ainsi se faire confier la vente de leur propriété et, par le fait même, gagner la confiance qu'a celui-ci en notre capacité de vendre sa propriété. Je suis le ou la professionnelle dont ils ont besoin pour les accompagner dans leur démarche.

Comment?

- En étant à l'écoute de ses besoins;

- En prenant la responsabilité que la transaction fasse son bonheur et réponde à ses besoins réalistes;

- En le protégeant des multiples pièges qu'une telle trans-action peut comporter;

- En étant un intermédiaire, un arbitre ou un négociateur dans cette transaction entre lui et son acheteur poten-tiel, et ce, en étant capable de faire le lien dans l'intérêt des parties concernées;

- En prenant la responsabilité d'une mise en marché de la propriété avec les produits et les services que seul un agent professionnel d'expérience peut offrir grâce à son allégeance à une agence immobilière, par une base de don-nées de propriétés à vendre qui, en retour, lui fournit une source de clients. Le tout étant très accessible à de nom-breux acheteurs potentiellement intéressés par l'achat d'une propriété.

De plus, il est primordial d'expliquer au vendeur qu'il a tout intérêt à prendre un agent pour le guider et l'aider dans son processus de vente. De toute façon, la réalité veut que ce qui intéresse son éventuel acheteur sera les nombreux services que je peux lui rendre, notamment l'aider:

- À trouver la propriété qu'il recherche grâce à notre banque de données immobilières, et ce, sans qu'il soit obligé d'arpenter toutes les petites rues et les annonces classées de la ville pour la trouver;
- À obtenir son financement (ce qui m'assure de son sérieux dans sa démarche);
- À lui référer un inspecteur en bâtiments de qualité;
- À l'amener par la main chez un notaire compétent;
- En rédigeant une offre d'achat sur nos formulaires qui sont essentiels pour le protéger de tout litige subséquent à une telle transaction;
- À le représenter de façon objective et professionnelle dans le but d'arriver à une entente qui fera la joie et la satisfaction de tous;
- De plus, tous ces services sont inclus dans la transaction. Pour lui c'est gratuit!

Donc, il fera l'acquisition d'une propriété qui sera inscrite par un agent.

Si vous doutez de votre rôle en tant qu'agent ou courtier immobilier et si vous n'êtes pas convaincu du bien-fondé des services que vous rendrez pour répondre aux besoins du consommateur, vous aurez appris toutes les qualités possibles pour réussir mais vous ne réussirez jamais votre carrière sans cette foi ultime en vous. Il faut être fier de ses services et de ses talents!

Ceci dit, commençons avec les **principales qualités** d'un bon agent, reconnues de tous nos pairs:

- Beaucoup de ténacité
- Capacité d'auto motivation
- Désir ardent de réussir
- Talent d'entrepreneur et de vendeur
- Bonne formation scolaire et académique ou autodidacte
- Maturité et expérience de vie = crédibilité
- Initiative
- Créativité
- Talent de négociateur et de vendeur
- Bonne écoute, attentive et intuitive
- Rigueur
- Bon jugement et discernement

Et les atouts?

- Être sociable
- Être compréhensif et compatissant (empathie)
- Souhaiter aider les autres
- Désirer évoluer et se perfectionner
- Faire preuve d'autodiscipline et savoir gérer son temps précieusement
- Faire preuve de persévérance et de conviction
- Avoir un sens de l'humour et de la patience!
- Avoir la passion des gens!
- Avoir le sens du «timing»
- Être chanceux ou croire en la possibilité de faire sa chance!

Tous ne détiennent pas toutes les qualités que je viens de nommer. Certaines se développeront avec le métier et l'expérience, j'en conviens, mais essayons ensemble de trouver celles que vous cher-cherez à développer si vous ne les possédez pas déjà!

Ce que recherchent les courtiers?

Ma curiosité m'a amené à me demander quelles sont les qualités que recherchent les courtiers propriétaires ou directeurs de bureaux de courtage qui engagent les agents immobiliers. Ils ont l'expérience et ils voient passer beaucoup d'agents...

Leurs réponses? Il y a trois éléments essentiels à un bon agent. Il faut avoir de l'**empathie**, de la «**drive**» que je traduirais par de la détermination et **un ego assez fort**.

Ce sont les qualités recherchées pour un candidat idéal par la grande majorité des courtiers. (Je me permets de rajouter à leur quête du candidat rêvé; qu'il soit **financièrement à l'aise**, vous en conviendrez plus loin dans ce livre, au chapitre des frais de départ!)
Ces trois qualités doivent être présentes et fortes, et ce, dès le départ chez un candidat qui se présenterait à leur porte. Ils s'entendent tous sur ce point.

Pourquoi «**l'empathie**»? Parce que c'est une preuve que nous aimons le monde et que nous sommes prêts à les aider, à les écouter et surtout à répondre à leurs besoins, à leur rendre service. En fait, je pourrais ajouter que la sympathie attire ces qualités naturellement.

Qu'est-ce la «**drive**»? La détermination et la volonté. Elle est essentielle à tout travailleur autonome. Les agents n'ont pas vraiment le temps d'être gênés ou de ne pas oser demander. De plus, ils doivent être persuasifs et dynamiques! Ils doivent foncer et croire en eux et en leur capacité de réussite. Sachez que cette qualité n'est pas limitée uniquement au domaine de l'immobilier, mais au fait même d'être en affaires. C'est une réalité du métier.

Enfin, «**l'ego**» permet, sans forcer la dose, de se vendre et de se positionner comme un «leader» dans l'industrie. De plus, il aide à encaisser le rejet de nos offres de services, ce phénomène incontournable de notre profession.

Mais attention! **Un bon équilibre des trois qualités serait la formule magique**, selon certains courtiers. Pourquoi?

Parce que beaucoup «d'ego» et de «drive», mais pas assez «d'empathie» feraient d'un agent un être que personne n'aime et son manque de finesse ferait que personne ne voudrait collaborer avec lui. De plus, ses propres clients garderaient un mauvais souvenir de lui. Ainsi, il ne ferait qu'un passage dans ce métier.

D'un autre côté, un surplus «d'empathie» ferait un agent mou, un être sans colonne et qui serait trop à l'écoute de ses clients. En effet, il aurait de la difficulté à se faire respecter et perdrait trop de temps dans les détails et les confidences de ceux-ci. Il serait aussi trop bonasse pour défendre avec assurance sa rétribution. Viendrait le jour où il constaterait qu'il ne reçoit pas assez d'argent, puisque les ventes et les revenus gagnés ne sont pas suffisants pour survivre. Il y a déjà beaucoup trop d'agents qui ont cette tendance et qui sont caractérisés dans ce milieu comme des **«agents sociaux»**!

D'autres sont faits pour être leur propre patron: des travailleurs acharnés et capables d'en faire plus qu'on leur en demande, ou encore, des individus qui ont déjà été en affaires dans une autre sphère d'activité et qui sont en fait d'excellents candidats à cause de leurs qualités acquises. La discipline personnelle, les objectifs réalisables et la motivation personnelle sont aussi de bonnes qualités à développer, tout en gérant bien une pression soutenue; le bon stress quoi!

La compétence

Il est essentiel et primordial que l'agent idéal soit continuellement à l'affût d'informations et des cours qui se donnent, afin de se tenir à la fine pointe des nouveautés en informatique, en droit (lois et règlements) et en techniques de vente, sans oublier sa connaissance du marché immobilier.

Ces informations et ces cours ne viendront pas à vous, vous devez les trouver, vous y inscrire et lire tout ce qui vous tombe sous la main! Vous en êtes responsable comme tout travailleur autonome.

Celui qui ne veut plus apprendre se fait dépasser par ses pairs très facilement, si ce n'est par ses propres clients. En effet, les clients sont de plus en plus informés et éduqués. Il est donc essentiel de maintenir son statut de professionnel en demeurant compétent, au fait de son marché et à l'affût des nouveautés.

Puisque nous rencontrons toutes sortes de personnes, une ouverture d'esprit serait aussi souhaitable! Ce n'est pas le temps d'être raciste ou d'avoir des opinions tranchées contre n'importe quoi ou «anti» quelque chose ou même être phobique! Nous entrons dans la vie des gens et parfois même, dans leur intimité. Un agent ne doit pas juger les habitudes de vie de ses clients, mais en être très respectueux.

Enfin, dans les autres qualités recherchées chez un agent, il est aussi question d'autonomie: une qualité très enviable et ce, dans tous les aspects de sa personne et de sa vie. Planifier, budgéter et aspirer à devenir autonome financièrement est le but ultime de tous les travailleurs d'aujourd'hui.

En résumé, un agent doit être autonome financièrement, compétent, autodidacte, débrouillard, discipliné, informatisé et impeccable autant dans sa tenue et sa présentation que dans son discours et son langage.

De plus, une authenticité, une honnêteté, une intégrité et une franchise à toute épreuve sont des incontournables.

Le bon agent aime rendre service, et ce, sincèrement.
Et le talent?

Les aptitudes d'un bon agent et ses habiletés

Expérience et talents utiles:

- Aptitudes en communication qui incluent «l'écoute».

- Facilité en vente, patience et détermination.

- Négociateur habile et chevronné.

- Esprit de marketing.

Le taux de réussite est très élevé parmi les agents qui franchissent le cap de la première année. Pourquoi? Sont-ils plus talentueux que d'autres? Peut-être, mais surtout plus déterminés à apprendre ces quelques règles:

- Analyser régulièrement son marché
- Établir et surveiller continuellement une liste des pro-priétés susceptibles d'être achetées ou vendues dans son territoire
- Planifier son temps en vue de se consacrer sur les tâches productives comme faire sa prospection tous les jours (et réellement le faire...)
- Obtenir des rendez-vous avec des propriétaires avec facilité et confiance
- Préqualifier ses clients potentiels avec un sérieux et une grande minutie
- Chercher à rencontrer des propriétaires vendeurs pour leur faire valoir les services que vous offrez par votre entremise et ceux offerts par votre courtier.
  (Voir chapitre sur la prospection)
- Créer en tout temps de l'«action positive», soit des actions qui rapporteront à court terme.[1]

Un bon agent doit aussi:

- Maintenir le rythme dans la discipline
- Posséder un grand sens de l'humour
- Dégager une grande maîtrise de soi
- Aimer les gens
- Savoir «vendre» sa personnalité et/ou ses idées
- Savoir poser des questions et surtout **les questions pertinentes** à l'obtention de données pouvant l'aider à cerner les besoins réels de ses clients. Savoir écouter!
- Éduquer et informer
- Connaître les 4 types de personnalités de base et savoir être caméléon face à chacun d'eux.[2]

[1]Voir chapitre «Horaires et gestion du temps»
[2]Voir chapitre «La Communication» dans Tome II: **«L'agent immobilier : de la réalité aux rêves!»**

Le talent aidera, mais pratiquer les bonnes méthodes et techniques de travail déterminera votre succès. Tout s'apprend, mais avant de vous embarquer dans le métier, posez-vous la question suivante:

Ai-je le profil de l'emploi?

Amour de soi, pyramide de Maslow (1943)

Aux principaux besoins hiérarchisés dans la pyramide de Maslow, on peut rajouter l'amour de soi

1) Besoins physiologiques, de survie.
2) Besoin de sécurité et de protection.
3) Besoin de socialisation, d'appartenance à un groupe (famille, milieu).
4) Besoin de reconnaissance, d'estime, de considération, de respect, d'affirmation de soi.
5) Besoin de réalisation de soi.

Il y a un lien très étroit entre la capacité d'aimer autrui et celle de pouvoir s'aimer.

Affirmations

Dans la vie, votre attitude plus que votre aptitude détermine votre altitude !

À dire rapidement 5 fois par jour! ;-)

DANS QUOI JE M'EMBARQUE?

«L'argent est plus utile que la pauvreté, ne serait-ce que pour des questions financières.»
Woody Allen

«Ce n'est pas en tournant le dos aux choses qu'on leur fait face.» *Pierre Dac*

Les mythes!

«Beaucoup d'inscrits, mais très peu de candidats réussissent le cours pour devenir agent immobilier. C'est un cours laborieux à suivre et l'examen de passage, pour obtenir son permis, est réputé pour être très difficile, sinon très stressant à passer.»

«C'est facile, on peut se lancer en affaires avec presque rien dans ce métier.»

«Finalement, les coûts de départ sont astronomiques! On n'arrête pas de dépenser lorsqu'on entreprend cette carrière!»

«Dans quoi je m'embarque? Personne ne nous dit rien!»

La réalité?

Le taux de réussite est en moyenne de 87% des étudiants inscrits et finissants dans les neuf dernières années d'après le tableau ci-après.

Examens obligatoires

Agents affiliés

	1996	1997	1998	1999	2000	2001	2002	2003	2004	2005	2006
Candidats	763	1285	1300	1154	1379	1332	1596	1897	3045	2940	2829
Réussites	668	1157	1136	1035	1180	1146	1413	1643	2644	254	2428
Échecs	95	128	163	119	199	186	183	254	401	392	401
% de réussite	86%	90%	87%	90%	86%	86%	89%	87%	87%	87%	86%
Note moyenne	77%	78%	78%	78%	77%	84%	79%	78%	78%	78,2%	77,5%

Courtiers & agents agréés

	1996	1997	1998	1999	2000	2001	2002	2003	2004	2005	2006
Candidats	57	119	113	111	85	111	102	205	171	182	293
Réussites	35	63	66	73	56	73	76	127	129	145	226
Échecs	21	56	46	38	29	38	26	78	42	37	67
% de réussite	63%	53%	58%	56%	66%	78%	75%	62%	75%	80%	77,1%

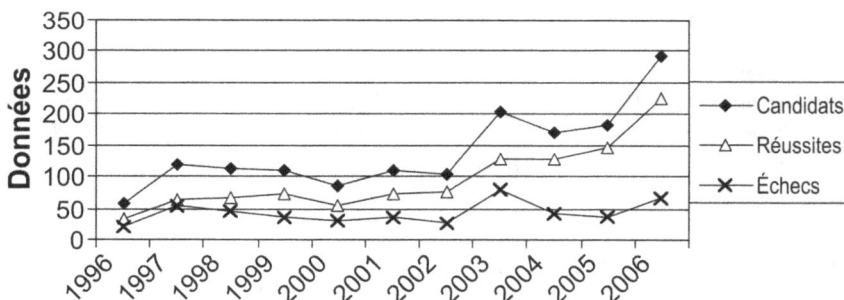

Examens obligatoires - courtiers & agents agréés

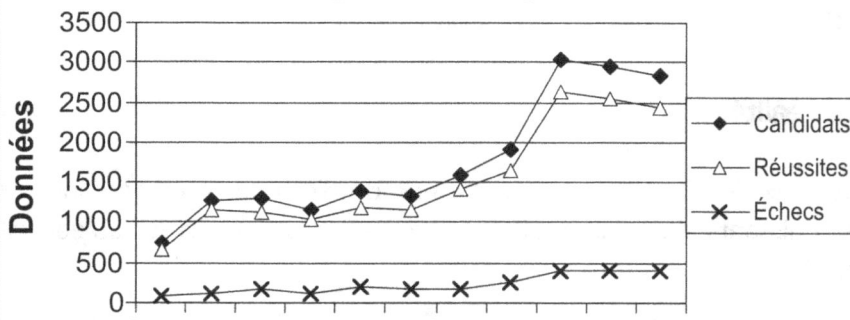

Examens obligatoires - agents affiliées

Tableau révisé par Christian Fortin, mai 2007 Les données proviennent des rapports annuels 1997 à 2006 de l'ACAIQ (disponibles sur *www.acaiq.com*)

Pas si mal?

Alors pourquoi la réputation de la formation en immobilier est-elle si horrible? C'est normal, comprenez que c'est avant tout l'apprentissage d'un métier, d'une nouvelle profession, de nouvelles matières. Il y a assez de prétextes finalement pour créer des angoisses! Certains d'entre vous ont quitté les bancs d'école depuis belle lurette. Apprendre toutes les matières par cœur n'est pas toujours évident pour tout le monde. Les étudiants se pompent entre eux, se créent des peurs et véhiculent les légendes urbaines. Les professeurs eux, entretiennent parfaitement ce mythe… rien de mieux pour faire travailler un peu plus fort les étudiants, afin de tenir les moyennes élevées et garantir leur emploi, sans compter leur retour en avant de la classe l'année suivante.

Il faut réaliser que dans le nombre restreint d'heures de cours, c'est seulement la matière de base qu'on vous apprendra. La formation étant limitée et à mon avis incomplète, par la suite les déceptions sont grandes. En fait, plusieurs abandonneront la formation en cours de route, et ce, probablement comme dans toute autre formation qui existe, surtout quand il s'agit d'apprendre un nouveau gagne-pain en 2e ou 3e carrière. Quelquefois, le métier est pour nous… Quelquefois, il ne l'est pas et on s'en rend vite compte.

Il serait donc mieux de constater que ce n'est pas pour vous rapidement et de savoir dans quoi vous vous embarquez avec l'aide de ce livre, au lieu de le réaliser sur les bancs d'école. Cette profession n'est peut-être pas à la hauteur de vos attentes ou de vos capacités personnelles. Certains candidats ne se rendront même pas à l'examen, d'autres ne se présenteront même pas, à la suite de leurs examens, chez leur courtier qui pourtant les parrainait. D'autres auront suivi le cours juste pour le plaisir, vraiment!

En deuxième partie de ce chapitre, nous approfondirons aussi les coûts et les dépenses initiales.

La formation vaut-elle la peine?

Il y a dans ce livre un chapitre complet consacré à la formation, mais en premier lieu, je dois vous dire la vérité: les cours offerts ne touchent pas certains aspects essentiels du métier comme la vente, la négociation, le marketing, la psychologie ou l'approche client. La plupart sont des cours de base arides et pauvres qui ne vous donneront que des connaissances pour savoir «c'est quoi» une propriété et comment rédiger les différents formulaires. Le but? Vous éviter de vous mettre les pieds dans les plats. Mieux encore, les nouveaux agents que j'ai formés ne comprenaient même pas le sens de ces formulaires, ayant passé que quelques heures sur ceux-ci. Lors de leurs premières transactions, ils avaient plutôt les deux pieds dans un bol à soupe!

Pourtant, ce sont les outils ultimes de notre profession; nous les utilisons tout le temps, et surtout, nous les expliquons à nos clients constamment. Nous devons donc être capables d'en vulgariser leur contenu et de rassurer nos clients concernant l'allure austère et indigeste de ceux-ci!

Il y a des incongruités dans les cours de base qui me fascinent encore: comme entrée en matière au premier cours d'**évaluation immobilière**, on vous apprendra que nous ne sommes pas et ne deviendrons surtout pas des évaluateurs à la suite de ce cours. En fait, nous aurons seulement le droit de faire des estimations de valeur marchande avec notre formation et notre permis de pratiquer la profession! Alors, pourquoi titrer un cours de cette façon? Appelons-le donc comme il se doit: **Estimation immobilière!**

Ironiquement, ceux et celles qui s'inscriront aux cours dans le but de parfaire leur formation en immobilier seront bien déçus. Souvent, ils veulent profiter des connaissances et de la proximité du marché pour faire rapidement quelques passes. Encore une fois, je suis désolée de vous apprendre une mauvaise nouvelle. Sachez que les aubaines sont pour nos clients et non pas pour nous. Même raisonnement pour celui qui veut en connaître plus du marché ou apprendre à vendre lui-même pour ses propres besoins en investissements immobiliers; il sera lui aussi déçu. Plusieurs s'inscrivent à ces cours avec une intention un peu naïve et peu de temps après, on les voit démissionner dès qu'ils réalisent la teneur des cours et les apprentissages requis.

En fait, à peu près rien dans la matière requise pour l'examen ne comblera vos besoins de connaissances sur l'art et les trucs (s'ils existent) du métier. Pour connaître autant le marché, nous avons besoin des outils qui nous parviennent des bases de données de notre Chambre immobilière, mais en plus, nous avons besoin de l'expérience acquise sur le terrain. Contrairement aux apparences, nous, agents de carrière, avons tout appris «sur le tas»... Curieusement, nous investissons que très peu en formation immobilière! De mon côté, cette réalité me surprendra toujours, même après mes nombreuses années dans le métier.

Voilà, cette formation est aride et indigeste! Malgré toute la bonne volonté des professeurs qui tenteront, s'ils ont de l'expérience dans le métier, de rajouter un peu de l'expérience vécue à la matière donnée, le cours demeure peu axé sur les réalités de la pratique et plus sur les connaissances légales et minimales pour pratiquer la profession.

La formation est comme une chaudière de connaissances qu'il faut remplir par de l'expérience et une multitude de cours d'appoints donnés ici et là.

Vos revenus potentiels?

Il faut savoir que les personnes qui sont employées dans l'indus-trie de l'immobilier y travaillent habituellement à commission, soit avec un pourcentage établi par contrat avec le propriétaire vendeur sur le prix de vente final de la propriété. Ce montant d'argent peut vous revenir au complet ou être partagé entre l'agent inscripteur (représentant le vendeur) et l'agent collabo-rateur (représentant l'acheteur). À la réception de ce chèque, provenant soit du notaire ou du courtier inscripteur ayant perçu la rétribution, votre courtier y soustraira sa redevance accordée par votre contrat. De plus, il peut y avoir une com-mission versée à une tierce partie pour l'obtention d'une réfé-rence qui est, elle aussi, prélevée sur le pourcentage de base de la rétribution accordée. La facturation émise par le courtier doit refléter le prélèvement des taxes de vente applicables dans le but de faire les remises requises. Vous aurez aussi la même responsabilité envers les deux paliers du gouvernement après avoir reçu votre part de la rétribution et les taxes s'y ratta-chant. Le chapitre sur la comptabilité vous éclairera plus tard sur les modalités incontournables de notre système de taxation québécois.

Il est donc important de savoir qu'il y aura des dépenses à pré-voir dès vos premières transactions. Beaucoup même, car vous partez en affaires en tant que travailleur autonome. Tout ou à peu près, **est à vos frais**.

Les coûts et les dépenses initiales

Comme dans tout métier, il faut être bien outillé pour travailler adéquatement!

Certains éléments matériels de la liste élaborée ci-dessous vous seront peut-être fournis par votre courtier, d'autres seront déjà en votre possession et, finalement, vous aurez des achats à prévoir.

Mon but n'est pas de mettre un prix ou une valeur à chacun des éléments et des dépenses, mais de bien vous faire réaliser cette éventualité d'approvisionnement et de vous faire prendre conscience que des coûts sont intimement reliés à ces impondérables.

Les coûts augmentent à chaque année, il est bon et même souhaitable de bien s'informer sur ceux-ci, afin d'être conscient de tout ce qui vous attend. Avant tout, prévoyez un budget de départ le plus réaliste possible avec cette liste et soyez prêt à assumer éventuellement les augmentations relatives au coût de la vie qui sont quasi incontournables et inévitables.

Malgré le fait qu'on est conscient que les dépenses sont déductibles fiscalement, il est quand même essentiel d'avoir la capacité de les débourser avant d'espérer une rentrée d'argent! De plus, le maintien de dépenses raisonnables sera un défi constant pour vous assurer une rentabilité suffisante pour la peine que vous mettrez à l'ouvrage.

1. Frais de la formation

Vous devez être informé que les coûts varient selon l'endroit où les cours sont dispensés.

Les coûts de formation de base et d'appoint sont variés et à l'image de la profession. Une formation un peu plus dispendieuse va automatiquement avec un peu plus de matière, de services et de professionnalisme, sans compter l'expérience acquise et relayée à votre bénéfice.

De plus, les livres et les recueils de cours peuvent être à vos frais, même s'ils sont parfois inclus dans le prix d'inscription. Les chambres immobilières introduisent souvent à leur contenu de cours des formations sur leurs services offerts tels que l'utilisation de leur base de données et autres outils pratiques de mises en marché fournis par leur entremise.

2. Frais d'examen et ouverture de dossiers

Les frais d'examen et d'ouverture de dossier sont des coûts fixes qui sont payables à votre maison d'enseignement et/ou à l'association qui délivre le permis. S'informer avant de s'inscrire.

3. Les cotisations annuelles

- ACAIQ - Votre association qui délivre le permis.
- Assurance-responsabilité individuelle - Si vous demandez un coût individuel ou de groupe comme agent affilié de votre courtier. Il faut vous informer à celui-ci avant de signer un contrat.
- Chambre immobilière locale qui inclura dans ses frais la cotisation de la Fédération des chambres immobilières du Québec et de l'Association canadienne de l'immeuble. Il y a aussi les frais d'ouverture de dossier ainsi que les frais d'utilisation de la banque de données immobilières: MLS/SIA®.
- Service d'abonnement aux sites d'informations sur la publicité foncière et judiciaire: Registre foncier du Québec en ligne ou services de JLR® ou Teelapoint®[3] en recherche foncière.

---

[3]Voir *Bibliographie, ressources et liens utiles*

4. Dépenses diverses

Les coûts de départ et d'affaires courantes:

- Photo personnelle prise par un photographe professionnel et frais d'impression de celle-ci pour la carte professionnelle, les sites Internet de votre Association, de la Chambre immobilière et de votre courtier, sans oublier, le cas échéant, votre site personnel et finalement, pour toute publicité qui nécessite votre photo récente;
- Carte professionnelle et imprimerie promotionnelle;
- Pancartes, poteaux, ancrages et ajouts variés (vendu, condominium, nouveau prix, etc.);
- Tournevis, masse et pinces pour le montage et l'installation des pancartes;
- Livre ou cartes de type Perly® ou Mapquest®;
- Loyer et frais mensuels exigés par votre courtier pour exercer en son nom; franchise, coopérative ou autre;
- Coût et frais variables: dépenses inhérentes et non fixes en fonction de l'utilisation. Celles-ci sont mensuelles et parfois relatées au niveau de la facture du courtier. Entre autres, il y a l'utilisation du télécopieur, du service de secrétariat et de la téléphoniste les fins de semaine, etc.;
- Redevances: pourcentage (%) de partage avec votre courtier ou frais de transaction pour chacune des ventes, tel qu'entendu et stipulé dans votre contrat;
- Cellulaire, téléavertisseur (pagette) et service d'appel selon contrat de service et coûts d'utilisation (voir pour prix de groupe);
- Programme téléphonique de communication interurbaine;

- Boîte vocale ou services téléphoniques;
- Voiture, essence, entretien et réparations;
- Etc.

5. Votre bureau personnel: équipements et accessoires essentiels

S'ils ne sont pas fournis par le courtier, ou encore, si vous prévoyez installer votre bureau à la maison vous aurez besoin en plus:

- Téléphone
- Télécopieur
- Réserve des formulaires obligatoires.
- Papier à lettres et enveloppes de différents formats.
- Dossiers pour vendeurs et acheteurs: il est recommandé de prévoir des couleurs différentes pour facilement les différencier.
- Accessoires et articles divers de bureau: brocheuse, trombones, etc.
- Chemises et cartables de présentation pour insérer vos inscriptions.
- Porte-documents, valise, porte-cartes d'affaires.
- Tout ce qui concerne la papeterie: efface, tablette de notes, crayons, porte-mine, étiquettes de différents formats. Les crayons à l'encre de couleur bleue sont suggérés et recommandés pour rédiger tout genre de contrat ou formulaires obligatoires. (La couleur bleue permet de différencier l'original d'une copie).
- Calculatrice financière

- Appareil à mesurer manuel ou électronique.
- Meubles et chaises, classeurs ou filières.
- Etc.

6. Frais de mise en marché

- Publicité et médias (petites annonces, journaux).
- Publicité directe: entre autres, les envois postaux personnalisés (mailings).
- Lettre d'introduction et de présentation.
- Frais postaux inhérents à toute correspondance.
- Etc.

7. Technologie

Lorsque j'étais présidente du regroupement de la région Laval/Rive-Nord de Montréal pour la Chambre immobilière du Grand Montréal, je représentais à ce moment-là plus de 1 600 membres. Chaque année, nous organisions une grande tournée avec les spécialistes de la chambre sur les nouvelles technologies et les outils mis en place durant l'année pour nos membres. Moins de 250 personnes se sont présentées pour ces séminaires concernant leurs outils de travail. Ces outils sont pourtant incontournables pour pratiquer notre métier et ces séminaires sont là pour aider les agents à les apprivoiser.

Est-ce que les agents immobiliers y sont allergiques?

Pourtant, d'après un sondage commandé par Royal LePage, déjà en 2001 les Canadiens utilisaient de plus en plus l'Internet pour magasiner une maison.

Internet, outil pour l'immobilier

Source © texte rédigé par: Sophie Bernard publié dans Branchez-vous! Le 28 février 2001

«Ce sondage montre que les Canadiens sont conscients que la technologie est un élément clé de l'activité immobilière», précise Sherry Chris, vice-présidente Services du réseau, Services immobiliers Royal LePage. «Ils pensent qu'en l'adoptant ils auront plus de chance de vendre ou d'acheter une maison que ceux qui n'y ont pas recours. Ce sondage indique également que 80% des Canadiens estiment qu'Internet influence nettement la manière dont se vendent et s'achètent les maisons».

Plus précisément, 38,5% des 1003 répondants ont affirmé qu'Internet était leur source d'information préférée après les petites annonces des journaux (45,1%). Plus encore, plus de huit Canadiens sur 10 (84,9%) pensent qu'il est important que leur agent immobilier connaisse la technologie. À bon entendeur...Ce sont les Albertains qui, à 68%, utilisent le plus Internet pour acheter ou vendre une propriété. Dans les provinces Atlantiques, seuls 49% se tourneraient vers Internet. Au Québec, 73% des répondants utiliseront Internet dans le cadre d'une transaction immobilière.»

Quels systèmes informatiques et logiciels utiliser?

- Ordinateur de facture récente et logiciels de base incontournables. (traitement de texte, explorateur Internet, messagerie, etc.)
- Imprimante ou multifonction avec fax, copieur et scanneur intégrés. (Attention aux coûts d'encre de certains appareils.)
- Fournisseur et branchement Internet haute vitesse, mais assurez-vous une accessibilité à distance avec ligne téléphonique de base. Pratique pour le week-end au chalet ou pour dépanner quand la haute vitesse est en panne!

- Une adresse de courriel professionnelle. Attention pas de «Hotmail», «Yahoo» ou autres du genre… car peu professionnel. Vérifiez avec votre franchiseur ou courtier qui pourra vous en créer une qui pourra ensuite être retransmise à votre serveur de messagerie avec adresse personnelle.
- Présence sur le Web à travers: site web, carte professionnelle, web, site du franchiseur, etc.
- Appareil photo numérique, batteries, carte mémoire, logiciel de transfert d'images.

Quand?

Dès le début, les Québécois sont maniaques du courriel et cette façon anonyme de nous contacter les rassure. De plus, vous devez suivre des cours, à votre chambre immobilière locale, le plus vite possible, pour exploiter tous les outils disponibles dans le cadre de votre travail. Ils vous conseilleront sur les achats et le matériel le plus performant, afin d'obtenir un rapport qualité/prix pour votre investissement. Ils vous guideront sur le strict nécessaire pour débuter. Impossible de travailler sans ces outils de nos jours. Tout se fait de façon à utiliser un ordinateur et ses composantes dans notre métier. La recherche de propriétés, la saisie de nos inscriptions, la vente et même le suivi après-vente est incontournable avec ces outils et ces logiciels.

Sachez que ces outils sont à renouveler tous les trois ans, car leur évolution est si rapide qu'ils sont rapidement désuets dans le temps. Il faut donc le prévoir à votre budget éventuel.

«Plusieurs professions sont modifiées par les nouvelles technologies. Les arpenteurs géomètres, par exemple, des gens avec qui vous êtes souvent appelés à travailler, n'ont plus qu'à dépêcher une personne sur le terrain au lieu de trois. Il suffit d'y déposer une borne géomantique et un satellite fera le relevé d'arpenteur en moins de deux minutes et en trois dimensions.»

«L'évaluateur agréé est une autre personne que vous côtoyez souvent. Lui aussi doit composer avec les changements technologiques. Je crois qu'il est désormais possible de connaître l'évaluation d'une maison en trois minutes, via le système Émilie de la SCHL.»

«Selon un sondage que nous avons réalisé en collaboration avec l'Office de la protection des consommateurs, les gens considèrent qu'ils n'utilisent pas beaucoup Internet. Cela m'amène à vous dire que c'est le temps d'y investir pendant que les coûts ne sont pas encore trop élevés. Les particuliers comme les petites et les grandes entreprises devraient avoir un plan de développement technologique. Opérer dès maintenant un site, aussi modeste soit-il, qui affiche par exemple votre offre de services et la liste des maisons que vous avez à vendre, est une bonne façon de commencer. Vous pourrez toujours l'améliorer au fil du temps.»

© *Les défis du XXIe siècle Technologie, formation et synergie, M. MARC-ANDRÉ NADON, Le CAA Habitation division du CAA Québec.*

8. Voiture

Plusieurs ont sûrement remarqué que j'inclus dans les dépenses celles de la «voiture». En effet, il est impossible de se dire agent immobilier sans un moyen de locomotion décent et propre.

Votre image est importante dans ce métier et sans être obligé de conduire la voiture la plus luxueuse qui existe, il faut quand même être en mesure de vous présenter avec classe et une propreté impeccable devant vos clients.

Il existe un mythe ou un préjugé solide qui dit qu'une voiture luxueuse est le reflet du succès des agents performants.

Doit-on avoir une automobile très luxueuse?

Plusieurs personnes, agents ou clients, associent une voiture de luxe au fait d'être performant. Ceci étant, lorsqu'un agent fait beaucoup d'argent, a-t-il le droit de conduire une voiture plus luxueuse, sachant qu'il passera la majorité de son temps à la conduire? Pourquoi pas une voiture économique pour les mêmes raisons? Que disons-nous de celui qui préfère investir l'argent de ses succès en investissement immobilier ou même sur une autre passion comme un voilier, par exemple? Est-ce que le préjugé demeure? Notre image, dans son ensemble, est inévitablement le reflet véritable de notre succès dans ce métier. Mais certains d'entre nous sont plus humbles que d'autres! C'est tout!

Deux places ou quatre places?

Certains agents aiment bien avoir les clients avec eux pour le trajet entre les propriétés pour faire le point sur chacune des maisons qu'ils ont visitées. D'autres préfèrent que les clients les suivent et discutent entre eux, en privé, dans l'intimité de leur voiture et ensuite, ils font le bilan des visites ensemble au bureau ou au café du coin à la toute fin. Cela est un choix personnel.

Lettrée ou pas?

Si vous n'avez pas peur de souffrir d'un manque d'intimité, le lettrage sur votre véhicule offre une bonne visibilité pour vous faire connaître dans un secteur donné. Mais faites attention, peu savent que cela requiert une immatriculation commerciale et implique des coûts d'assurances commerciales supérieurs. Informez-vous!

Sachez qu'un client vendeur voulant faire une estimation de sa propriété en toute discrétion, peut se sentir mal à l'aise de faire affaire avec un agent flamboyant. De plus, réalisez que sans avoir encore signé le contrat de courtage avec celui-ci, il peut être utile de ne pas alerter tous le voisinage de votre présence!

Ma voiture?

À ce sujet, ma relation avec mes voitures est bien connue de mes clients et amis.

J'ai conduit, le temps où mes enfants réalisaient leur carrière de patinage artistique, une camionnette GM Transport, ce qui me permettait de les transporter à travers le Québec et parfois, le Canada, pour atteindre leur lieu de compétition. Imaginez tout le matériel que cela comportait (patins, costumes, vêtements de compétitions et de gala).

Lorsque j'ai pu enfin leur procurer leur propre voiture, j'ai changé la mienne pour un PT Cruiser. C'était un peu comme une camionnette, mais moins imposant et moins coûteux. Car, encore à ce moment-là, j'étais appelée à voyager pour suivre leurs exploits, et ce, au moindre coût possible. Mon budget, donc mes priorités, était axé sur leurs dépenses de patin avant tout. Des clients osaient me demander pourquoi, à l'image des agents performants de mon quartier, je ne conduisais pas une voiture de luxe comme une BMW ou une Mercedes?

J'expliquais que je payais à mes enfants l'équivalent d'une voiture luxueuse par année avec un budget de frais d'entraînement pour deux enfants qui frôlait les 80 000 $ par année et que lorsque toutes ces aventures seraient terminées, je l'aurais enfin ma BMW. Alors, imaginez ce que je conduis avec fierté depuis que mes enfants ont pris leur retraite?

Une petite décapotable à 2 places: la Z4 de BMW *Rien de moins!*

9. La tenue vestimentaire

L'habillement est également le reflet de votre personnalité et de votre professionnalisme. Il est important d'investir un minimum dans sa garde-robe. Il vous faut quelques vêtements appropriés de travail, un imperméable et un manteau propre.

Vous transigez avec le public, alors il vous faut être présentable, tout en étant bien dans votre peau. Nous savons tous que la confiance en soi est souvent rehaussée par un habillement qui convient à l'événement. Allez, portez le succès!

J'entends par vêtements de travail, des habits (messieurs) ou petits costumes (mesdames) propres et attrayants qui représentent le professionnalisme et le sérieux que vous voulez projeter. Un habit ou un costume aura toujours sa place, mais sachez qu'un vêtement sport propre, non défraîchi, pourra aussi faire bonne impression, l'important est la propreté et la distinction. Un manteau ou imperméable est aussi essentiel à votre garde-robe. Nous sommes souvent dehors devant une propriété à jaser avec un client! Des bottes chaudes antidérapantes sont également de mise et même essentielles. Essayez de visiter des maisons un soir de neige folle ou sous la pluie verglaçante et vous comprendrez très vite pourquoi…

Pour vos bottes et chaussures: Ne pas oublier de les enlever! De plus, avertissez vos acheteurs d'avoir des souliers ou bottes qui s'enlèvent et se mettent facilement avant de partir visiter avec eux.

J'ai aussi remarqué qu'avoir des poches est très pratique pour y glisser mes clés, cellulaire, téléavertisseur, crayons et surtout mes cartes professionnelles! Le tout, dans le but d'éviter d'être encombrée par un sac à main et risquer de tout renverser avec celui-ci, lors des visites de propriétés. (Votre sac à main devra rester avec celui de vos clients dans le coffre arrière de votre voiture et le tout sous clé… cela évite ainsi bien des mésaventures et bris d'objets précieux et irremplaçables chez nos clients hôtes.)

Voilà donc une liste non exhaustive des dépenses minimales requises pour un bon départ.

Ces dépenses ne représentent que l'essentiel pour être en affaires, mais il faut aussi prévoir un fonds de subsistance pour quelques mois (voir Chapitre «Budgéter»), afin de vous permettre de survivre sans trop vous endetter. Quelques mois peuvent tout de même s'écouler entre la signature de la première promesse d'achat acceptée et la perception de votre premier chèque de commission.

De plus, le premier chèque ne couvrira peut-être même pas toutes les dépenses encourues du départ. Il faut donc prévoir plus d'une vente et travailler bien et de façon déterminée pour s'assurer un départ prometteur. Je continue toutefois à vous encourager: c'est faisable avec les bons outils, les bonnes méthodes et des efforts constants!

Affirmations

Je suis motivé(e)!   Mon désir de réussir est fort!

Ma réussite est à la hauteur de ma détermination!

Je me lance, car je suis certain(e) et convaincu(e) de réussir en prenant tous les moyens pour y parvenir!

Je porte un habillement dont je suis fier / fière et je suis bien dans ma peau!

Mon habillement reflète mon succès, mon élégance, mon savoir-vivre!

COMMENT CHOISIR SON COURTIER?

«Il est temps de commencer à vivre la vie dont vous avez rêvé.»   *Henry James*

On magasine!

Dans ces pages, on verra que chacun des courtiers représentant des bannières ou encore les maisons de courtage indépendantes procède à sa façon avec ses agents et offre des services différents. L'agent doit donc s'informer adéquatement des services offerts par le courtier, mais préalablement, il est requis de bien définir, d'identifier et d'analyser ses propres besoins afin de choisir ce courtier adéquatement. Êtes-vous débutant avec un besoin de formation et de parrainage? Êtes-vous autonome et expérimenté suffisamment pour n'avoir besoin que d'un pied à terre ou une image corporative à véhiculer?

Vous ciblez vos besoins réels en premier lieu et ensuite avec cette liste exhaustive vous faites votre choix.

Voici les questions que vous devriez poser à votre candidat courtier:

Naturellement, à chacune des réponses, vous aurez d'autres questions qui s'ajouteront, mais ceci est tout de même une liste assez complète qui vous permettra de juger si votre choix est judicieux. Bon magasinage!

1. Depuis combien de temps ce directeur ou propriétaire du bureau est-il courtier et quelle est son expérience à former de nouveaux agents?

2. Si ce courtier ne forme pas qui le fera pour lui? (Directeur, parrainage, autres formules)

3. Combien il y a de personnes-ressources pour l'aider? (Directeur, personnel de soutien et autres). Qui est aussi disponible les fins de semaine?

4. Existe-t-il des règles ou des manuels de procédures pour les agents dans ce bureau que vous devriez lire ou consulter au besoin?

5. Existe-t-il des règles ou des manuels de l'agent du maître franchiseur que vous pourriez ou devriez lire ou consulter, au besoin?

6. Quelles sont les options de partage de rétribution?

7. Quelle est la politique du partage et surtout du paiement de la rétribution? (Délai, paperasse, facturation)

8. Pour un agent d'expérience, quel effort ce courtier est-il prêt à fournir pour assurer un transfert en douceur?

9. Quelle est la politique de facturation? Se paie-t-il à même vos commissions? Exige-t-il un chèque au début de chaque mois?

10. Quels sont les coûts variables et les frais fixes?

11. Quelle est la visibilité nationale (ou la visibilité dans votre secteur visé) offerte par ce courtier ou par ce maître franchiseur (Site Web, adresse courriel pour le courtier et chaque agent, numéro(s) de téléphone sans frais, visibilité corporative, publicité dans les médias, centre de références ou services corporatifs de relogement, etc.)?

12. Quel est l'environnement de travail (espace bureau, salle de conférence, téléphone, photocopieur, télécopieur) et quels sont les outils informatiques qui seront mis à votre disposition? À quel coût d'utilisation?

13. Est-ce que les divers équipements sont amplement suffisants pour desservir le nombre d'agents de ce bureau?

14. Quels sont les frais du service d'appel (jour, soir et fin de semaine), de la boîte vocale, des appels interurbains et de l'utilisation du téléphone et du branchement Internet?

15. Est-ce qu'il y a des frais de transaction? (Exemple: vous vendez votre inscription à votre acheteur: 2 transactions donc, 2 montants à débourser au courtier?)

16. Quel sont tous les frais: assurances, Chambre immobilière, association, permis, club social, secrétaire du dimanche, entente de publicité de groupe du bureau, etc.?

17. Combien il y a d'agents dans le bureau chef et dans les bureaux satellites de ce courtier?

18. Quel est le nombre d'inscriptions et de transactions par mois/année et quelle est la moyenne de revenus par agent mois/année?

19. Quelle est sa part de marché dans le secteur? Y a-t-il place pour plus d'agents ou de transactions ou sommes-nous au contraire en présence d'une certaine saturation?

20. Quel est le type de promotion réalisée par ce courtier et pouvez-vous voir un exemple?

21. Qui paie pour ce type de promotion?

22. Quel est le % d'agents performants dans le bureau, le % d'agents débutants, le % d'agents à faibles revenus et finalement le % d'agents de carrière?

23. Y a-t-il des exemples d'agents qu'il a formés ou qu'il a aidés à devenir performants?

24. Demander une rencontre avec un de ces agents.

25. Est-ce possible d'obtenir une copie du contrat avant de le signer? (Important)

26. Est-il possible de voir une facturation type d'un agent?

27. Quels sont les services que l'on peut s'attendre à obtenir du courtier et de son personnel?

28. Est-ce que le service de secrétariat est inclus?

29. Qui détermine le secteur ou le quartier où l'on doit travailler?

30. Quelles sont les formations accessibles?

31. Quelles sont les règles de formation de ce bureau et de cette bannière?

32. Quel est le matériel de formation disponible dans le bureau (livres, cassettes audio et vidéo, livres de *Sylvia Perreault*! etc.)

33. Quelles seront les formations que le courtier ou directeur planifie pour vous? Assiste-t-il à certaines d'entre elles?

34. Quelle est la réputation de ce courtier dans les associations professionnelles et parmi ses pairs?

35. Êtes-vous obligé d'encourager les personnes-ressources de ce courtier, comme le notaire ayant son bureau sur place ou les démarcheurs hypothécaires assignés à ce bureau? Si oui, avec quel avantage?

36. Pouvez-vous utiliser vos propres ressources et références d'affaires?

37. Êtes-vous obligé de faire du temps de garde au bureau ou au kiosque? À quel prix?

38. Quelles sont les activités organisées par le bureau? (Ex.: Réunions mensuelles, Caravanes, Portes ouvertes, etc.) Sont-elles obligatoires?

39. Dans quelles œuvres caritatives, le bureau et ses agents sont-ils impliqués et dans quelle mesure s'attendent-ils à un engagement de votre part?

40. Quelles sont les politiques du courtier concernant les secrétaires d'agents personnels et la formation d'équipe? Peuvent-ils partager votre bureau privé et, s'il y a lieu, à quels frais?

41. Quelles sont les politiques du courtier concernant les publicités que vous ferez?

42. Est-ce que le courtier est prêt à vous fournir pour votre nouveau départ des brochures corporatives, des formulaires, du papier à lettres et des enveloppes, des cartes d'affaires temporaires, des pancartes, etc.?

43. Quelle est sa politique de sortie, soit de fin de contrat? Si vous quittez, quels sont les coûts, pénalités, frais de transfert?

44. À cette éventualité, à qui reviendront les inscriptions que vous avez inscrites sous son nom? Quels seront le mode et le coût de transfert?

45. Quelle sera la durée du contrat?

N'hésitez pas à poser toutes les questions plusieurs fois. Les réponses variées peuvent vous éclairer sur la sincérité de votre interlocuteur.

Certaines questions ne vous paraissent peut-être pas pertinentes à ce moment-ci, mais à l'avenir, avec plus amples connaissances de la profession, vous comprendrez leur importance.

Le bon environnement de travail, mais à des kilomètres de chez vous, pourrait remettre éventuellement en question votre choix. À la longue, est-ce que ça sera pénible de vous déplacer ou si, au contraire, ce sera motivant de vous rendre au bureau et ainsi y rester plus longtemps? Tout est une question de choix et de goût. La formule parfaite est plutôt rare. Déterminez ce que vous voulez, selon <u>vos</u> attentes les plus importantes.

Le partage de la rétribution avec votre courtier

Quels sont les partages de rétribution entre vous et votre courtier? Selon les ententes:

- Vous avez la formule de 50 - 50.
  L'agent ne paie aucun frais de bureau et la publicité et certains frais sont entièrement défrayés par le courtier.

- Vous avez la formule de 40 - 60.
  Cette entente est similaire au 50 - 50, sauf que dans bien des cas, l'agent devra peut-être payer des frais sur chaque transaction qu'il effectue ou assumer d'autres petits coûts variables.

- Vous avez la formule de 30 - 70 ou 20 - 80
  Une formule très aimée avec pas ou peu de frais de bureau. La publicité est répartie sur une base individuelle et non obligatoire. Des frais annuels d'adhésion, des frais de transaction et quelques suppléments sont perçus sur

chaque transaction effectuée. Une facturation des coûts variables du groupe au prorata est assumée par l'agent.

♦ Vous avez la formule de 10 - 90 ou la formule de 5 - 95.
Ces formules se négocient cas par cas et il est évident qu'une telle formule comporte des frais de bureaux, de publicités corporatives et plus encore... mais l'image de la compagnie et le succès et la réputation d'un tel agent le vaut.

♦ Vous avez la formule à 100%.
Cette formule encourt par contre des frais fixes par transaction et une entière responsabilité des frais d'affaires et de services qui diffèrent d'un courtier à l'autre.

À vous de bien vous informer!

Ne basez pas seulement votre décision sur ce principe de partage de la rétribution, cela serait une erreur. De toute façon, plusieurs courtiers ont des programmes à échelons graduels qui vous permettront de vous ajuster dans les premières années et vous guideront ainsi dans votre apprentissage. En principe, le courtier, qui garde une plus grande partie de la rétribution pour lui, le fait pour couvrir des dépenses de départ que vous n'aurez pas à défrayer, mais il prend aussi un plus grand risque sur vos performances. Il aura donc à vous parrainer un peu plus pour s'assurer un rendement sur son investissement. C'est donc le principe donnant-donnant, pas de cadeau! Si le partage est plus à votre avantage, le courtier offrira alors moins de services et moins de temps pour vous. Normal, vous avez moins de besoins, donc moins de redevances pour vous.

C'est pour cela que les agents performants, donc plus indépendants, ont à un certain moment laissé tomber les grosses compagnies, telles que Trust National et Le Permanent, afin de joindre le système de rétribution 95%/5% (95% à l'agent et 5% au courtier) des grandes franchises. Plus indépendants et autonomes, ils ont moins besoin de leur courtier. Ils assument ainsi la majorité de leurs dépenses et revenus. Il n'est pas nécessaire pour eux de partager une si grosse part de commission avec leur courtier. C'est aussi ainsi que débutèrent les services à forfait ou à la carte qu'offrent maintenant certaines bannières.

Vous débutez? Sans doute, vous avez besoin d'un bon courtier qui vous parrainera. Donc, payez le prix et apprenez vite!

Voici ce qu'un courtier et sa bannière de maître franchiseur doivent être en mesure de vous offrir:

- Des budgets publicitaires qui pulvérisent ceux d'agences indépendantes. (présence plus importante dans les régions à grosse concurrence).

- Des stratégies marketing les plus performantes à votre disposition et à celle de vos clients.

- Une collaboration dynamique entre agences, également au niveau d'agences internationales, ce qui représente un certain avantage pour vous et vos clients.

- Une organisation qui reconnaît une priorité absolue à l'honnêteté et à la qualité des services, tant pour les clients que pour les collaborateurs et confrères d'affaires.

- Une qualité d'accueil et de réception d'appels impeccables pour les clients et visiteurs.

- Une formation d'appoint et ponctuelle.

Ce type de choix est plutôt offert dans les grandes régions où l'on retrouve plus d'un bureau de la même bannière. Ceux-ci, par leur contrat de franchise, se séparent le territoire, en plus des autres bannières et des bureaux indépendants. Ces bureaux deviennent donc très compétitifs entre eux. Par contre, entre les agents, nous

nous **partageons** les territoires, ce qui nous permet de travailler partout, surtout grâce au réseau Inter agence S.I.A.®/ MLS®.

Tous offrent aussi des services et des encadrements différents.

Les cinq grandes franchises présentes au Québec offrent des formules d'affaires très différentes, mais il faut savoir que même s'ils se targuent tous d'être le moins cher pour leurs services offerts, il semblerait que quelle que soit la formule cela revient au même. Calculer tous les vrais frais comme si vous faisiez plus de 100 000 $ par année pour vraiment comparer ce que vous verserez réellement à toutes les parties impliquées.

Avantages d'un gros bureau ou d'un «gros nom»

- ✔ Présence importante et visibilité accrue et certaine dans le secteur central de ce bureau. Le nombre élevé d'agents renforcera cette visibilité par le pouvoir d'achat de ceux-ci en promotions diverses.

- ✔ Présence physique dans les centres commerciaux par les kiosques ou le bureau lui-même.

- ✔ Possibilité parfois que le courtier ou son franchiseur possède son propre centre de formation, vu le nombre élevé d'agents prêts à y participer.

- ✔ Plus de réunions, formations et activités de courtiers (caravanes, portes ouvertes de groupe ou activités sociales).

- ✔ Quantité de confrères et de consœurs!

Désavantages:

- ✔ Quantité de confrères et de consœurs!

- ✔ Plus impersonnel.

- ✓ Directeur/courtier, ne pratiquant plus le métier lui-même, et souvent trop occupé par le trop grand nombre d'agents pour s'occuper de vous. (Vérifier si un directeur adjoint est disponible)

- ✓ Attendre son tour pour rencontrer ce directeur/courtier.

Avantages d'un petit bureau ou d'une petite firme:

- ✓ Plus individualisé.

- ✓ Plus familial.

- ✓ Plus de services personnalisés, car les courtiers ont généralement plus de temps pour vous.

- ✓ Plus de disponibilité de la part du directeur.

- ✓ Directeur qui pratique encore la profession, donc vit et a de l'expérience dans la profession, à travers un marché qui change et évolue. (S'assurer de son honnêteté à ce sujet. Ex: en général, il n'est pas sur la liste de garde et ne prend jamais lui-même les appels entrant au bureau. Toute la clientèle est référée aux agents du bureau, selon un ordre déjà établi par les procédures et les règlements du bureau et ceci, en excluant ses propres clients.)

Désavantages:

- ✓ Moins d'activité de groupe

- ✓ Moins de pouvoir d'achat.

- ✓ Moins de confrères et de consœurs!

Attention: Il y a aussi: les avantages des désavantages et les dés-avantages des avantages! (Juste pour vous compliquer un peu plus votre choix!) Rien n'est parfait.

Un **mythe** perdure: **Est-ce que le nombre d'agents garantit la force de la présence de cette compagnie/courtier dans un secteur ou une ville?** Pas nécessairement. Des petits courtiers avec des agents performants peuvent acquérir une grosse part du marché, tandis qu'un énorme bureau avec beaucoup d'agents débutants peut détenir qu'une petite part de marché. Les statistiques le prouvent depuis longtemps.

On comprend que l'image de l'entreprise de ce courtier, même s'il met une fortune en publicité, peut ne pas donner de rendement si ses agents ne réussissent pas à percer le marché de ce secteur. La visibilité et l'essor de ce courtier passent avant tout par le succès de ses agents et leur capacité à mettre leur nom sur le plus grand nombre de pancartes vendues! Cependant, il faut savoir que les agents, de nos jours, font de plus en plus leurs propres mises en marchés. Ils mettent en gros leur nom et leur photo et en tout-petit le nom du courtier auquel ils sont attachés. Cela démontre un sentiment d'appartenance très faible et très peu de respect, à mes yeux, pour ce courtier ou cette bannière qui, au départ, était un tremplin privilégié pour le succès de cet agent. Est-ce que cet agent souffre d'un trop grand ego? A-t-il honte de son courtier, bureau, bannière ou même de ses confrères? Qu'est-ce qui le motive vraiment?

Une réflexion s'imposera bientôt sur ce sujet en attendant la réforme tant attendue de nos lois et de nos règlements.

Comment un courtier fait-il de l'argent avec vous?

N'ayez aucun doute, c'est sa «business», et à l'image de vos désirs d'être en affaires, il l'est lui aussi. Il faut que cela soit payant et il n'y a aucune honte là-dedans.

La réalité ...

Un courtier est un fournisseur de services. Vous devez donc participer à défrayer de tels coûts : frais de gestion, loyer, etc. Vous payez même pour la cote (part de profit) qu'il peut récolter pour des services offerts par les fournisseurs de l'extérieur. Il ne vous fait pas de cadeau. Il fait parfois son profit seulement avec le partage de la rétribution. S'il ne fait pas d'argent, il n'a aucunement besoin de vous, mais tant que vous payez votre facture de frais qui couvre ses coûts envers vous, il vous endurera...

Un autre principe sur l'art d'être courtier, à ne pas oublier: plus le nombre d'agents est élevé et plus c'est payant lorsque la rétribution est plus avantageuse pour lui. Le courtier a besoin de beaucoup d'agents pour couvrir les frais fixes et les coûts de franchise. Il aura parfois un engagement contractuel à avoir un minimum d'agents pour respecter l'octroi du territoire à son maître franchiseur. C'est une des façons (la vente de territoires en est une autre) par laquelle ce maître franchiseur fait son argent avec ce courtier franchisé par la perception mensuelle de frais fixes par agent. Le maître franchiseur encourage donc un nombre élevé d'agents auprès de ses courtiers franchisés. Une pénalité par agent peut même leur être chargée s'ils n'atteignent pas le nombre minimal d'agents dans le territoire du franchiseur qui lui est accordé.

Tout le monde fait de l'argent, soyez-en conscient, acceptez-le et envisagez votre affaire dans le meilleur contexte possible qui vous convient le mieux. De là vient l'importance de bien choisir!

Sentiment d'appartenance

Vous serez sans cesse sollicité par les autres courtiers (et même parfois par l'entremise de ses agents) de votre région et ceci sera tout à fait normal, surtout si vous vous débrouillez bien. Ils recherchent des agents comme vous, qui sont stables et qui ne sont pas trop demandants. Quoi de mieux que de profiter d'un agent déjà formé par son compétiteur?

La plupart des courtiers sont des passionnés du métier et de bons formateurs. Je vous recommande d'avoir une bonne relation avec votre courtier et d'être fier de faire partie de son équipe. Au détail près, ils se ressemblent tous. Ne changez pas juste pour une question d'argent ou d'économie de bout de chandelle. Choisissez-le et restez-lui fidèle. Ne vous questionnez pas sans arrêt sur votre choix. Vous perdrez du temps précieux à ne pas faire ce que vous êtes sensé faire, soit d'inscrire ou de vendre des propriétés.

D'après un article sur le sujet trouvé sur le site Internet de RealtyTimes, intitulé: «Il ne faut pas choisir votre courtier pour les mauvaises raisons!»[4], les trois critères de sélection les moins importants sont les suivants:

1. Le bureau est proche de chez vous.

2. Vous avez un ami qui y travaille et tente de vous influencer (certains courtiers donnent un cadeau comme un mois gratuit de loyer aux agents de son bureau qui lui amènent de nouveaux agents. Dans ce cas-ci, il faut se demander: Est-il vraiment votre ami ou tente-t-il de faire des sous avec vous?) De plus est-ce que la présence de cet ami dans le même bureau est réellement un facteur déterminant pour la réussite de votre carrière?

3. Le partage de la rétribution est plus avantageux pour vous. Oui, mais à quels coûts?

Une introspection sérieuse doit être faite avant de faire votre choix. Je vous recommande de choisir avec calme, gros bon sens et discernement.

[4]*How To Choose The Right Broker* by David Fletcher
http://realtytimes.com/rtapages/20030821_broker.htm

Un principe à ne pas oublier: vous bâtissez une image, une clientèle, une place d'affaires, c'est très coûteux de changer de place et de couleur sans arrêt!

Dois-je me prendre un espace chez mon courtier?

La première question que l'on me pose souvent est: dois-je me prendre un espace chez mon courtier? Cela dépend de vous...

Il est évident que l'on doit se trouver un endroit agréable pour travailler. Nous avons décidé de devenir travailleurs autonomes et nous voulons aussi un environnement de travail plaisant et harmonieux pour le type de travail que nous accomplissons. Plusieurs débutent cette carrière en croyant fermement que puisqu'ils sont à leur propre compte, ils pourront sauver sur un emplacement de bureau chez le courtier. Pourtant, avec un confrère, j'ai déjà fait le calcul et les coûts étaient semblables puisqu'il faut équiper le bureau à la maison, en plus de l'espace utilisé qui ne peut être que rarement récupéré pour d'autres besoins. Tout dépend aussi de l'ampleur de l'entreprise de cet agent. Lorsque des collègues, adjointes et clients entrent chez vous sans arrêt, ce n'est pas toujours évident de préserver votre intimité!

Naturellement, l'avantage de la déduction fiscale met peut-être un peu de baume sur cet inconvénient.

Avantages d'un bureau chez votre courtier:

I. Équipements disponibles sur place.
II. Ambiance de travail et motivation disponibles sur place.
III. Ressources et conseils, disponibles sur place.

IV. Permet de laisser les soucis du travail au bureau en quittant celui-ci.
V. Emplacement plus professionnel pour recevoir des clients.
VI. Protège votre famille et votre intimité au travail et à la maison!

Désavantages:

I. Coûts supplémentaires pour utilisation d'espace privé.
II. Plus de déplacement.
III. Intimité amoindrie si c'est un bureau partagé ou de groupe.
IV. Manque de personnalisation si c'est un bureau partagé ou de groupe.

Bref, c'est un choix à faire. Une question de coûts, de goûts, de besoins, de bien-être et de savoir être!

Ma réalité...

J'ai toujours préféré avoir un bureau chez mon courtier. Je suis une personne sociale, je m'ennuie à la maison où je suis tentée de faire parfois autre chose que travailler. Je suis facilement dérangée par le lavage, le ménage, un appel téléphonique personnel... le temps passe vite et je n'ai rien accompli! Personnellement, ma concentration est supérieure au bureau. Je remarque aussi que l'obligation de s'habiller pour sortir me met immédiatement dans l'ambiance du travail et je suis ainsi toujours prête à rencontrer un client.

Pourtant, honnêtement, je possède les trois! Avec le temps, j'ai organisé un bureau chez mon courtier, un à la maison et un, dans mon auto...

Pourquoi?

C'est presque une nécessité! Premièrement, nous aimons garder le privilège de retourner des appels en tout temps (ou presque) et de partout! Je dois avoir tout le matériel avec moi, en tout temps, pour me permettre de répondre aux questions des clients et avoir les formulaires requis en réserve. De plus, je limite ainsi mes déplacements comme aller télécopier un document ou répondre à un courriel. Cependant, le danger est de travailler tout le temps. (D'où l'importance de gérer son horaire et son temps à l'agenda. Voir chapitre sur *«Horaires et gestion du temps perdu!»*).

Savoir fermer «la compagnie» le soir où la fin de semaine sans se rendre coupable est un des grands défis des agents performants. Imaginez quand votre bureau est à la maison! Un de mes confrères a trouvé un truc: il barre son bureau à la maison à des heures précises! D'autres ferment leurs cellulaires et leurs téléavertisseurs à des heures précises. Auto-discipline!

Comment choisir ses confrères et consœurs?

Eh oui! Il faut aussi apprendre à les choisir! J'explique plus tard dans ce livre que, à cause du principe de collaboration, nous sommes et devenons tous des amis, mais comprenons-nous et avouons-le, se sont avant tout des relations d'affaires. En fait, j'ai remarqué que, comme dans tous les bureaux d'affaires, il faut savoir s'entourer de bons amis… Des amis positifs!

Comment reconnaître les critiqueurs, les négatifs et les pessimistes? Ils se tiennent proches de la machine à café! Ce mythe vous dit quelque chose? Il est vrai! Surtout, restez loin d'eux. Ils sont là pour drainer votre énergie. Les jaloux et les envieux existent partout et les opportunistes aussi. Mais, chacun possède sa personnalité et chacun doit se respecter.

En général, les agents immobiliers sont fort sympathiques et très serviables, alors faites-en vos alliés! L'esprit de compétition entre agents et bannières n'est pas aussi terrible que la réputation qui en est faite. Au contraire, l'entraide est présente si nous osons la demander, surtout si nous sommes professionnels et respectueux des règles et de nos pairs. Tous ensembles, nous avons beaucoup à apprendre. Profitez-en!

Affirmations

Choisir attentivement l'image de marque que je veux représenter et dont je serai fier/fière!

J'ai bien choisi mon courtier et les services qu'il m'offre, je suis fier/fière de mon choix!

J'ai choisi mes confrères et mes consœurs parmi les champions! Je serai donc fier/fière d'eux et eux de moi!

Je n'ai pas peur de prendre des risques!

$\mathcal{L}$A FORMATION
À TOUT PRIX!

Ce qu'il faut savoir!

Tous les courtiers et agents immobiliers du Québec doivent obtenir un certificat d'exercice de l'Association des courtiers et agents immobiliers du Québec (ACAIQ) pour pratiquer.

L'ACAIQ est un organisme chargé de surveiller la pratique du courtage immobilier au Québec et elle fut créée par la Loi sur le Courtage immobilier sur la base des principes de l'autoréglementation, l'autogestion et l'autodiscipline. Selon la loi, l'ACAIQ n'est pas un organisme gouvernemental mais elle est «surveillée» par le gouvernement du Québec, tout comme les ordres professionnels régis par le Code des professions (ex: avocat, notaire, ingénieur, etc.).

> Une personne qui agit à titre de courtier ou d'agent immobilier doit être titulaire d'un certificat (permis d'exercice) délivré par l'Association des courtiers et agents immobiliers du Québec (ACAIQ). Le Service de certification de l'ACAIQ procède à l'émission, au renouvellement, à la suspension et à la reprise d'effet des certificats de courtiers et d'agents immobiliers.

> Pour exercer comme courtier ou agent immobilier, une formation de niveau collégial en immobilier est obligatoire. Les exigences de formation varient selon le type de certificat demandé. L'Association collabore à la conception des programmes de formation et édite les manuels servant à cette formation.
>
> Source: *Portail Québec*

Nous ne sommes pas tenus de détenir un diplôme universitaire pour exercer ce métier. Pour exercer comme courtier ou agent immobilier, seulement une formation de niveau collégial en immobilier est obligatoire. Pour le moment, quelques options sont offertes pour aspirer à la profession d'agent[5]:

- S'inscrire dans l'un des 20 cégeps donnant une formation.

- Suivre les cours dispensés par les collèges privés et spécialisés à distance ou en personne.

- Obtenir une équivalence suite à des formations reconnues et connexes au sujet d'études exigées par une de ces maisons d'enseignements.

Préalable:

Pour s'inscrire à l'un de ces cours, il faut avoir au moins dix-huit ans et détenir son diplôme d'études secondaires. Une équivalence valable pourrait être soumise. De plus, une lettre de parrainage émise par une maison de courtage reconnue est également requise pour passer son examen et obtenir son permis. En fait, pour avoir le droit d'exercer le métier, un agent immobilier doit être affilié à un courtier immobilier. Cette lettre de parrainage obligatoire de la part du courtier et formulée par celui-ci ne coûte rien à l'étudiant

[5]Voir chapitre «*Ressources et liens utiles*» pour plus d'information et pour les coordonnées de ces services dans votre région.

et n'engage aucunement le courtier par la suite. Par contre, il pourra recruter l'étudiant lorsque les sessions de formation seront terminées et qu'il aura obtenu son permis. Le but du parrainage est de s'assurer que l'étudiant possède les ressources et les informations préliminaires requises pour la réussite de sa carrière.

La durée du cours et son coût varient selon les institutions scolaires. Il faut par contre prévoir un minimum de deux mois à temps plein ou 12 à 16 semaines à temps partiel, à raison de 2 à 3 cours par semaine.

Un examen obligatoire écrit est régi par l'ACAIQ. La note de passage pour tous les cours est de 70%. Quand on regarde le tableau de statistiques dans le chapitre *«Dans quoi je m'embarque?»*, on réalise que la moyenne de note de passage est de 78%, pas si mal pour un cours qui à la réputation d'être si difficile?

Concrètement

Les études et les formations requises pour devenir agent immobilier affilié relèvent d'une compétence provinciale. Les exigences varient d'une province à l'autre. Vous pouvez vous renseigner à ce sujet en visitant le site Internet de l'une ou l'autre des associations immobilières provinciales.
À la base, au Québec, la formation est règlementée. Le contenu des programmes «agent immobilier» et «courtier immobilier» est défini par l'**Association des courtiers et agents immobiliers du Québec** et plusieurs institutions privées ou publiques offrent la formation. Une des institutions la plus reconnue est **Le Collège de l'immobilier du Québec**.

À ma connaissance, elle est la seule qui soit la propriété des membres de l'industrie. En effet, ce sont les membres de la **Chambre immobilière de Montréal** qui ont fondé, il y a une dizaine d'années, un centre collégial de formation pour répondre aux besoins de qualité d'apprentissage. Ce collège ajoute 60 heures de formation complémentaire, un élément qui lui permet de se démarquer des autres institutions offrant le même programme.

Depuis peu, **Le collège d'enseignement de l'immobilier du Québec**, appartenant à Re/Max Québec lui fait concurrence dans la qualité de l'enseignement donné.

Plusieurs autres collèges et cégeps offrent aussi le cours. Un choix judicieux aurait une pertinence sur votre degré de réussite. Malheureusement, les agents décident souvent en fonction du prix lors de leur prise de décision.

Dans le ***Règlement d'application de la Loi sur le courtage immobilier,*** le programme «**Agent immobilier**» est composé des cinq cours suivants:

+ **Droit immobilier I**   (60 heures)

+ **Évaluation immobilière I**   (45 heures)

+ **Mathématiques immobilières I**   (45 heures)

+ **Loi sur le courtage immobilier et ses règlements**
  (45 heures)

+ **Rédaction de contrats et documents relatifs à l'immobilier**   (45 heures)

Je considère personnellement que la formation doit être:

+ Motivante et axée sur la pratique.
+ Continue, en permettant une spécialisation ininterrompue tout au long de votre carrière.
+ Envisagée avec une ouverture sur des perspectives d'avenir.

La formation continue de façon volontaire

«N'attendez pas d'être professionnel pour l'être »
Hervé Tremblay, auteur et conférencier

Dans plusieurs provinces canadiennes et dans certains états américains, la formation continue est obligatoire. Au Québec, nous n'avons pas cette prérogative et c'est dommage. Presque toutes les autres associations professionnelles offrent obligatoirement une formation annuelle. C'est tout à leur avantage. Ces professionnels comptables, avocats ou autres savent ainsi qu'ils sont à jour et bien formés. Donc, de vrais spécialistes en leur domaine. Le public hésite moins à leur faire confiance et à acquitter la rétribution qui leur est exigée. Une image de professionnalisme impeccable est de cette façon véhiculée. Une formation continue en vente et en connaissance immobilière générale, qui serait obligatoire pour tous, manque à notre profession. J'espère humblement que ce livre va être un outil pédagogique permettant de combler les besoins minimaux dans ce sens.

Je m'explique: je crois sincèrement que, comme dans toute entreprise de services, nous offrons **des connaissances, du savoir-faire et de l'expérience.** Je présume ainsi que les deux premiers doivent s'inculquer et être renouvelés chaque année.

Secrets du succès?

Deux grandes qualités qui ressortent des agents performants: ils suivent continuellement des cours de leur propre gré et ils disposent d'une portion importante de budgets et de temps pour la formation et le coaching. De plus, en discutant avec eux, on se rend compte qu'ils ont tous abondamment lu. Ils sont en général très autodidactes (qualité distinctive de notre profession) et ils font des lectures sur des sujets très variés, tels que la croissance personnelle, les biographies, les techniques de vente et de marketing, la psychologie, la négociation, la communication, l'informatique, etc...

Les agents expérimentés assistent aussi aux réunions et aux congrès de la profession, soit ceux des courtiers, de la bannière ou encore des regroupements associatifs de l'immeuble. Ces intervenants de la profession présentent fréquemment d'excellents formateurs et maîtres en motivation de haute qualité. On peut assister aussi à des mini sessions avec des cas vécus d'agents performants prêts à partager leurs recettes du succès.

De plus, n'hésitez pas à réviser, et ce, à chaque année, vos forces et vos faiblesses de façon honnête. Suivez des cours qui vous permettront de vous démarquer de vos compétiteurs. Cela augmentera votre efficacité tout en améliorant vos habiletés ou vos connaissances légales et théoriques. N'hésitez pas non plus à vous faire «coacher» ou parrainer, afin d'obtenir du savoir-faire supérieur et ainsi, mieux vous organiser.

Mon anecdote...

Je vais vous confier un petit secret bien gardé. Il est très payant, mais, d'une tout autre façon, de suivre des formations: vive le **«réseautage»**!
Je m'explique:

À chacun des cours, des formations ou des séminaires que j'ai suivis, j'ai rencontré des gens intéressants qui, par la suite, m'ont référé des clients. Pourquoi? Parce que ces agents reconnaissaient d'emblée mon dynamisme et ma motivation à être très professionnelle avec mes clients, puisque je suivais les mêmes cours qu'eux! Mon cours de courtier a été remboursé avant la fin de celui-ci par une belle référence.

De la même manière, les séminaires et formations internationaux auxquels j'ai participé ont été, depuis belle lurette,
remboursés par plusieurs références d'agents immobiliers
du reste du Canada et des États-Unis et de plus, ils m'ont
aussi beaucoup appris en partageant leurs anecdotes et
leurs expériences avec moi. En effet, ces agents, n'étant
pas en compétition directe avec moi, puisque d'un secteur
différent, me confiaient beaucoup plus leurs méthodes et
leurs initiatives que les agents de mon secteur. Ainsi, ne
vous privez pas d'assister à des séminaires et à votre prochaine formation, ne restez pas dans votre coin:
«Réseautez», c'est payant!

Pour plus d'information sur la technique du réseautage, je
vous recommande les livres, les ateliers et le site Internet
de madame Lise Cardinal, une Québécoise haute comme
trois (plutôt quatre) pommes, avec un humour et une
générosité gigantesque! Une petite conversation avec elle
et vous allez probablement lui référer un client!

Lise Cardinal est l'auteure des livres: **Comment bâtir un réseau de
contacts solide** (1998), Les Éditions Transcontinental et les Éditions
de la Fondation de l'entrepreneurship **Réseautage d'affaires : mode
de vie** (2000 et 2004) Les Éditions Transcontinental et les Éditions de
la Fondation de l'entrepreneurship

*(**Voir** Bibliographie et Références)*

Le revers de la médaille de la formation

«Pratiquez vos conseils ou n'en donnez pas.»   *Pierre Corneille*

D'un autre côté, bizarrement, les formations peuvent aussi nuire!

En effet, on peut suivre des cours et des formations à gros prix d'efforts et d'argent et ne pas faire ce qu'on apprend. Beaucoup de
temps perdu et de culpabilité à assumer… et finalement, à réaliser
que ce n'est pas pour nous! Je connais des agents qui ont dépensé

des milliers de dollars en livres, en formations et en «coaching» de toute sorte et n'ont jamais fait ce qu'on leur a appris en premier, soit de **solliciter**. Il n'y a pas de recettes miracles ou de potions magiques, ni selon le mythe connu des secrets de réussite bien gardés des champions. Ils ont seulement fait ce qu'on leur a appris sans rechigner, même s'ils n'aimaient pas vraiment ça, conscients tout de même qu'ils seraient mieux d'apprendre vite à aimer ça!

Savoir quel est le chapeau qu'on porte et s'en tenir à celui-ci est un défi dans ce métier

Il est en effet possible d'en savoir trop et de prendre ainsi des responsabilités non sollicitées.
Je m'explique: Comme ¨**Un petit Jo connaissant**¨, on veut parfois en faire et en dire trop!

1. Soyez sûr de bien qualifier les connaissances de vos clients et de vos amis avant de vous permettre de les éduquer.

Les gens n'ont pas toujours évolué au même rythme que vous et les bousculer avec vos connaissances pourrait les froisser. Vous allez les mélanger en leur disant plus qu'ils en demandent. Contentez-vous de les protéger du mieux de votre connaissance dans leur intérêt et non le vôtre.

2. Sachez référer à des spécialistes lorsque le sujet dépasse vos compétences ou vous compromet dans un certain conflit d'intérêts.

N'oubliez jamais que la première mission de votre profession et de son cadre professionnel est d'être un agent immobilier. Tenez-vous-en à ce rôle. Ne faites pas le travail d'expertise d'un autre spécialiste, même si auparavant, c'était votre ancien métier ou que maintenant, vous avez de très bonnes connaissances dans ce domaine. Vous n'êtes assuré, dans le cadre de votre assurance responsabilité professionnelle, que pour la description de tâches qui revient à votre métier. Ainsi, ne tentez pas la chance de vous improviser inspecteur en bâtiment ou agent hypothécaire. Votre crédibilité, sans oublier le souci de ne pas se mettre en situation de conflits d'intérêts, compte avant tout en tant que professionnel. Vous ne pouvez pas porter tous les chapeaux et surtout pas en même temps.

3. Apprenez aussi à vulgariser votre savoir.

Connaissez les termes et le jargon de la profession. Mais attention, parler comme un grand livre, dans un jargon du métier, ne vous fait pas paraître plus intelligent ou plus connaissant. À cet égard, j'admirais maître Henri Richard, mon ancien avocat devenu juge, car il pouvait m'expliquer en mots simples et clairs des concepts de loi très compliqués. Le consommateur en immobilier attend de vous la même simplicité. Étudiez bien les termes, vocabulaires et définitions de votre champ de pratique. Voir à ce sujet le chapitre: *«Lexique ou jargon immobilier»*.

4. Il est d'ailleurs aussi important de faire vos devoirs et de mettre en pratique vos connaissances.

Apprenez de vos erreurs! N'hésitez pas à poser des questions et à démontrer votre soif d'apprendre; on vous pardonnera davantage de vouloir savoir que de donner une information erronée. Si vous ne connaissez pas la réponse à une question de vos clients, soyez honnête, dites-leur que vous allez vous informer pour le conseiller adéquatement dès que vous aurez une réponse d'une source sûre. Votre courtier est un bon exemple d'une personne d'expérience qui peut vous guider sur vos interrogations. Un mentor ou un coach peut aussi être utiles dans ce sens. Je parlerai ici de leur rôle dans une formation potentielle en ce sens.

Le parrainage personnalisé, Un à Un, Face à Face (en anglais: 'Coaching One on one')

«Quand on change, on a changé.»   *Auteur inconnu*

C'est à la mode, mais c'est dispendieux le «coaching»! Il faut avant tout être motivé à changer nos habitudes, bonnes ou mauvaises, et à travailler fort vers de nouvelles méthodes de travail et d'organisation. Il faut croire aux capacités de votre interlocuteur à vous aider et avoir confiance qu'il vous inculquera des connaissances de qualité. Il vous faut aussi une ouverture d'esprit et une volonté à accepter les inévitables erreurs et les échecs du débutant. C'est un processus à long terme. Les premiers appels de votre coach donnent l'impression que les changements se font rapidement, c'est normal, on attaque en premier les difficultés importantes et urgentes, donc les résultats se font sentir tout de suite. Les premiers changements sont souvent faciles à maintenir à long terme, mais parfois, le plus difficile, c'est de pouvoir accepter de changer de vieilles habitudes bien ancrées dans votre tête! C'est long et c'est un défi constant. Il faut être très convaincu du côté positif qui ressortira de ce changement sans être trop dur à notre égard.

En effet, la culpabilité de ne pas faire ce que votre mentor s'attend de vous peut devenir lourde à porter si vous n'avez pas une certaine estime de vous et des objectifs réalisables. Il faut vous souvenir de bien dialoguer, et ce, honnêtement avec l'entraîneur qui va vous aider à atteindre des buts à la hauteur de vos capacités.

Voici quelques recommandations d'usage d'une bonne séance de parrainage personnalisée:

- Préparation des questions à l'avance;
- Cellulaire et téléavertisseur fermés;
- Bureau isolé et sans dérangement;
- Enregistrement de l'entrevue;
- Prise de notes et relecture subséquente;
- Faire ses devoirs et mettre en application les consignes apprises;
- L'esprit alerte!

Ce que vous devriez savoir et surtout entendre de votre entraîneur:

- Comment établir des objectifs efficaces?
- Comment bâtir un plan d'action performant?
- Comment utiliser un langage puissant?
- Comment obtenir rapidement de bons résultats?
- Savoir poser des questions percutantes;
- Savoir écouter intensément;
- Savoir répondre aux objections;
- Savoir conclure une vente;
- Connaître les trucs et les astuces d'un agent d'expérience.

LES POINTS COUVERTS PAR LE COACHING:

1. La gestion du temps;
2. La prospection et la sollicitation;
3. Les anciens clients et les centres d'influence;
4. La pré qualification;
5. Le suivi des contacts;
6. La présentation d'inscription;

7. L'estimation et la présentation des propriétés comparables à la propriété en question;
8. La maîtrise des objections reçues de la part des consommateurs;
9. Les habiletés de vente et la conclusion positive de celle-ci;
10. La négociation;
11. Le travail avec les acheteurs;
12. La gestion du bureau et du personnel;
13. Le service après-vente et à la clientèle;
14. Le plan d'affaires;
15. Le suivi de vos résultats et de vos statistiques;
16. La formation et le développement de vos habiletés;
17. Le «Mental» et vos aptitudes requises;
18. Vos objectifs et vos buts;
19. Le budget et les profits;
20. La mise en place de systèmes d'efficacité et de contrôle;
21. La comptabilité et la gestion des finances;
22. La gestion d'équipe;
23. La technologie et le futur;
24. L'après carrière;
25. Varia et vécu tel que les règles non-écrites.

À titre d'exemple, voici ce qui est écrit dans un contrat type de parrainage:

Ce contrat consiste en une formation sous la forme personnalisée de type «un à un», soit de type «coaching».

Inclus: un appel téléphonique d'une durée de trente minutes chaque semaine à une heure convenue d'avance entre les parties. Une visite d'une journée au bureau du coach ou au bureau d'un de ses protégés. Une visite du coach à vos bureaux si possible. Des documents de travail, des outils et des informations pertinentes à l'évolution et au développement du client, le tout à la discrétion de l'entraîneur et selon les besoins essentiels et personnels du client. Les coûts varient beaucoup d'un coach à l'autre. Ils varient entre 20 $ de l'heure à 250 $ la demi-heure et parfois, ils sont chargés en dollars US. Une référence solide est de mise pour vous guider, afin de mieux effectuer votre choix.

Tout s'apprend, mais cela ne tient qu'à vous d'intégrer les connaissances acquises à votre profession et à votre savoir faire.

Mon anecdote...

Ayant payé des fortunes en entraîneurs internationaux pour mes enfants, je ne pouvais que croire en cette méthode de «coaching » individuel afin d'améliorer mes résultats comme agent immobilier. J'ai magasiné et lu beaucoup sur Internet et dans des revues spécialisées en immobilier avant de faire mon choix sur une compagnie américaine qui m'a fait réaliser plus que mes objectifs.

Certaines de ces compagnies se spécialisent et recommandent une approche marketing très forte et parfois coûteuse. Faire augmenter les profits de mon imprimeur n'est pas ce que je recherchais. Ayant bien analysé mes forces et faiblesses, j'ai opté pour un style d'entraînement axé sur la prospection directe de client. Pourtant, j'étais une «pro» de toutes les bonnes raisons et les excuses pour ne pas faire de la prospection. La compagnie que j'avais choisie m'a apporté plus que des arguments et des convictions; ils m'ont équipée d'une méthode économique et d'une approche qui me rend plus à l'aise de rendre service aux vendeurs qui ne demandent pas mieux: soit de devenir leur agent immobilier préféré! C'est le but d'un «coaching sur mesure» et il doit répondre à vos besoins.

Affirmations

Je connais et je veux apprendre tous les aspects de ma profession!

Je suis assoiffé(e) de savoir tout... tout... sur ma profession!

J'ai une confiance absolue en mon coach!

Je sais que l'expérience des autres est un guide pour me permettre de faire les miennes plus vite!

Je suis à l'écoute de mes forces et de mes faiblesses et je suis prêt à m'améliorer!

ORGANISÉS? ON NE SE PERD PAS!

Organisation de bureau 101

Vous l'admettrez, nous sommes en business et nous voulons qu'elle soit payante et vite! Pourtant, «On va là, comme je te pousse», sans aucun plan stratégique. Par exemple, on a beaucoup de projets et de bonnes intentions, mais on n'aboutit jamais à rien, car on n'a pas ce qu'il faut, si on part du principe:

Buts ⇨ Actions ⇨ Résultats

Nous ne sommes simplement pas organisés.

- «Voici un drôle de chapitre! Organiser quoi, qui? Vous? Moi? Mais pourquoi? Et surtout par où commencer?»

- «Pour moi, ce sont des détails secondaires dont je prendrai soin au fur et à mesure de mes besoins... Il faut que je fasse de l'argent très vite, ça presse! Après tout, mes dépenses se bousculent déjà à la porte!»

Pas un autre mythe?

Je pourrais vous laisser croire que le fait d'être en affaires vous libère de telles contraintes et que c'est même plus facile, puisque vous êtes, après tout, seul avec vous-même. L'organisation serait donc minime à vos yeux.

De plus, grâce à ma liste, vous avez sagement et diligemment acheté ce qui est nécessaire pour vous équiper afin de réussir cette carrière.

Vous avez choisi votre couleurs/bannière/courtier/milieu de travail... bien des décisions à prendre quoi! Le reste devrait se faire enfin tout seul...

Vous, vous dites: je n'ai pas le temps et je n'ai pas besoin d'attraper l'«*organisationite aiguë*»... Je veux juste savoir: par où je commence?

La réalité

La vraie question est la suivante: qu'est-ce que je veux faire en immobilier au juste?
En détail? Où et comment?

Quelle est ma mission? Mes buts? Mes standards? Mes normes de travail? Mon environnement idéal?

Mes objectifs? Mes priorités? Avec quoi? Avec qui?

Finalement, beaucoup de réflexion nous amènera à l'étape de notre processus d'un bon départ en immobilier: **l'organisation**. Elle vient juste avant le «**do-it**». Je ne parle pas d'organisation à l'extrême, mais avec un minimum de gros bon sens, dans le but de ne pas s'éparpiller ou perdre du temps précieux.

Nous avons compris dans les chapitres précédents que vous étiez à la tête d'une petite PPE, donc, vous en êtes le «leader», rien de moins!
Alors, voyons comment pense un leader?[6]

- Les «leaders» cherchent à anticiper l'avenir plutôt que d'y réagir.
- Les «leaders» possèdent une vision dont rien ne saurait les détourner.
- Les «leaders» savent où ils vont, ils sont constamment en mouvement, se perfectionnent, se transforment et s'épanouissent dans de nouveaux domaines.
- Les «leaders» sont capables de communiquer et de partager leur vision.
- Cette vision n'est pas calculable avec des chiffres et des analyses. Elle résulte de ce qui lui tient le plus à cœur. Seul importe ce qui les passionne réellement.

Alors comment un leader comme vous en immobilier s'organise pour atteindre sa vision?

Mon premier conseil et devoir sera de vous faire réaliser à tous un **«Un plan d'affaires»**!

Évidemment, ce sujet sera couvert dans les prochains chapitres, mais pour être concret et réalisable, il faut que ce plan d'affaires ait une assise: **votre budget** et une fondation: **votre mission**. Vous serez ainsi appuyé sur une base solide. Ensuite, cette mission va vous permettre d'établir votre **plan d'affaires**. Il faut comprendre

[6]Source: Mark Leader «*Leader's Choice*»

qu'un plan d'affaires est un squelette. Il ne peut être viable sans âme, ni cœur, ni même d'un peu d'esprit.

Avec l'établissement de votre budget, vous déterminerez votre plan d'affaires basé sur cette réflexion importante concernant votre mission et les choix que vous prendrez par rapport aux méthodes envisagées pour réussir.

Nous allons donc couvrir quatre volets que je considère importants avant votre réel départ:

Les volets:

- Orientation
- Organisation
- Physique
- Humain

1) Volet Orientation

On entend par là:

Vision — mission – buts — foi — esprit !

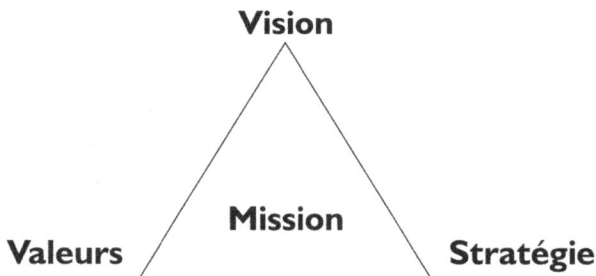

Vision - Mission

Vision	→	But, idéal visé à long terme (3-5-10-20 ans)
Mission	→	Raison d'être
Valeurs	→	Croyances - cultures de l'entreprise, comportements valorisés.
Stratégie	→	Plan d'action pour réaliser la mission (1 à 5 ans)

Ma définition: **Ce sont des normes qu'on s'impose** pour atteindre **ses buts** basés sur de **la foi** avec un peu **d'esprit**! En fait, je veux vous parler des valeurs, des fondements et des principes que vous devez appliquer dans vos procédures de travail. Sans ligne de conduite ferme et une approche hyper disciplinée envers celle-ci, il serait tendancieux de bifurquer dans la facilité.
Par exemple: croire aux mythes qui circulent!

Concrètement: Ce point éclairci, alors comment faire pour avoir un esprit de travail intouchable?

Nous débuterons par l'exemple d'un mythe:

«Vous remarquerez, si vous êtes agent immobilier tout fraîchement sorti de l'école ou un vétéran de 10 ou 20 ans d'expérience, que nous, les «agents», sommes sensibles à l'évolution du marché. Les vétérans, surtout ceux qui ont connu le boom de 1991, la récession de 1998 et le marché extraordinaire de 2004, admettent que c'est tout à fait hors du commun et par ce fait difficile de s'adapter aux sautes d'humeur du marché. De plus, on sait que les humeurs et tendances du marché reviennent par cycle et vont donc se répéter encore et encore. Ainsi, vous conviendrez que jamais il ne sera facile de maintenir une méthode de travail évolutive et rentable.»

Tout ce que je viens de vous dire n'est encore qu'une légende urbaine: en plus de la véhiculer, vous y croyez dur comme fer!

La réalité

Une méthode de travail évolutive et rentable? Il en existe une! Certains parviennent à être constants et présents, et ce, dans n'importe lequel des marchés. Tout cela grâce à des normes et des standards de travail de très haut niveau et une discipline à les respecter.

Mettons cela au clair immédiatement: ce n'est pas la faute du marché si vous ne réussissez pas. **Quel que soit le marché**, nous n'avons qu'une chose à faire: **prospecter, inscrire et vendre des propriétés avec la mission qu'on s'est donnée**. On doit juste changer notre discours, selon les données du marché, **s'adapter, mais la base de notre travail reste la même**.

En période de récession, j'avais plus de propriétés à vendre et les prix étaient bas et pourtant j'en vendais beaucoup.

Dans un marché à la hausse, j'avais moins de propriétés inscrites, mais je les vendais presque toutes et les prix montaient. Alors même si je vends un peu moins, mes revenus sont constants et parfois à la hausse, selon l'effort donné.

Quel que soit le marché actuel, mon travail est **de prospecter, inscrire et vendre des propriétés au meilleur de mes capacités et le plus souvent possible**. Le marché affectera les clients peut-être, mais pas moi ou ma «business». Car on le sait, toutes les propriétés se vendent, il y a toujours un acheteur pour chacune d'elles. Quelle que soit son allure ou sa valeur. Tout se vend. Donc, pour avoir un esprit de travail intouchable, on détermine **notre mission personnelle** dans cette galère. Notre raison d'être!

La définition de notre mission, de notre but, va s'appuyer sur **des bases générales connues de la vente** et de son processus de service à la clientèle essentiel à notre profession. Il est tout à fait normal d'y revenir constamment, car c'est justement lorsqu'on s'éloigne de ses fondements que l'on se sent déstabilisé et dérouté dans un marché changeant. Il est évident que, si nos bases et principes de ventes sont solides, rien ne nous affectera. Finalement, **on fait ce qu'on est supposé faire et on s'arrange pour bien le faire en tout temps, avec toute la motivation que cela nous apporte.**

On devrait se demander et croire au: Avant toute chose, pourquoi je fais ce métier?
Nous parlons ici du processus de motivation en vente d'un agent immobilier.
Par définition, ce processus devient en premier un processus **personnel**!

Définissons <u>notre source de motivation personnelle</u>:

En premier, le terme «mission» est voulu ici dans le sens des buts et des façons d'y arriver avec l'**engagement** que nous voulons y apporter.

Je suis toujours étonnée de voir des femmes et des hommes d'affaires qui n'ont pas déterminé de mission, de raison d'être ou même de fierté d'être.

Définir sa mission personnelle permet de définir notre créneau, notre personnalité, notre spécialité et de différencier nos services à notre façon. C'est en fait l'image que l'on veut projeter. Mais cela influencera surtout notre approche et nos méthodes de travail avec les normes, les principes et les limites que nous voulons y apporter et faire respecter.

Par exemple, la mission de mon équipe est:

Notre mission

Nos clients le seront pour toujours!

Nous leur offrons un service professionnel et honnête. Nous allons nous consacrer à tous leurs besoins en immobilier, et cela, jusqu'au moindre détail. Nous bâtissons notre clientèle sur des bases de prospection et de références, ainsi qu'en nous faisant connaître par notre implication auprès de la communauté et par notre approche agressive et efficace en marketing.

Notre but est d'être considéré comme les agents immobiliers les plus dynamiques et les plus compréhensifs, tout en étant en mesure d'offrir à notre clientèle des services immobiliers qu'ils ont ou auront besoin dans leur vie future.

Il est important de ne pas mélanger votre mission de carrière avec les buts généraux, personnels ou vos rêves qui sont aussi importants à votre réflexion.

Exemple de but personnel: (lorsque mes enfants patinaient, j'avais écrit ceci à mes clients)

> *«Comme plusieurs d'entre vous le savent déjà, ma principale raison de travailler avec autant de ferveur est d'acquérir une ressource financière suffisante pour permettre à mes deux adolescents Catherine et Charles André Perreault d'atteindre leurs rêves. Étant tous les deux membres de l'équipe nationale junior de patinage artistique, ils représenteront le Canada sur la scène internationale cette année.»* ...

Autre exemple de mission personnelle: «Préparer ma dynastie, mon patrimoine en ayant acquis au fil des ans un parc immobilier de tant de portes et ce, avant l'âge de 30 ans ce qui me permettra de prendre ma retraite dès l'âge de 50 ans et de vivre de mes revenus de placements immobiliers jusqu'à ma mort.»

Cette mission qui est la vôtre, est tout à fait personnelle donc, il n'y a pas de honte d'en avoir une ambitieuse! Elle devra vous inspirer et vous motiver.

C'est un exemple très concret de la différence entre les deux missions. Vous aurez besoin de préciser les deux pour vos besoins. Vous devez la connaître et y croire fermement à cette mission de carrière et en votre capacité de réussir à l'atteindre et à l'appliquer. Ensuite, il sera temps de la véhiculer!

Pour déterminer notre mission, nos buts et notre motivation **personnelle**, on se demande:

- Pourquoi travaillons-nous?
- Pourquoi avons-nous choisi cette profession et quel est notre but personnel?
- Quelles sont mes attentes?

Pour déterminer notre mission, nos buts et notre motivation **d'affaire**, on se demande:

- Comment nous démarquer des autres et à qui entendons-nous offrir nos services?

- Quel type de propriété ou de secteur retiendra notre attention?

- Quel créneau d'affaires immobilières développerons-nous? Résidentiel ou commercial?

Il est important de comprendre que mon but ici n'est pas de vous dicter une mission, mais de vous faire réaliser les choix qui s'offrent à vous et les décisions que vous devrez prendre par rapport à ceux-ci. Peut-être que ces choix seront évidents par les perspectives d'avenir qui s'offriront à vous, ou par l'expérience que vous avez acquise dans le passé ou simplement par le goût intense de vous y investir à fond. On comprend que l'idée est de savoir ce que vous voulez et de la façon de se concentrer pour réussir dans votre mission.

Une mission c'est beau, mais par où commencer lorsqu'on sait ce qu'on veut?

Je vous conseille d'assimiler et de véhiculer votre mission. Ainsi, je vous recommande d'afficher votre mission dans votre environnement de travail. Cela vous apportera une influence positive et vous aidera à la conserver. De plus, cela informera vos clients qui vous aideront à la respecter. Plusieurs agents l'affichent aussi dans leur site internet.

Finalement, vous êtes rendu à répondre à la question:

Selon ma mission personnelle et ma mission commerciale:

- ☞ Comment vais-je l'accomplir?
- ☞ Avec quels engagements de ma part?
- ☞ Quelles seront donc mes attentes envers moi-même?
- ☞ Quels seront les moyens utilisés?
- ☞ Quel sera mon processus de travail?

Réfléchissez à votre vision ou à cette mission que vous recherchez, vous personnellement dans ce métier, fixez-vous des buts et soyez précis.

4 Règles essentielles qui aident à déterminer ses buts:

1. Doivent être mesurables — Comment savoir s'ils sont réussis?
                                            — Où est la ligne d'arrivée?
2. Doivent être atteignables — Faisables et réalistes
3. Doivent être réalisables — À court, moyen et long terme
4. Doivent être fixes dans le temps — Délais et conséquences

Buts? Précis!

On devra mesurer le succès, «notre succès», on se doit donc d'être précis. On comprendra que notre plan est orienté aussi vers le succès. Moi, je mesure constamment mes succès et je travaille à améliorer mes techniques pour encourager ainsi de meilleurs résultats! Attention: l'atteinte de vos résultats est de facture très personnelle. Par exemple, votre but peut être pour vous l'obtention d'une certaine qualité de vie, avec un nombre de temps et d'efforts personnels que vous jugerez convenables à votre équilibre de vie.

Définissez votre but et tenez-y! **Faites-en un défi personnel.**
Alors, rendez-vous la tâche plus facile. Préparez le terrain.

2) Volet organisationnel

On entend par là: **Standards – normes – protocoles – méthodes et procédures – processus.**

Le processus?

Enfin, on arrive au but de mon intervention qui me tient le plus à cœur dans ce chapitre: le processus. Autrement dit, le moyen de parvenir à ses fins par la mise en place de procédures, de méthodes et de protocoles. L'action quoi!

Protocoles et procédures

Comment passer à l'action et être motivé, organisé et discipliné à le faire?

En immobilier, sans que cela paraisse, il y a beaucoup de tâches répétitives qui peuvent être standardisées et organisées pour améliorer leur efficacité et leur vitesse d'exécution.

Je remarque que toutes les grandes, et même parfois les petites entreprises, ont des politiques de travail déjà inscrites ou même des livres de procédures. Pourquoi font-elles ça? Pour sauver du temps et de l'argent ou pour en faire toujours un peu plus. Ils emploient parfois des diplômés universitaires spécialisés en gestion et en production pour les aider à concevoir le temps alloué et analyser l'efficacité investie au travail de la part des employés. Cela aide la productivité et naturellement la rentabilité de l'entreprise. De plus, cela assure une transition dans l'entreprise entre un employé qui a conscience du travail à accomplir et du nouvel employé, qui éventuellement prendra la relève. Avec des protocoles établis, il sera en mesure de le faire avec les mêmes standards de qualité puisqu'il respectera les mêmes étapes et procédures déjà éprouvées.

À titre de travailleurs autonomes, nous sommes souvent confrontés avec le manque de méthode de planification et d'élaboration de systèmes pour la faisabilité et la facilité de nos projets et de nos actions. On remarquera que ceux qui deviennent travailleurs autonomes ou à la pige au service de leur ancien employeur et qui utilisent les méthodes de travail apprises lors de leur engagement par celui-ci, auront plus de facilité à s'organiser, le travail étant le même qu'auparavant, la procédure est déjà établie. Ils ont déjà de bonnes habitudes de travail. Ce n'est cependant pas le cas en immobilier, où le travail ne ressemble à aucun autre comparable et où personne ne partage ses procédures et ses méthodes. Pourtant, elles existent et vous devrez les adapter à vos besoins.

On doit se demander:

☞ Quel est le système à mettre en place pour y parvenir?

☞ Quelle est la systématisation des étapes de mon travail à faire?

☞ Comment s'organiser pour avoir des résultats rapidement?

Voilà le défi. Me faciliter la vie et réduire le temps perdu dans l'exécution des tâches à accomplir. Attention, je me répète, le danger est de tomber rapidement dans le piège de «l'organisationnite aiguë». Certains n'en finissent plus de s'organiser et ils ne sont plus capables de passer à l'autre étape, soit celle de la réalisation!

L'agent demeure donc à la première étape du processus:

Il analyse et analyse et finalement... il paralyse.

Pour vous faire comprendre mon point, rappelez-vous lorsque vous étiez jeunes sur le bout d'un quai ou d'un tremplin, c'est avec un enthousiasme certain que vous aviez grimpé avec la ferme intention de vous élancer à pieds joints dans cette eau scintillante, mais juste le temps de se rendre au bord, soudainement vos craintes les plus ridicules faisaient surface.

Tout d'un coup que... finalement plus vous hésitiez avant de sauter, plus vous attendiez longtemps, plus l'eau paraissait froide et peu invitante. Pourtant, vous étiez bien décidé à vous offrir cette joie avant que vous vous mettiez à hésiter et à y réfléchir? En fait, sauter avec un bagage d'appréhensions est toujours plus hasardeux! Heureusement, au bout du compte, quelqu'un finissait par vous pousser gentiment par en arrière et «splash»! Le choc brutal, mais agréable de l'eau, vous faisait oublier toutes ces peurs non raisonnées.
Vous passiez ensuite le reste de l'après-midi à sauter à répétition sur ce tremplin!
Vous aviez vaincu la peur déraisonnée.

C'est le même principe en affaires.

Plus vous analysez et vous vous organisez, plus vous aurez peur de foncer et de risquer. C'est donc une étape cruciale à ne pas prolonger indûment. Le but, au contraire, est de faciliter notre tâche par cette étape!

Pour éviter la procrastination (remettre à plus tard):

Vous fixez et vous déterminez un but atteignable: solliciter des clients (vingt par jour) par téléphone tous les matins cette semaine, le matin entre 9 heures et 11 heures.

Bon, j'entends déjà certains agents protester qu'«eux», ils n'en font pas de prospection et qu'ils n'en feront jamais! Comprenez-moi bien: ceci est le secret le mieux gardé de tous ceux qui réussissent en immeuble! Pour réussir, **il faut prospecter**. C'est ça de la vente. **C'est de trouver des clients.** Ils ne vous tomberont pas du ciel.

Personne n'aime ça ou presque, alors imaginez le temps qu'ils prennent à se préparer et à s'organiser pour être sûrs que lorsque le temps sera venu, il ne restera plus de temps! Bien des gens occupent le bout du tremplin, mais en fait, peu plongent dans la piscine. Ce principe explique bien mon point, n'est-ce pas? Vous reconnaissez-vous?

Action!

Buts	$\Rightarrow$	Actions
Actions	=	Temps
Actions	$\Rightarrow$	Résultats
Résultats	=	$$$

D'après ce raisonnement, le plus important à mes yeux et qui doit être considéré comme un facteur de réussite, c'est l'**action**:

1. Quelle action dois-je accomplir pour créer des affaires, du business?

Avez-vous déjà évalué l'action qui est la plus rentable pour vous?[7]

Combien de temps vais-je y allouer? Surtout, quand vais-je y allouer le temps?

Déterminer un horaire réaliste et faisable et les moyens de passer à l'action.

2. À quel résultat dois-je m'attendre?

Est-ce quantifiable et mesurable?

[7]Voir tableau intitulé «Actions payantes» dans chapitre «*Horaire et gestion du temps perdu*»

Concrètement:

On s'entend tous pour dire qu'**Efficacité = Priorité**.

Donc, la veille, faire une liste des tâches à compléter pour le lendemain, en ordre de priorités.
Par exemple: Vous voulez faire de la sollicitation téléphonique demain matin et vous voulez commencer dès 8h30!

L'idée est que, la veille, ou le lundi matin très tôt, vous créez un système pour enfin passer à l'action le reste de la semaine. Comme ça, vous ne perdrez pas trop de temps à planifier, à vous organiser et à vous décider de le faire... Vous n'avez plus de nombreuses raisons de ne pas le faire non plus. Tout sera prêt pour passer à l'action.

Premièrement, je vous recommande de **décider et d'établir qui vous allez appeler!**

Donc, **préparez une liste de noms et de numéros de téléphone à l'avance.** Pourquoi ne pas prendre en premier des gens qui ont besoin de vous? Ceux qui sont déjà à vendre ou qui doivent vendre dans les 30 à 60 jours. Ça vous facilitera la vie!

En ordre de priorité, contacter les AVPP (à vendre par le propriétaire) et les expirés (les contrats de courtages échus) du système MLS.

Trouvez-les aux endroits où ils s'annoncent.

Préparez votre liste avec leur nom, leur adresse et leur numéro de téléphone.

Ensuite, **préparez ce que vous allez dire**. Donc, ayez d'avance votre série de **questions** ⚷ pour chaque groupe à prospecter.[8]

Prévoyez l'emplacement physique idéal pour vous assurer la tranquillité pendant vos appels.

Est-il essentiel de vous rappeler de **débuter et réaliser vos appels**?

Enfin, quantifiez vos actions pour faire une évaluation constructive de vos réalisations. Exemple: Avez-vous trouvé la méthode la plus rapide de sortir et compiler cette liste? Pour vous assurer de ne pas être dérangé, ne retournez vos appels qu'à la suite d'un minimum de contacts accomplis ou encore à une période déterminée fixée d'avance dans votre horaire de la journée. Vous avertirez votre personnel et la réceptionniste que vous ne prendrez pas d'appels tôt en matinée, mais seulement à la fin de l'avant-midi par exemple.

Prévoir l'équipement: un téléphone confortable ou un casque d'écoute, vos **questions** ⚷, un lutrin pour avoir votre aide-mémoire des **questions** ⚷[9] bien en vue (comme un support à livre de recettes), une enregistreuse pour écouter et évaluer vos performances et, sans oublier, vos formulaires pour prendre des notes concernant vos nouveaux clients potentiels.

Faites rapidement une pratique de vos **questions** ⚷ à voix haute avant de faire votre premier appel. Il n'y a rien de mieux pour se réchauffer les muscles du visage et de la gorge! Cette préparation est en même temps un réchauffement, tout comme le font les athlètes de grand niveau.

---

[8]Voir chapitre sur la prospection et celui des **questions** ⚷ dans le Tome II: «*Agent immobilier: de la réalité aux rêves*»

[9]Voir le chapitre «*Les **questions** ⚷ parlent pour moi!*» du Tome II.

Exemple d'un formulaire utile pour travailler avec votre adjointe:

Les priorités d'aujourd'hui!

Date _____/_____/_____

A faire:	Fait:	Commentaires
1.		
2.		
3.		
4.		
5.		
6.		
7.		
8.		
9.		
10.		
11.		
12.		
13.		
14.		
15.		
16.		
17.		
18.		

«Ensemble, on atteint nos rêves!»

Merci!

Sylvia Perreault
Ma compagnie X Inc.

N.B.: Vous retrouverez tous les formulaires dans le recueil
      «Le outils IMMO-SUCCÈS»

Allez, souriez et plongez!

Ainsi préparé, avec le moins d'encombrement possible avant votre départ, vous gagnerez votre défi personnel et votre engagement à parvenir à le faire. Vous aurez vaincu «l'organisationnite aiguë»!

Une organisation rapide et efficace garantira le succès de votre prospection. Une partie de ce travail vous servira chaque jour ! Évidemment que, la première fois, cette préparation sera un peu plus longue, mais par la suite, cela deviendra de plus en plus facile et vite fait grâce au processus et à la méthode développée et expérimentée.

Réalisez-vous que ce même processus peut servir à tous les niveaux?

Ainsi, le service après-vente peut être standardisé avec une liste à cocher d'activités ou de tâches à faire et à ne pas oublier, où toutes les étapes seront révisées à mesure que vous les faites. Vous établissez ainsi des protocoles professionnels et vous n'oublierez rien!

Trucs et astuces

Nous devons faire de l'argent avec des méthodes de travail qui nous permettent de réduire nos dépenses pour augmenter nos profits. Par exemple, j'imprime tous les jours les propriétés qui sont devenues expirées sur du papier recyclé, puisque seules moi et mon adjointe les regarderons.

Efficacité quoi!

Vous êtes en «Business», alors pensez «Business»!

3) Volet physique

On entend par là: Situation - Outils - Équipements - Décoration -Environnement.

Le but de mon intervention au sujet de votre encadrement physique est de vous expliquer qu'il faut être prévoyant: Organisez-vous et limitez ainsi vos déplacements. Étudiez votre environnement, l'endroit et le secteur choisi pour vos déplacements. Décidez où vous allez mettre vos énergies. Chaque cas est unique et l'organisation parfaite n'existe pas, mais au moins, prévoyez le coup!

> J'ai toujours trouvé étrange un agent qui travaille un secteur sur la Rive-nord ayant son bureau sur la Rive-sud, lorsqu'il habite à Montréal... Ses raisons? Pour le choix du bureau: le courtier est un ami. Sa maison est bien située pour le travail du conjoint. Le secteur choisi est celui de son enfance qu'il connaît bien et croit bien payant... Cherchez la logique! J'ai rarement vu un cas semblable qui a duré. Il y a trop d'énergie gaspillée à voyager, d'heures de travail non rentables ou, finalement, peu d'organisation possible.

Mettez toutes les chances de votre côté: si la situation physique est trop compliquée, en plus d'avoir à être déterminé, discipliné et travaillant, honnêtement, vous n'y arriverez pas. Vous allez vous dire: «Qu'il est difficile de réussir!» Pourtant, le truc est de vous simplifier la vie. Le reste va se présenter plus facilement. On crée sa chance, car elle ne viendra pas du ciel. J'aime beaucoup cette citation: *«Je crois fermement en la chance, et je me rends compte que plus je travaille, plus j'en ai».* (Thomas Jefferson)

Donc,

1. On se situe géographiquement de façon pratique.

2. On s'organise pour minimiser les déplacements et les pertes de temps qui s'en suivent.

3. On met en réserve tout ce qu'il nous faut pour être prêt et efficace où que l'on soit.

   - Dans ma voiture, j'ai une valise avec tous les formulaires et outils dont j'ai besoin pour travailler. Ex : ruban à mesurer électronique, équipement et outils pour l'installation des pancartes, appareil photo.

   - À la maison, j'ai un téléphone (avec assurance d'une certaine intimité en dehors de la famille pour parler affaires), un fax, un ordinateur et la papeterie, enveloppes et en-têtes de fax.

   - Au bureau, j'ai tous mes dossiers placés dans des filières. Un ordre logique est établi en fonction de leur statut:
     i. Dossiers d'inscriptions en vigueur
        (par ordre alphabétique de rues)

     ii. Dossiers d'inscriptions en offre.
         (par ordre alphabétique de rues)

     iii. Dossiers d'inscriptions vendues et à notarier.
          (Par ordre chronologique à être notarié)

     iv. Dossiers d'inscriptions notariées. (Par ordre chronologique qu'elles ont été notariées)

     v. Dossiers d'inscriptions expirées ou hors marché.
        (Par ordre chronologique, mois)

     vi. Dossiers d'inscriptions en attente d'être inscrites.
         (Par ordre chronologique, mois)

Mes meubles et outils (téléphone, fax et photocopieur) sont à la portée de ma main et fonctionnels. J'ai décoré avec des cadres et objets qui me tiennent à cœur et me motivent. Une allure professionnelle, mais chaleureuse transmet l'image que je veux projeter. Ma passion pour mon travail se reflète dans mon environnement immédiat.

4) Volet humain

On entend par là: **Personnel - Entourage - Équipe**
Tâches - Priorités !

Le mythe:

Nous sommes devenus agents immobiliers pour ne plus avoir de patron sur notre dos ou d'employés sous notre responsabilité. On sait et on comprend que c'est une grande responsabilité d'avoir des employés sous notre gouverne. Bien des tracas, quoi!

La réalité:

La réalité étant que nous travaillons rarement seuls et sans méthode lorsque nous sommes en affaires et surtout lorsque nous travaillons avec le public. Il y aura de la paperasse, des rapports à remettre, des factures et des procédures de travail. Il y aura aussi de l'organisation de travail à faire par vous-même ou par d'autres.

Naturellement, il faut connaître un peu la nature du travail pour s'organiser. Un médecin soigne ses patients, rédige les rapports et son adjointe prend les rendez-vous! Chacun sa spécialité. L'adjointe ne peut remplacer son patron, mais ses tâches sont essentielles aux activités du bureau de celui-ci.

À cette image, il s'agit d'établir clairement les rôles et les responsabilités de chacun. Comment avoir des priorités, les reconnaître et finalement les respecter. La délégation, lorsqu'on est travailleur autonome, n'est pas toujours évidente et parfois même entièrement contre nos valeurs et nos principes; jusqu'au moment où on n'a plus le choix!

À ce moment-là, on engage quelqu'un et on lui désigne ses tâches précisément. Il est évident qu'un nouvel agent ne va pas s'engager une adjointe dès le début. Alors, il doit être conscient que comme travailleur autonome, il doit «se taper» le travail qu'elle ferait pour lui.

Il est pourtant facile de déterminer ce qu'on attend de notre personnel: «Un esprit d'équipe, le respect des autres… et… peut-être aussi le suivi de la clientèle?» Comment?

Si on déterminait déjà ce qu'on aimerait lui faire exécuter? En établissant la description des tâches de chacun, il sera plus facile de réaliser et d'établir nos propres responsabilités. La description de tâches la concernant devient donc, par le fait même, la responsabilité de l'agent qui l'engage.

Pour vous aider, voici en exemple la description de tâches de mon adjointe:

Note: Il est entendu que ce que je lui demande, je sais le faire.

Description du travail d'une adjointe d'un agent immobilier

Buts: Par son aide précieuse :

Aider l'agent à augmenter sa clientèle et ses profits.
Aider l'agent à réduire ses dépenses.
Aider l'agent à obtenir des clients pour la vie.

Responsabilités
S'assurer que l'équipe reste dans son horaire tous les jours.

Connaître et faire le suivi de toutes les inscriptions de l'agent.
Connaître et faire le suivi de toutes les ventes faites par l'agent.
Assembler et transmettre les documents de vente aux notaires.
S'assurer que l'agent a tout le matériel nécessaire pour faire son travail.

Préparer et déposer tous les formulaires que l'agent doit utiliser pour faire une inscription.
Préparer et faire approuver toutes les annonces publicitaires et s'assurer de les faire publier en respectant les dates de tombée.
S'assurer de la disponibilité de toutes les fournitures de bureau nécessaires.
S'occuper de récolter et de faire tous les comptes rendus suite aux visites.
S'occuper de prendre tous les appels téléphoniques, les distribuer aux bonnes personnes et s'occuper de tout ce qu'elle peut éviter à l'agent.
S'assurer que l'agent ait tous les matins une liste de clients potentiels à appeler.
Produire les lettres de sollicitation aux clients que l'agent lui recommandera.
Garder tous les dossiers propres et en ordre.
Mettre à jour tous les dossiers clients dans l'ordinateur. (Logiciel de données tel qu'Outlook, Prospect, Act ou Agent 2000)
S'occuper de toute la correspondance de l'agent.
S'occuper d'informer les agents référents de l'évolution des dossiers référés.
Communiquer et informer l'agent de tous les aspects importants de son travail.
S'assurer de toujours trouver des moyens d'améliorer l'efficacité de l'équipe.
S'occuper de la tenue de livres et des rapports semestriels TPS/TVQ.
Et surtout, garder l'agent au courant régulièrement des buts et des objectifs à atteindre!

Finalité? Renforcement de l'efficacité par une attitude positive.

De plus, l'élaboration d'une liste de tâches permet à mon adjointe de comprendre de façon concrète mes attentes envers elle. Voir, ci-après, des exemples des procédures à son égard.

Procédures journalières secrétariat

- Ramasser ce qu'il y a dans le pigeonnier.
- Distribuer les factures, les photos et les mémos au bon endroit.
- Voir les notes urgentes laissées à votre attention et procéder par ordre d'importance.
- Faire la recherche A.V.P.P 10. et Expirés. Trouver les numéros de téléphone et si nécessaire, les adresses des propriétés. Et remettre à l'agent
- Demander un compte-rendu aux agents qui ont fait des demandes de visite sur nos propriétés et faire un compte-rendu aux propriétaires vendeurs des visites de la veille. Après en avoir informé l'agent déposer les papiers et les messages dans les dossiers respectifs.
- Entrer les nouvelles propriétés à vendre et vendues dans MLS et dans la base de données Prospect®. Faire les photocopies. Voir les procédures détaillées à ce sujet.
- Voir aux dates de tombée des publicités. Préparer l'envoi et prévenir le représentant.
- Laisser les notes sur le travail effectué avec facturation du temps dans le dossier «courrier» ou dans le pigeonnier.

Priorités:

1. Propriétés A.V.P.P. et EXPIRÉS à sortir tôt le matin pour l'agent.
2. Offre d'achat, rapport de vente et envoi au notaire
3. Contrat de courtage et saisie MLS
4. Prospect® (base de données)
5. Publicités et petites annonces
6. Lettres de remerciement, etc.
7. Papeterie et formulaires, bons de commandes.
8. Concevoir des dossiers d'inscriptions et d'acheteurs à l'avance.

Description du poste d'adjointe de Sylvia Perreault

Responsabilités et buts à long terme:

1.   S'assurer que les clients sont heureux et satisfaits avec tous les services que l'on peut leur rendre.

2   Mettre votre agent en évidence et devant le plus d'acheteurs et de vendeurs possible.

3.   Trouver des moyens d'augmenter nos revenus et par le fait même, de réduire nos dépenses.

4.   S'occuper de l'administration et de la coordination du bureau, afin que l'agent puisse se concentrer entièrement à la prospection de nouveaux clients et au travail de «vendre» des maisons.

5.   S'assurer de devenir une source de profit en recherchant à promouvoir votre agent et en demandant des références pour votre agent et ce, à tous les jours et dans le cours de vos activités.

6.   Travailler fort et comprendre les objectifs de votre agent. Le soutenir dans les façons et les moyens qu'il prend pour y parvenir. Essayez de penser comme lui, donc deviner et anticiper ce dont il a besoin et ce qu'il veut.

7.   Prendre en charge éventuellement toute la responsabilité de l'administration générale du bureau et de l'administration de la compagnie, incluant le marketing et l'analyse financière de celle-ci.

Ma mission, ma vision!

Mes clients le sont et le seront pour toujours!

Je leur offre un service professionnel et honnête. Je m'occupe de tous leurs besoins en immobilier, sans négliger le moindre détail. Je bâtis ma clientèle sur des bases de références, en me faisant connaître par mon implication auprès de la communauté et par mon approche agressive de mise en marché. Mon but est d'être considéré comme l'agent immobilier avec son équipe les plus en mesure d'offrir les services immobiliers les plus compétitifs que les clients ont ou auront besoin dans la région.

Ne cherchez plus! Nous sommes votre équipe d'agents!

«Tous ensemble on atteint nos rêves!»

Secrétaire demandé(e)

Ouverture immédiate pour assister un agent immobilier

Je suis à la recherche d'une personne ayant un très bon sens de l'organisation, une excellente communication orale et écrite dans les deux langues officielles ainsi qu'une habileté avec divers programmes informatiques. Il est aussi essentiel que cette personne apprenne rapidement les nouvelles notions de travail, qu'elle soit efficace, honnête, capable de travailler seule et prête à donner tout son dévouement pour l'agent. De plus, il serait apprécié qu'elle ait de l'entregent et de l'initiative. Le lieu de travail est un petit bureau chaleureux situé à Laval et la personne sera appelée à travailler à temps plein, 40 heures par semaine. La rémunération est compétitive et je suis ouverte à la négociation.
Si vous êtes intéressés par cette offre, veuillez m'envoyer votre curriculum vitae via télécopieur au numéro suivant au nom de Sylvia Perreault: Télécopieur : 450-664-XXXX

Maintenant, on doit se demander : en ce qui concerne ma part de la besogne à accomplir quelles sont mes priorités, quelles sont mes étapes pour me faciliter le travail, et comment me motiver pour que je me mette à la tâche!!!

Exemples:

STANDARD ÉQUIPE PERREAULT

1. **INSCRIPTION DE PROPRIÉTÉ MINIMUM 100K $**
   ⇨ <u>OBJECTIF : 200K $ ET +</u>

2. **ACHETEUR**
   ⇨ <u>PRÉ-QUALIFIÉ MINIMUM 100K $</u>

   ⇨ <u>A LA CAPACITÉ D'ACHETER DANS LES 7 À 14 JOURS QUI SUIVENT.</u>

   ⇨ <u>VA UTILISER NOS SERVICES OFFERTS ex.: NOTAIRES, AGENTS HYPOTHÉCAIRES, INSPECTEURS...</u>

3. **NOS SECTEURS (SECTEURS PRÉFÉRÉS):**

<u>LAVAL:</u>   DUVERNAY, ST-VINCENT-DE-PAUL, VIMONT, VAL DES BRISES, AUTEUIL, STE-ROSE, STE-DOROTHÉE, CHOMEDEY

<u>MONTRÉAL:</u>   AHUNTSIC

<u>RIVE-NORD:</u>   BOISBRIAND, ROSEMÈRE, BOIS-DES-FILION, LORRAINE, BLAINVILLE, TERREBONNE

⇨ **SI CLIENT DANS AUTRE SECTEUR, IL SERA ALORS RÉFÉRÉ À UN AGENT COLLABORATEUR.**

Affirmations

M'organiser me sécurise,
je sais ce que j'ai à faire pour réussir!

M'organiser c'est payant, car je sauve du temps!

Ma mission et ma vision se complètent dans la
qualité de l'accomplissement de mon travail.

BUDGÉTER...
UN INCONTOURNABLE
EN AFFAIRES

«L'argent est le nerf de la guerre»   *Auteur inconnu*

Le mythe!

L'ampleur et l'espoir que nos revenus peuvent nous rapporter dans ce métier sont très attrayants et très payants dès nos premières transactions. On peut faire de l'argent vite fait en immobilier!

La réalité?

Sortez la calculatrice!

> - «Oui, mais Sylvia, si je fais tous ces calculs, cela risque de me décourager! J'ai peur qu'en sachant l'ampleur du chiffre de mes dépenses, je n'ose plus me lancer»

> - «Exactement...»

Si calculer vos dépenses vous fait peur... être agent immobilier n'est pas pour vous et vous serez de ces statistiques qui démontrent que, bon an, mal an, beaucoup d'agents suivent et réussissent les examens de notre association et se lancent dans le métier la tête baissée, sans réaliser qu'en fait, ils se lancent en affaires!

La légende urbaine est vraie. Certains agents immobiliers débutants ont eu à payer leurs dettes accumulées pendant des années lorsqu'ils se sont mis dans une situation financière périlleuse en tentant de lancer à gros frais leur carrière. Peu ont survécu à leur mauvais départ.

Voici, à la page suivante, un aperçu de ce qui était déjà votre concurrence en 2004 - imaginez le futur.

Nous sommes nombreux et nous le serons encore dans cinq ans! Plus le marché est bon, pire c'est! Dites-vous que ceux qui survivent savent compter!

L'ampleur de nos revenus peut sembler attrayante dès nos premières transactions, mais l'argent n'entre pas toujours aussi vite.

De plus, dans cette profession, c'est très payant pour celui qui sait attendre, qui sait être patient et qui a les moyens de le faire!

Voici comment cela se passe: il faut savoir qu'après avoir conclu une offre d'achat, il faut que nos clients passent l'étape de se rencontrer chez le notaire. On doit s'attendre à quelques semaines (parfois des mois) avant que s'écoule cette réalité, soit que l'acte de vente final soit signé. Ensuite, le notaire gardera notre rétribution dans son compte en fidéicommis pour quelques jours, afin de publier la transaction officiellement (environ 2 à 3 jours dépendant du bureau d'enregistrement et de la méthode utilisée par le notaire instrumentant la vente) et payera ensuite les intervenants impliqués dans cette transaction (le notaire paiera au nom du vendeur ses dépenses encourues comme: le remboursement de l'hypothèque du vendeur, les frais bancaires et pénalité s'il y a lieu, les frais de quittance du notaire, la facture de l'arpenteur et finalement notre rétribution qui sera versée au nom du courtier inscripteur, qui lui, ensuite doit nous émettre un chèque couvrant la partie collaborateur qui nous revient, et ce, quelques jours plus tard). Vous comprenez qu'il est finalement très attendu ce chèque!

Il est facile d'arriver à la conclusion que lorsqu'on comprend ces étapes inévitables pour faire ce métier, il faut prévoir un fond de subsistance de quelques mois (fond de roulement), et ce, durant toute votre carrière. J'aime autant vous le dire: ce n'est pas un mythe, croyez-moi.

Nombre d'agents immobiliers au Québec
Répartition des membres de l'ACAIQ

Par région Au 1er janvier	2000	2001	2002	2003	2004	2005	2006	2007
Région de Montréal								
Montréal (06)	3472	3 613	3 842	4 148	4 540	5 060	5 536	5 789
Laval (13)	1 012	984	952	977	1 065	1 355	1 509	1 658
Montérégie (16)	1 881	1 964	2 023	2 161	2 325	2 636	2 848	3 077
Sous-total	*6 365*	*6 561*	*6 817*	*7 286*	*7 930*	*9 051*	*9 893*	*10 524*
Région de Québec								
Québec (03)	999	965	1 031	1 069	1 091	1 145	1 226	1 279
Chaudière - Appalaches (12)	212	153	125	125	133	146	166	184
Sous-total	*1 211*	*1 118*	*1 156*	*1 194*	*1 224*	*1 291*	*1 392*	*1 463*
Région Est								
Bas Saint-Laurent (01)	150	118	104	104	117	126	136	143
Saguenay-Lac-Saint-Jean (02)	112	202	156	189	191	197	197	204
Côte-Nord (09)	56	55	44	32	40	38	43	42
Nord du Québec (10)	4	4	3	3	3	3	3	3
Gaspésie - Iles-de -la-Madeleine (11)	19	15	10	10	10	10	10	11
Sous-total	*341*	*394*	*317*	*338*	*361*	*374*	*389*	*403*
Région Centre								
Mauricie - Bois-Francs (04)	385	333	324	320	326	357	380	398
Estrie (05)	418	355	320	348	385	379	401	410
Lanaudière (14)	406	413	437	440	472	528	601	639
Sous-total	*1 209*	*1 101*	*1 081*	*1 108*	*1 183*	*1 264*	*1 382*	*1 447*
Région Ouest								
Outaouais (07)	307	360	354	390	445	478	517	558
Abitibi-Témiscamingue (08)	81	79	61	56	58	63	62	62
Laurentides (15)	735	63	786	892	989	1 138	1 234	1 275
Sous-total	*1 133*	*1 202*	*1 201*	*1 338*	*1 492*	*1 679*	*1 813*	*1 895*
Total	**10 249**	**10 376**	**10 560**	**11 264**	**12 190**	**13 659**	**14 869**	**15 732**

Par bannière	2000	2001	2002	2003	2004	2005	2006	2007
Century 21	407	392	463	550	661	797	896	908
Colliers International	-	-	-	-	-	-	-	38
Exit	-	-	-	80	172	144	152	171
Groupe Sutton	1 368	1 553	1 589	1 734	1 806	2 219	2 406	2 522
Indépendants	4 036	3 927	3 936	4 023	4 423	4 544	4 851	4 890
La Capitale	773	739	766	816	910	1 061	1 249	1 380
Le Permanent	-	-	-	-	-	-	-	12
Multi-Prêts Hypothèque	-	-	-	-	-	-	-	397
Re/Max	2 140	2 230	2 321	2 536	2 731	3 159	3 328	3 470
Royal LePage	1 158	1 171	1 091	1 163	1 271	1 681	1 971	1 940
Trans-Action	367	364	387	362	216	54	16	4
Total	**10 249**	**10 376**	**10 560**	**11 264**	**12 190**	**13 659**	**14 869**	**15 732**

Notre profession est la plus imprévisible et la plus irrégulière qui soit en fait d'entrée d'argent. Il faut vivre avec cette réalité et bien se préparer dès nos débuts.

Fond de prévoyance

Qu'en est-il? Combien? Comment se préparer?

Ce fonds doit représenter au moins 3 mois de votre coût de subsistance personnelle, sans oublier les dépenses d'affaires. À titre d'exemple, mentionnons votre budget personnel, ce qui veut dire vos dépenses courantes, telles que vos frais d'habitation, de déplacements et autres.

Nous savons tous que les dépenses d'affaires sont déductibles fiscalement, mais dans ce métier, il est essentiel d'avoir la capacité de les débourser avant d'espérer une rentrée d'argent!

Idéalement, je vous recommande de garder 6 mois de réserve devant vous, mais je sais que c'est plutôt rare de commencer une carrière en immobilier avec une telle sécurité. Néanmoins, il faut se discipliner subséquemment à retenir dans un compte courant cette éventualité à la mesure de vos rentrées d'argent. Il ne faut pas oublier de prévoir un fonds pour vos dépenses de départ, les imprévus et les impondérables.

Dans la mesure du possible, vous entreprendrez ainsi votre carrière avec une tranquillité d'esprit autant pour vous que pour votre famille.

Pourtant, pour la même raison, ceux qui croient garder leur travail à temps partiel, jusqu'au moment où ils auront une certaine rentrée d'argent, s'illusionnent. Ils seront toujours tiraillés entre leurs deux carrières et ne pourront jamais réussir au maximum dans un ou

dans l'autre de leur emploi. (Voir ma mise en garde dans le chapitre *«Horaire et gestion du temps»* pour mon opinion à ce sujet.) Il
faut croire à sa chance de réussite et foncer à temps plein. Si jamais
c'est impossible de faire autrement, il ne faut jamais oublier quel est
l'emploi qui est une priorité pour vous et y mettre le temps, l'énergie et les sous pour parvenir à en garder qu'un seul, et ce, à court
terme si possible.

Mes dépenses d'affaires et personnelles réelles.

Pour vous aider à ce bon départ, voici un exemple des étapes et des
éléments essentiels à ce processus de budget prévisionnel. Soyez
honnête avec vous-même maintenant, remplissez-le.

Affrontez votre réalité!

Mes dépenses d'affaires et personnelles réelles

Dépenses d'affaires	Mois	Année	Dépenses personnelles	Mois	Année
Frais de gestion et Loyer du bureau			Loyer ou versements hypothécaires		
Téléphone, cell, téléavertiseur, interurbains			Impôt foncier		
Secrétariat			Chauffage		
Depenses auto, essence & assurance			Câblodistribution, location de télévision/magnétoscope		
Publicités & médias			Électricité		
Formation			Téléphone		
Installation de pancartes			Entretien & réparation		
Frais bancaires et intérêts			Frais bancaires & intérêts		
Assurances d'affaires			Assurance (personnelles & sur vos biens)		
Cotisation, associations, chambres immobilières			Réparations & services		
Frais de représentation			Alimentation (Y compris restaurant, au travail)		
Stationnement			Vêtements		
Redevance au courtier			Garde & écoles des enfants		
Frais de transactions			Pharmacie & beauté		
Frais professionnels			Cadeaux, réceptions, cinéma		
Kiosque			Nettoyage		
Impôt A payer[11]			Sports		
Divers			Divers		
Sous-total			Sous-total		
Mensualités régulières			**Mensualités régulières**		
Voiture (prêt ou location) 80%[12]			Voiture (prêt ou location) 20%		
Cartes de crédit d'affaires			Cartes de crédit		
Marge de crédit d'affaires			Prêts personnels et marge de crédit		
TOTAL			**TOTAL**		

[11]Impôt à payer pour l'année courante si ce n'est pas prélevé d'avance.
[12]Frais automobile: considérez si vous travaillez à temps plein 80% pour le travail et le reste personnel.

Ce budget, qui devrait être refait annuellement, sera maintenant la base de votre plan d'affaires. Il vous donne l'heure juste sur les coûts personnels et professionnels. Si vous êtes déjà à la retraite avec un fonds de subsistance, ou que vous vivez en étant autosuffisant financièrement, vous voudrez quand même connaître et, assurément, combler vos dépenses courantes de votre nouvelle carrière. Ainsi, l'information complétée dans ce tableau est tout de même pertinente.

C'est évident que ce petit exercice vous fera réaliser qu'il est plus facile de débuter si vous habitez encore chez maman! Mais si ce n'est pas votre cas, vous comprendrez ma grande admiration pour ceux qui font un changement de carrière radical, avec tous les risques concrets que cela comporte.

Malheureusement, la profession, et les mythes et légendes urbains s'y rapportant, donnent l'impression que ce n'est pas très onéreux de se lancer comme agent immobilier et que les dépenses se paient une à la suite des autres grâces aux grosses rentrées d'argent! Les petits coûts de formation du début (souvent subventionnés) donnent l'impression d'une aventure peu dispendieuse. Mais la réalité est toute autre! Les frais de départ, les dépenses d'affaires et les frais divers font que les premiers chèques y passent en totalité. Il est tout de même faisable de couvrir toutes les dépenses, croyez-moi, si on est bien organisé et préparé à cette éventualité. Certains agents ont foncé la tête baissée et ont tout de même survécu! La diversité des cas rend difficile à généraliser. Certains, plus chanceux, vont passer l'acte notarié d'une vente dès le premier mois, mais attendront peut-être quatre (4) mois avant que le deuxième acte notarié ne se concrétise. D'autres attendent trois (3) mois avant le premier chèque, mais par la suite, garderont un rythme constant. Mieux préparés et informés de cet aléa du métier, vous augmenterez vos chances de réussite!

L'année #1

Avec l'aide du budget que vous avez complété, vous constatez maintenant que vous devez générer un certain revenu pour être en mesure de couvrir toutes les dépenses incontournables. L'idée d'entreprendre ce métier est de faire de l'argent et des profits, sinon on ne se taperait pas les heures de fous, les tracas et le risque. En tous les cas, pas la deuxième année! Peut-être la première année; on peut accepter de couvrir les frais minimaux ou d'être légèrement à perte comme le serait toute nouvelle entreprise, mais les années subséquentes, il faut qu'il nous en reste.

Mon comptable me faisait part de la normalité du fait que toute nouvelle entreprise débutera la première année avec des pertes nettes. Elles ont des frais de départ qui, heureusement, ne seront pas répétitifs et qui resteront dans les actifs de la compagnie, comme l'ameublement, l'inventaire ou même encore les comptes clients. Dans notre profession, qui est une entreprise de services, nous n'avons aucun de ces actifs ou presque. Pourtant, des dépenses pour les coûts de démarrage, nous en avons de façon répétitive, telles les publicités, frais de courtages et loyers et de plus, elles sont rarement récupérables dans une autre galère ou aventure d'affaires!

D'un autre point de vue, on doit investir, parfois avec une vision à long terme, lorsqu'on se déclare entrepreneur. Par exemple, j'ai découvert qu'un chauffeur de taxi de la ville de Montréal devra payer plus de 50 000 $ son permis d'exploitation de taxi et ensuite, assumer les coûts de sa voiture et son essence, avant même d'avoir déplacé son premier client. Il prend un risque calculé en connaissant sa rentabilité moyenne à l'avance. Cette voiture devra être conduite par sa femme le jour, son fils le soir et lui, toute la nuit, pour pouvoir rentabiliser son investissement dans les années à venir! Êtes-vous prêt à travailler aussi fort?

Concrètement. Combien?

Voici une méthode simple d'analyser vos besoins, afin de s'assurer un bon départ: en sachant combien vous dépensez par année et en y considérant un minimum de revenus nets, il vous sera facile de commencer votre plan d'affaires. À partir de ce principe:

Total de revenus bruts (commissions) - dépenses et impôts = Revenus nets (salaires)

Revenus nets = Ce qui vous reste dans vos poches.

Donc,

Revenus nets (salaires) + dépenses et impôts= total de revenus bruts (commissions) que vous avez à produire pour combler vos besoins.

Mon exemple d'objectifs et de calcul de rétribution possible pour un agent

Mon coût total est de 4000 $/mois pour couvrir mes dépenses personnelles et d'affaires. Disons que ma moyenne de rétribution par transaction est de 4000 $.

Donc, je requiers une transaction par mois, 4 000$ x 12 = 48 000$ pour couvrir mes frais et mes dépenses seulement.

De plus, je veux un **profit net** d'environ 24 000 $ (J'aime me gâter et voyager). J'ai donc besoin de réaliser 48 000 $, avant impôt, si je considère que mon taux d'imposition sera d'un peu moins que 50% de mon revenu brut après dépenses, dans cette catégorie de taux d'imposition.

Pour un total de 96 000 $ par année, j'ai finalement besoin de deux transactions par mois pour couvrir mes dépenses et mon profit…c'est simple! Mon objectif personnel de départ est de faire deux (2) transactions par mois. Vingt-quatre (24) transactions par année.

Un agent débutant voudra, la première année, couvrir ses frais et ses impôts prioritairement soit 12 transactions par année plus 35% pour couvrir ses impôts et taxes. Cela représente un peu plus de 16 transactions ou encore environ 65 000 $ / année en 2007.

Je vous fais remarquer que c'est d'ailleurs la barre minimale de revenu que l'industrie établit, s'entend et recommande pour survivre dans ce métier.

Un agent d'expérience voudra améliorer son sort!
Voici mon autre exemple réalisable pour cette catégorie d'agent:
Mon coût total est de 8000 $/mois pour couvrir mes dépenses personnelles et d'affaires. (J'ai acquis une voiture de luxe et j'ai maintenant un bureau privé avec adjointe chez mon courtier) Disons que ma moyenne de rétribution par transaction est de 4000 $.

Donc, je requiers deux transactions par mois,

$$8000 \ \$ \times 12 = 96\,000 \ \$$$

pour couvrir mes frais et mes dépenses seulement.

De plus, je veux un profit net d'environ 48 000 $ (J'aime me gâter et voyager de plus en plus). J'ai donc besoin de réaliser 96 000 $, avant impôt, si je considère que mon taux d'imposition sera d'environ 50% de mon revenu brut après dépenses.

Pour un total de 192 000 $ par année. J'ai finalement besoin de deux transactions de plus par mois pour couvrir mon profit… c'est simple! Mon nouvel objectif personnel de départ est de faire 4 transactions par mois, **48** transactions par année.

Alors à 4 transactions par mois, combien d'inscriptions dois-je réaliser pour être capable de parvenir à ce total? Car pour faire des transactions…il faut des inscriptions!

Pas d'inscription… pas d'appel,
  pas d'appel… pas d'acheteur,
    pas d'acheteur… pas de vente donc,
      pas de vente… pas de transaction.

C'est simple comme principe! On le reverra d'ailleurs plus tard dans le chapitre «Par ou commencer» et celui sur la prospection du Tome II.

Si je vends à plus de 80% mes inscriptions en moyenne, avec l'exemple de l'agent d'expérience, je dois inscrire à mon nom au moins 60 inscriptions par année! Je ne compterai pas, pour les fins de cet exercice, les transactions de nos propres acheteurs relatives à des inscriptions des autres courtiers qui ne seront que des bonus pour nous! Allons-y pour la valeur sûre: **nous faire vendre ou vendre soi-même nos inscriptions**.

Nous savons de plus que nous devons prospecter et récolter un minimum de propriétés à vendre pour obtenir 60 inscriptions par année, ce qui représente 5 par mois, donc un peu plus qu'une par semaine à récolter grâce à notre labeur. On sait maintenant où mettre nos énergies: **Prospecter!**

Récapitulons
Pour un agent débutant:

20 inscriptions tangibles = 16 transactions possibles (80% vendu) = 64 000 $ - dépenses (affaires et personnels) 48 000 $ - impôt (+ou- 35%) 16 000 $ = **00 000 $** net dans mes poches.
Mais pas de dettes! Et un bagage d'expérience pour en faire plus l'année suivante.

Pour un agent d'expérience:

60 inscriptions tangibles = 48 transactions possibles = 192 000 $ - dépenses 96 000 $ - impôt (50%) 48 000 $ = 48 000 $ net dans mes poches.   Simple!

Nous regarderons plus en profondeur les étapes subséquentes de planification avec le plan d'affaires dans la prochaine partie, afin de comprendre l'importance de ces chiffres.

Encore une fois «À vos calculatrices, mesdames et messieurs!»

*A*ffirmations

Je connais mon budget!

Je dépense sagement!

Inscriptions = Transactions!

J'en prends mon profit avec satisfaction et fierté!

J'aime me mettre des objectifs que je sais réalisables!

Je sais où mettre mes énergies, je prospecte!

$\mathcal{V}$OTRE SUPER PLAN D'AFFFAIRES *IMMO-SUCCÈS!*

Rêve ou mythe!

«Un plan d'affaires est un document pour ceux qui doivent emprunter à la banque pour se lancer en affaires, ce qui n'est pas mon cas!»

«Je deviens agent immobilier et je vais faire beaucoup d'argent! Je ne sais pas comment, mais cela à l'air facile!»

La réalité

Nous avons réalisé, au cours des chapitres précédents, qu'un agent immobilier est un travailleur autonome. Qu'il fait de son métier une PPE[13]! Qu'il est finalement à son compte et en affaires! Pourtant, peu d'agents font un **plan d'affaires**, pourtant essentiel pour une entreprise en santé.

---

[13]PPE: Petite, Petite Entreprise

Mise en garde

Je me permets, dès le départ, de vous faire remarquer que certains agents d'expérience voudront peut-être esquiver ce sujet, se disant déjà en affaires et connaissant, d'après eux, leurs buts et la « business ». Je suis convaincue que, pourtant, ce sont les premiers qui devraient réévaluer leurs plans stratégiques, leurs besoins, leur mission et les ressources (temps et finances) impliqués et entrepris pour y parvenir. Voir chapitre sur l'organisation de bureau à ce sujet. De plus, **cette démarche doit être refaite chaque année** et évoluer continuellement au gré de vos besoins et de vos attentes.

Concrètement

Il faut savoir décortiquer le processus de nos services et de nos ventes, ce qui nous permet de revoir les étapes, les priorités et les actions les plus payantes pour nous, et ce, au minimum de coût et dépense ($$$). Voilà le but.

Toute entreprise fait des analyses financières et calcule ensuite, grâce à celles-ci, des ratios pour avoir une image juste des résultats et des efforts. Nous tenterons ici, avec des méthodes éprouvées, d'appliquer le tout à notre «business».

Ces quelques trucs simples d'analyse de vos résultats personnels vous permettront de sauver temps et argent et épargner des efforts.

Je dois remettre, en partie, le crédit à madame Jocelyne Harton, courtier de Re/Max 2001, à Laval, qui m'a initiée et fait comprendre l'utilité d'un tel processus en immobilier. Elle donne encore de la formation sur le sujet aux agents et courtiers immobiliers à travers le Québec. Depuis, j'ai raffiné mes méthodes d'analyse avec au départ une méthode constructive de l'analyse des chiffres et des ratios de comparaison en prônant surtout l'action comme approche comme Mike Ferry, et Mark Leader l'enseignent. Plusieurs modèles de plan d'affaires existent et circulent dans notre profession, il s'agit d'en prendre un qui répond à vos objectifs et qui analyse bien votre situation et vos résultats. Il doit être proactif! Voici ma formule que je préfère, elle est fidèle à notre langage et nos besoins ici au Québec. Ce plan d'affaires, je le voulais visuel ce qui me permettait de voir d'un coup d'œil tous les points forts de mon travail d'agent et les résultats concrets de mes actions.

Je le désirais annuel, car je suis consciente qu'un trimestre peut être plus faible et soudainement le suivant plus fort. Je ne veux pas me décourager ou me mettre de la pression, mais bien me rendre cela simple, accessible et facile à réaliser et remplir.

Je désire aussi des chiffres que je peux transposer en ratio, ce qui me permet d'évaluer ma valeur et mon progrès d'une année à l'autre.

Contenu d'un plan d'affaires *IMMO-SUCCÈS*

J'essaie d'avoir un plan créatif et non compétitif. Mon objectif de vente ne se mesure pas aux normes de l'industrie, mais à mes propres besoins et goûts de réalisation. Donc, mon objectif m'est tout à fait personnel. Avec mon budget réalisé dans le chapitre précédent, j'ai identifié mes vrais besoins et objectifs.

Il n'existe aucune méthode parfaite qui prévoit à coup sûr vos résultats de vente, mais nous savons que dans cette profession votre potentiel de succès est infini. Vos idées créatives seront mises à profit dans le but d'augmenter votre efficacité sans augmenter parallèlement vos tâches et vos responsabilités. Un équilibre sera constamment recherché.

Vous êtes tout de même conscient que certaines tâches, que vous aimez moins, devront quand même être accomplies, car elles restent essentielles à l'augmentation de vos ventes et de votre profit. La délégation de celles-ci ne peut complètement vous alléger de certaines de vos responsabilités quotidiennes.

Comment attaquer votre plan d'affaires?

Résumons en premier nos étapes de base essentielles à notre plan d'affaires comme nous l'avons déjà élaboré dans les chapitres précédents.

> **Déterminez vos rêves:** écrivez vos buts, vos rêves et les moyens pour parvenir à votre mission d'entreprise, et ce, de façon détaillée. À partir de votre budget, vous déterminerez les minimums et les normes requises pour parvenir à vos rêves.

> **Prévoyez une recette de réussite:** Déterminez les actions payantes que vous devez accomplir en y mettant vos ingrédients essentiels: un processus, un protocole, des normes et des échéances réalistes.

> **Déterminez les moyens pour y parvenir:** combien de temps, d'argent et quels seront les moyens pour atteindre vos buts et vos résultats? Surtout, sachez doser l'énergie que vous dépenserez pour y arriver. Équilibre de vie!

Il est important de retrouver les points suivants dans votre plan d'affaires:

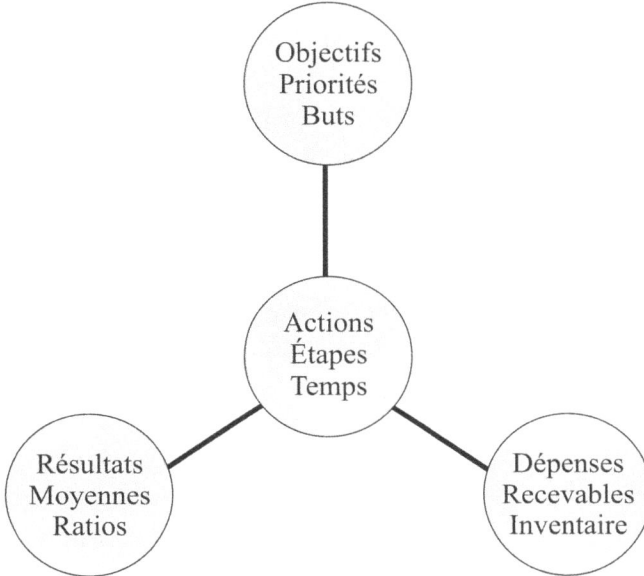

Voyons ici un exemple pour l'immobilier basé sur la méthode *IMMO-SUCCÈS*MC de plan d'affaires:

Recette simple de base:

Objectifs ⇨   Buts   ⇨   Actions, temps et étapes requis

⇨   Nombre de transactions ($ $ $)
= Résultats, Moyennes, Ratios

⇨   La réalité et le suivi = Dépenses,
Recevables et Inventaire à fin
d'année.

Tous ces points nous permettent de suivre l'évolution de notre profession et le fruit de notre travail et on pourra analyser nos points forts et petits points faibles avec ces données précieuses.

Tous les buts sont quantifiables. J'expliquais dans le chapitre précédent que le nombre de transactions nécessaires, pour obtenir un résultat monétaire, était prévisible. Tout comme je l'expliquerai aussi encore plus loin dans ce chapitre: un pourcentage de rétribution exigé par rapport à un autre peut affecter ces chiffres en dollars et affecter le nombre de transactions à accomplir évidemment! Lorsque vous avez établi votre budget, vous obtiendrez le minimum de dépenses à couvrir. Ensuite, le montant net que vous vouliez obtenir après impôt.

Vous devez aussi connaître votre valeur moyenne de rétribution par transaction. Pour vous aider, évaluez la valeur moyenne du secteur ou de la région de travail où se trouvent les propriétés que vous voulez vendre. Si cette valeur est de 200 000 $, votre rétribution moyenne sera donc sur la base de ces transactions en connaissant le taux de rétribution que vous exigerez moins la part de l'agent collaborateur.

De plus, voici quelques règles de base.

Une transaction est un acte en soi.

Par exemple: une propriété vendue au prix de 200 000 $, à un taux de rétribution de 7%, la rétribution totale est de 14 000$ et celle-ci est séparée également entre l'agent inscripteur et vendeur.

Quelle sera ma rétribution si:

- Je représente le vendeur comme agent inscripteur et mon inscription se fait vendre par un agent collaborateur = une transaction. Ma rétribution dans ce cas: 7000 $.

- Je représente un acheteur comme agent collaborateur qui par mon entremise présente une offre et achète une propriété d'un autre courtier = une transaction. Ma rétribution dans ce cas: 7000 $.

- Je représente un acheteur qui par mon entremise achète une de mes inscriptions = (2) deux transactions. Soit la partie inscription qui sera de 7000 $ et la partie vente qui sera aussi de 7000 $, pour un total de 14 000 $.

Le partage équitable...Un mythe?

J'ouvre ici une parenthèse pour expliquer un phénomène qui fait crier quelques agents et courtiers. Le partage, entre agents collaborateurs et inscripteurs, varie au gré du marché.

Un peu d'histoire s'impose pour comprendre.

Vers la fin des années 1990, le marché de l'immobilier s'est effondré, les prix ont chuté et le nombre de propriétés à vendre a atteint des sommets inégalés. Les agents inscripteurs obtenaient avec trop de facilité des propriétés à vendre de la part des vendeurs désespérés. Il y avait une période où certains d'entre eux avaient plus de 150 inscriptions en vigueur. Les acheteurs se faisaient rares et ils étaient difficiles à trouver vu le surplus de choix. Les agents inscripteurs ont donc dû offrir aux agents collaborateurs une rétribution alléchante pour vendre. Souvent plus que la moitié du taux inscrit, soit de 4% à 5% pour une inscription préalablement prise à 7%. Personne ne se plaignait...

Naturellement, il y a eu de l'abus et certains agents inscripteurs ont dû fermer boutique après avoir mal évalué leurs dépenses et responsabilités envers ces transactions qui leurs étaient très peu rentables.

Maintenant, nous connaissons un marché communément appelé de vendeurs, soit à la hausse depuis quelques années. Il est de plus en plus difficile d'obtenir des inscriptions. La rareté et la très haute concurrence rendent la démarche d'inscrire plus ardue et coûteuse. Cela implique maintenant que l'agent inscripteur, pour assumer ses frais, se doit d'offrir un taux réduit dans le partage avec l'agent collaborateur et ainsi tout le monde crie et se plaint encore!

Je ne suis pas là pour excuser ce fait, mais pour le relater et le faire comprendre.

Il y a, et il y aura toujours, de l'abus. Je m'en désole, mais il est évident qu'il faut comprendre que nous sommes en affaires et que la stratégie, pour rentabiliser celle-ci, est essentielle. Pourtant, je me permets de vous mettre en garde; **il ne faut pas dépasser certaines limites, car notre profession entière irait en faillite!**

Notre métier est basé sur un système, le partage de données par notre système de collaboration «SIA-MLS Inter agence®». Celui-ci est, depuis plusieurs années, une force qui nous est unique. Cela nous différencie et nous donne des outils qu'aucun système, déjà en place, ne peut offrir. Cette collaboration entre les agents oblige éventuellement un vendeur à faire affaires avec nous pour qu'il soit en mesure de s'assurer qu'il a vraiment offert sa propriété à tous les acheteurs potentiels et obtenu par ce fait même le meilleur prix possible du marché.

Malheureusement, certains abusent encore et mettent en danger notre crédibilité à ce sujet. Ils offrent intentionnellement des montants de rétributions ridicules qui font en sorte de décourager l'intérêt d'un agent collaborateur sur leurs inscriptions. Lésant ainsi le vendeur d'éventuels acheteurs.

L'agent inscripteur, intègre, honnête et qui sait compter, sortira gagnant d'un partage le plus équitable de la rétribution. Le consommateur aussi puisque, après tout, c'est le client que l'on doit satisfaire.

Mais quelle est la définition d'un partage équitable de notre rétribution?

Est-ce d'afficher à l'agent collaborateur la moyenne de rétribution qui est donnée dans le secteur pour une propriété semblable?

J'ai le talent de signer tous mes contrats à 7% mais la moyenne du secteur qui est remise pour l'agent collaborateur est 2,5%. Dois-je me sentir coupable d'en garder plus?

Si j'ai une référence à donner pour cette inscription, elle vient de ma part? Puis-je en garder plus?

Si je travaille en équipe et la part inscripteur est divisée en deux, puis-je partager autrement?

Aucun doute sur le fait que je suis en affaires et pour le rester, je ne peux pas être injuste avec mes agents collaborateurs. Si je leur offre la moyenne du secteur donné comme rétribution pour leur collaboration, je crois être équitable. Si j'ai le talent et l'expérience de signer mes contrats à 7 ou 8% …on ne peut rien me reprocher, si ce n'est par jalousie, que ce talent devienne payant pour moi. Je vous souhaite donc de développer le vôtre.

Je crois que ce principe explique ce que je répète tout le long de mon livre: **Pas d'inscription…pas d'appel, pas d'appel…pas d'acheteur, pas d'acheteur…pas de transaction.**

Je préfère l'approche positive:
**Beaucoup d'inscriptions…beaucoup d'appels,
  beaucoup d'appels…beaucoup d'acheteurs,
    beaucoup d'acheteurs…beaucoup de transactions!**

J'ajouterais qu'il est toujours plus payant de bien inscrire et de bien partager, car pour faire des transactions…il faut des inscriptions et de la collaboration! Sinon:

**Pas de collaboration, pas d'acheteurs,
                pas d'acheteurs… pas de transactions!**

Je crois que vous avez compris?

On revient à notre plan d'affaires:

Avec le même exemple que dans le chapitre budget nous allons examiner une approche différente et concrète.

Je veux toujours couvrir mes dépenses et me garder, après impôt, un revenu et un profit décent, je veux donc faire 192 000 $ brut.

J'arrondis à 200 000 $, car disons que je crois être capable de faire 29 transactions cette année pour y arriver. Mais arrondissons ce chiffre à 30 pour qu'il soit plus facile pour nous à calculer! (Je n'en suis qu'à une vente près!) De plus, j'ai travaillé fort l'année dernière et il me reste 4 transactions à notarier cette année que je rajoute au montant total des ventes.

Je sais que je me consacrerai prioritairement sur les inscriptions pour augmenter mon inventaire et les vendre cette année. J'espère terminer avec en inventaire avec au moins le même nombre d'inscriptions et peut-être plus! En plus, j'aime parfois travailler avec des acheteurs qui m'ont été référés. Je considère qu'environ 60% de mes revenus parviennent de mes inscriptions et 40% en étant agent collaborateur et ce, selon la moyenne de chiffres de mes deux dernières années.

30 transactions x 60% = 18 inscriptions vendues.
30 transactions x 40% = 12 ventes comme agent collaborateur.

Disons dès le début que l'économie est encore très bonne et que je vends en moyenne 75% des inscriptions que je mets sur le marché.

J'ai donc besoin de 18 x 100/75 (règle de trois) = 24 inscriptions pour en vendre 18.

Ces 24 inscriptions devraient en plus me générer assez d'appels d'acheteurs pour me permettre de vendre mes propres inscriptions et de vendre celles de mes confrères pour les 12 ventes nécessaires comme agent collaborateur.

En résumé: mes inscriptions sont une priorité, car sans aucune propriété à vendre, il n'y a pas d'appel, donc pas de vente. On s'en souvient?

Donc, j'ai besoin de prendre 24 inscriptions au cours de mon année!

$$24/12 \text{ mois} = 2 \text{ par mois! Facile, non?}$$

Je dois maintenant, avec les étapes de mon horaire et ma gestion du temps, établir mes jours de travail et ceux de congé pour enfin déterminer mon calendrier annuel pour mon plan d'affaires.

J'ai déterminé, pour ma part, de prendre 12 semaines de vacances cette année, incluant mes séminaires de vente et mes congrès en tenant compte aussi de la période des fêtes.
C'est simple, j'ai le droit à 2 semaines de vacances par saison et à 4 semaines de séminaires et de formation par année.
Il me reste 30 semaines de travail à entreprendre!

J'ai aussi décidé que les fins de semaine ne serviraient qu'à répondre aux appels et aux demandes téléphoniques des acheteurs, et ce, au minimum, puisque de toute façon, je n'ai besoin que de 12 transactions de leur part.

Je détermine que mon temps de travail pour la prospection de mes inscriptions sera situé la semaine, du lundi au vendredi. Les rendez-vous d'inscription seront à ce même rythme, si possible, en après-midi ou en début de soirée.

Je reviens donc à 24 inscriptions pour 30 semaines de travail.

Je me donne comme objectif une inscription par semaine! Sachant que certaines semaines de long week-end ou de jours fériés pourraient déranger ma cadence.

Je sais que pour avoir une inscription par semaine, je dois entreprendre au moins 2 rendez-vous d'inscription par semaine avec des vendeurs potentiels.

Avec l'expérience que j'ai, pour avoir 2 rendez-vous, je dois parler à au moins 10 personnes par jour car dans mon cas, 50 contacts = 2 rendez-vous. Pour trouver 10 personnes motivées à vendre par jour, je dois prendre deux heures de mon temps.

Notez ici, que les ratios vous aideront à découvrir avec le temps ces données, voilà pourquoi je vous enseigne l'importance de consigner vos chiffres à tous les jours.

Voici donc à la page suivante, mon plan décortiqué pour mieux comprendre mon propos.

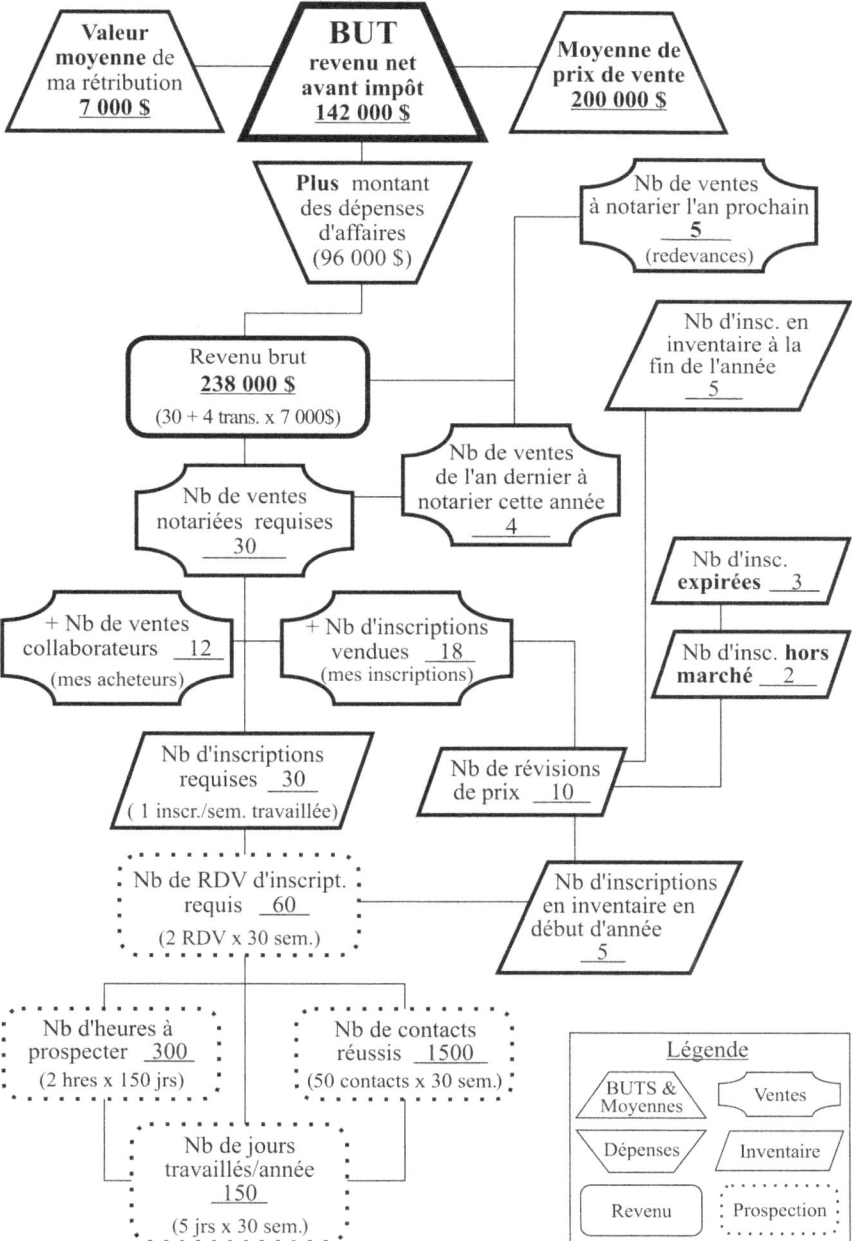

Votre super plan d'affaires! Année 1

Valeur moyenne de ma rétribution **7 000 $**

BUT revenu net avant impôt **142 000 $**

Moyenne de prix de vente 200 000 $

Plus montant des dépenses d'affaires (96 000 $)

Nb de ventes à notarier l'an prochain _5_ (redevances)

Revenu brut **238 000 $** (30 + 4 trans. x 7 000$)

Nb d'insc. en inventaire à la fin de l'année _5_

Nb de ventes de l'an dernier à notarier cette année _4_

Nb de ventes notariées requises _30_

Nb d'insc. **expirées** _3_

+ Nb de ventes collaborateurs _12_ (mes acheteurs)

+ Nb d'inscriptions vendues _18_ (mes inscriptions)

Nb d'insc. **hors marché** _2_

Nb d'inscriptions requises _30_ (1 inscr./sem. travaillée)

Nb de révisions de prix _10_

Nb de RDV d'inscript. requis _60_ (2 RDV x 30 sem.)

Nb d'inscriptions en inventaire en début d'année _5_

Nb d'heures à prospecter _300_ (2 hres x 150 jrs)

Nb de contacts réussis _1500_ (50 contacts x 30 sem.)

Nb de jours travaillés/année _150_ (5 jrs x 30 sem.)

Légende

BUTS & Moyennes

Ventes

Dépenses

Inventaire

Revenu

Prospection

155

Ce plan me donne un aperçu rapide de mes actions et de mes résultats.

La zone du bas me donne les résultats de ma prospection pour le nombre de temps investis.

La zone en haut à gauche me donne ensuite les résultats concrets de mes efforts de ventes. Le total de mes ventes/inscriptions et de mes ventes comme collaborateur est directement lié, comme on le voit, à notre capacité d'inscrire et le résultat est directement visible au haut de cette zone par le but et le cumulatif intéressants qui se présentent après nos dépenses déductibles.

La zone de droite où on retrouve les réductions de prix, les inscriptions expirées, les hors marché et notre inventaire de début et fin d'année qui doit être suivie assidûment. Elle nous éclaire sur notre capacité de s'adapter au marché. Par exemple; si vous avez cette année, un plus grand nombre d'expirés et plus de réduction de prix que l'année d'avant, cela peut nous démontrer un changement important du marché ou dans votre façon de l'analyser pour vous y adapter.

Par contre, dans cette même zone on retrouve le nombre en inventaire d'inscriptions et les ventes à notarier l'an prochain, plus le nombre est élevé, plus c'est intéressant, puisque cela nous assure de commencer l'année suivante du bon pied.

Voilà, **l'année 2** s'annonce bien, grâce à la **Méthode IMMO-SUCCÈS**, je réalise que je prends de l'expérience et qu'en ayant des résultats supérieurs avec ma sollicitation quotidienne même si je garde le même rythme. Je prendrai donc plus d'inscriptions, soit 10 de plus soit une excellente moyenne de plus de 65% d'inscription prise sur mes rendez-vous obtenus, et j'aurai ainsi plus de ventes, soit 6 ventes-inscriptions notariées. Surtout, il ne faut pas le dénirer, j'obtiendrai une augmentation de mon chiffre d'affaires. Je révise donc mon plan à la hausse légèrement. Le Voici:

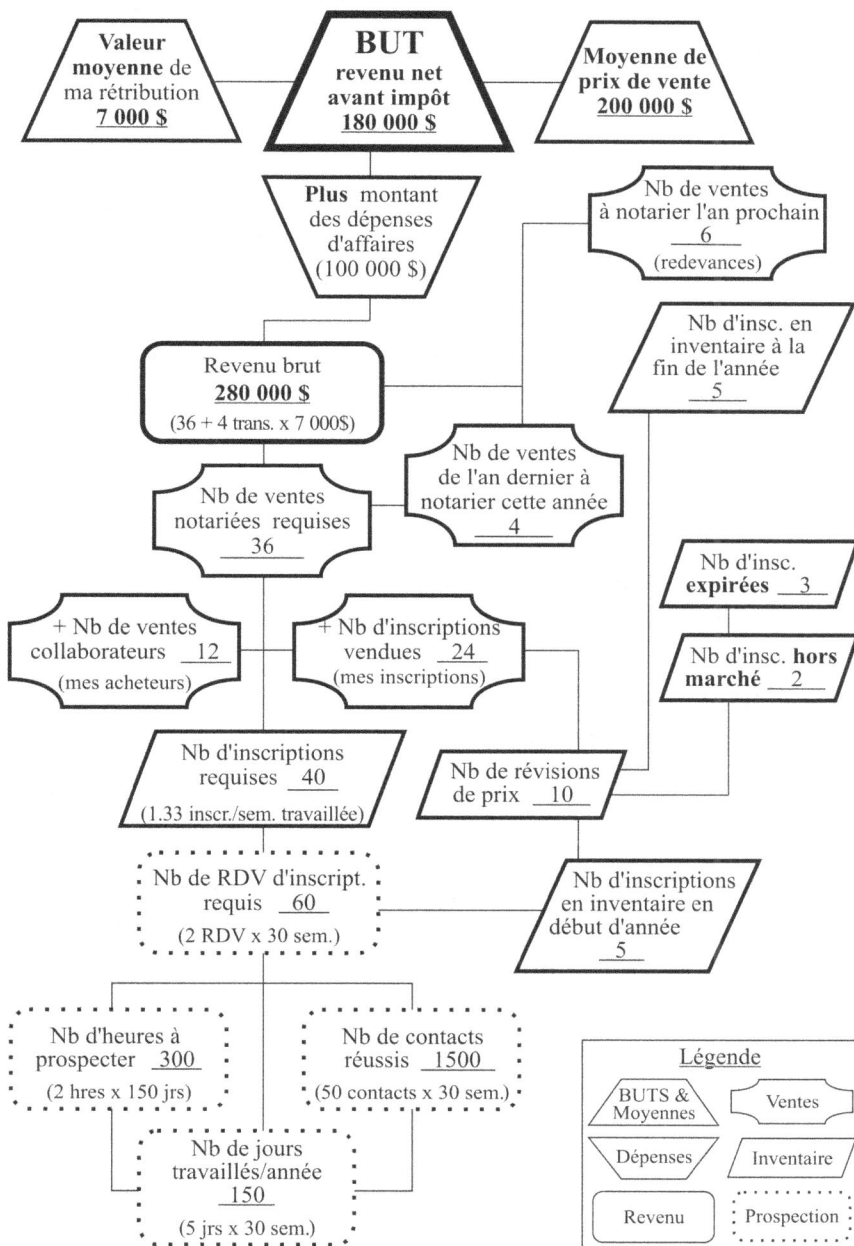

Votre super plan d'affaires! Année 2

Valeur moyenne de ma rétribution **7 000 $**

BUT revenu net avant impôt 180 000 $

Moyenne de prix de vente 200 000 $

Plus montant des dépenses d'affaires (100 000 $)

Nb de ventes à notarier l'an prochain __6__ (redevances)

Nb d'insc. en inventaire à la fin de l'année __5__

Revenu brut **280 000 $** (36 + 4 trans. x 7 000$)

Nb de ventes de l'an dernier à notarier cette année __4__

Nb de ventes notariées requises __36__

Nb d'insc. **expirées** __3__

Nb d'insc. **hors marché** __2__

+ Nb de ventes collaborateurs __12__ (mes acheteurs)

+ Nb d'inscriptions vendues __24__ (mes inscriptions)

Nb d'inscriptions requises __40__ (1.33 inscr./sem. travaillée)

Nb de révisions de prix __10__

Nb de RDV d'inscript. requis __60__ (2 RDV x 30 sem.)

Nb d'inscriptions en inventaire en début d'année __5__

Nb d'heures à prospecter __300__ (2 hres x 150 jrs)

Nb de contacts réussis __1500__ (50 contacts x 30 sem.)

Nb de jours travaillés/année __150__ (5 jrs x 30 sem.)

Légende
BUTS & Moyennes | Ventes
Dépenses | Inventaire
Revenu | Prospection

157

Vous remarquez qu'avec très peu d'efforts, mais avec plus d'habiletés vous augmentez considérablement votre chiffre d'affaires.

Soit de 38 000 $

Nos dépenses d'affaires ont tout de même augmenté de peu, car un peu plus de transactions nous encourent un peu plus de dépenses de vente, les dépenses fixes d'affaires restant les mêmes. Mes recevables ont aussi augmenté, car je maintiens la cadence et mes ventes de propriétés sont plus nombreuses à se notarier l'année prochaine, ce qui m'assurera de plus, d'un meilleur départ. Il est tout de même intéressant de constater qu'un peu plus d'inscriptions et de ventes fait toute la différence sur notre chiffre final.

Ratios d'évaluations personnelles

Je décortiquerai alors les nombres compilés, mais cette fois-ci à l'envers, pour me permettre de bien visualiser les objectifs à atteindre et comprendre directement le résultat concret de mes actions.

Voici, à mon avis, la recette idéale d'analyse, d'où l'importance de comptabiliser rigoureusement ces chiffres sur les formulaires à cet effet. (Voir chapitre sur les formulaires).

Étudier nos ratios (un peu comme nos notes de bulletin tous les semestres) nous permet de visualiser nos résultats. Toute entreprise réévalue ses performances et se fixe des buts réalistes. Cela nous permet de cerner nos forces et faiblesses plus efficacement.

Mais surtout connaître notre valeur!

Avec ces chiffres, de façon comptable, vous déterminerez aussi vos ratios de réussite, en voici un exemple et l'impact de ceux-ci sur votre analyse de résultats. **Année 1**

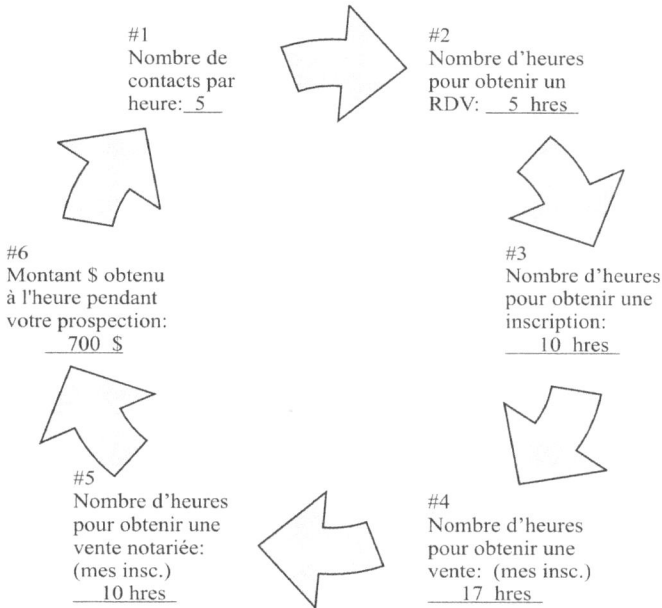

#1
Nombre de contacts par heure: _5_

#2
Nombre d'heures pour obtenir un RDV: _5 hres_

#6
Montant $ obtenu à l'heure pendant votre prospection: _700 $_

#3
Nombre d'heures pour obtenir une inscription: _10 hres_

#5
Nombre d'heures pour obtenir une vente notariée: (mes insc.) _10 hres_

#4
Nombre d'heures pour obtenir une vente: (mes insc.) _17 hres_

Valeur de mon temps de prospection:

700 $ de l'heure, année 1
Félicitations!

NB.: J'inclus dans ce calcul, les ventes à titre de collaborateur, car je crois sincèrement que ces ventes sont le résultat direct de mes efforts et des inscriptions que j'ai obtenues. On se rappelle: Mes inscriptions sont une priorité, car sans aucune propriété à vendre, il n'y a pas d'appel, donc pas de vente.

On s'en souvient?

Pour déterminer le nombre d'heures que cela vous prend pour les résultats voulus. **Année 2**

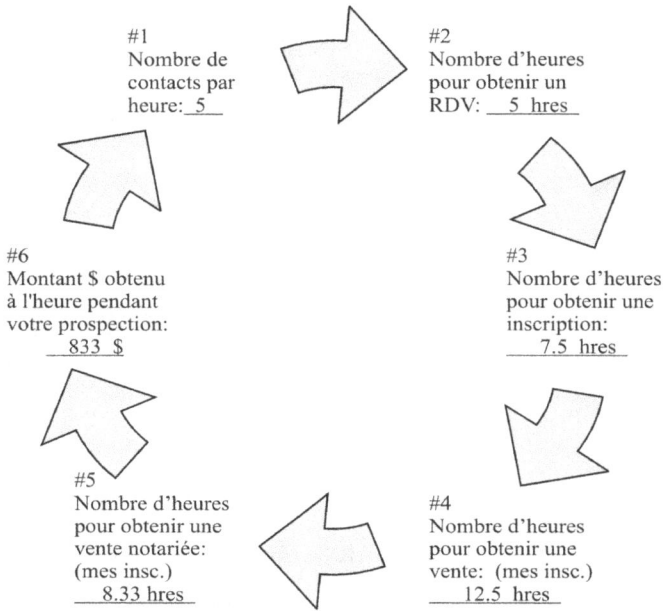

#1
Nombre de
contacts par
heure: _5_

#2
Nombre d'heures
pour obtenir un
RDV: _5 hres_

#6
Montant $ obtenu
à l'heure pendant
votre prospection:
_833 $_

#3
Nombre d'heures
pour obtenir une
inscription:
7.5 hres

#5
Nombre d'heures
pour obtenir une
vente notariée:
(mes insc.)
8.33 hres

#4
Nombre d'heures
pour obtenir une
vente: (mes insc.)
12.5 hres

Valeur de mon temps de prospection:
833 $ de l'heure, année 2
Félicitations!

Maintenant que vous savez la valeur de votre taux horaire lorsque vous prospectez ça ne vous donne pas, un peu plus, le goût d'en faire? Cette forme d'analyse nous démontre d'où provient exactement le fruit de notre labeur. Des standards sont établis et nous permettent de comparer d'une année à l'autre où l'on doit s'améliorer.

C'est pourquoi j'aime faire mes ratios ! Je constate que j'augmente de valeur à chaque année!

Vous pouvez avec la même méthode évaluer le temps pris pour le travail d'administration d'une inscription. Ainsi, je considère que le temps alloué à la réalisation du dossier, tel que recherche de comparable, rencontre avec le client prise de photos etc. ... jusqu'à la vente de celle-ci prend à peu près le double du temps pour en obtenir une.

Ainsi, si j'obtiens une inscription en 10 heures de prospection, il m'en prendra autant pour la gérer. Vous connaîtrez ainsi votre valeur à l'heure pour faire une vente complète.

L'analyse de vos performances

Pour vous permettre d'atteindre ce nouveau but, vous vous devez de vous poser quelques questions sur votre performance et vos moyens pour arriver à vous améliorer:

A. **Que dois-je accomplir d'essentiel pour atteindre mes objectifs:**
   - Qui vais-je appeler?
   - Quand?
   - À quel rythme?

B. **Quel sera mon horaire journalier de travail:**
   Voir chapitre *Horaire et gestion du temps*

C. **Quels seront les défis et les solutions qui me permettront d'atteindre mes buts: mes forces et mes faiblesses? Mes formations requises?**
   Élaborez une liste et faites les démarches et recherches nécessaires si vous êtes autodidacte ou suivez des formations pour répondre à vos besoins.

Exemples d'auto-analyse et de solutions:

- **Vous manquez de discipline pour prospecter.**
  Solution = rester concentré sur votre plan et votre horaire. Surtout ne jamais vous laisser déranger, et cela, sous aucune considération lorsque vous prospectez.

- **Vous êtes démotivé ou paresseux.**
  Solution = inscrivez-vous à 2 séminaires de vente par année, relisez le livre de Sylvia Perreault, utilisez les **Méthodes IMMO-SUCCÈS**, engagez un parrain ou un mentor (coach) personnel, etc.

- **Vous jouez trop dans vos paperasses au lieu d'être proactif.**
  Solution = fixez-vous, dans votre horaire, un temps déterminé pour effectuer cette tâche. Engagez une adjointe à temps partiel pour lui déléguer toute cette paperasse.

- **Vous êtes distrait pendant votre prospection.**
  Solution = fermez votre porte, concentrez-vous, éteignez votre ordinateur, videz votre bureau de tout. Les seuls objets qui doivent être sur votre bureau sont votre téléphone et votre aide-mémoire des **questions** ☞ [14].

Vous connaissez vos faiblesses et vos solutions s'imposent. Ayez seulement le courage de les appliquer. Pour nourrir votre motivation, récompensez-vous après avoir atteint des buts réalistes. Vous le méritez, vous serez fier de vous!

Trucs et astuces

Être conscient de ses capacités, se récompenser des bons coups et ne pas se laisser abattre au moindre revers. Demain, c'est une autre journée pour se reprendre.

---

[14]Voir le chapitre «Les **questions** ☞ parlent pour moi!» du Tome II.

Offrez-vous régulièrement des récompenses que vous mettrez dans votre plan d'affaires pour vous motiver et garder votre concentration sur vos objectifs.

Bons conseils d'usage pour établir et maintenir votre plan d'affaires:

- Refaites-le avant que l'année commence, ou au tout début de celle-ci.

- Allez avec la réalité et vos capacités réelles. Vaut mieux avoir des objectifs modestes et les dépasser, que trop hauts et se décourager. De plus, en surpassant vos objectifs, vous aurez une pensée plus positive et vous en serez fier.

- Ne pas trop augmenter vos objectifs pour la prochaine année, mais avoir un pourcentage réaliste d'accroissement, si vous le désirez. C'est un projet personnel, mais vous pouvez le partager avec votre conjoint(e) pour le support moral qu'il (elle) vous apportera. Cela l'aidera aussi à comprendre vos buts, vos objectifs et votre motivation. De plus, vous pourrez déterminer vos vacances et le temps que vous allez passer ensemble.

- Un projet de plan d'affaires pour une équipe peut être fait. Cela déterminera des objectifs clairs pour tous et chacun. Un échéancier peut être affiché en tout temps au bureau; les membres de l'équipe auront ainsi un défi et un plaisir à le maintenir.

Mon anecdote...

Une année, sachant que j'allais travailler moins car je prévoyais me concentrer à écrire un livre, j'ai revu mes objectifs à la baisse, ainsi que le temps de travail consacré à ma profession. Mon temps pour l'écriture fut mis en priorité et les résultats sont là bien présents et tangibles entre vos mains. Je dois vous confier que mon livre a finalement pris plus de trois ans à écrire et que mes revenus sont restés les mêmes malgré l'énorme temps consacré à l'écriture.

Que faire «quand tout va mal»?

«Je ne suis pas jugé sur le nombre d'échecs, mais bien par le nombre de succès. Ce nombre de succès est relié directement avec le nombre de fois que je peux échouer et continuer à essayer.» Tom Hopkins

«L'ascenseur du succès est en panne; montons une marche à la fois.»
Zig Ziglar

Déculpabilisez-vous!

En temps de crise (et cela nous arrive tous), nous devons nous faire face et tenir un «meeting» avec nous-mêmes! On revoit son plan d'affaires et on trouve très rapidement ce qui cloche... N'essayez pas de récupérer le temps perdu ou les efforts vains. Au lieu de paniquer, réajustez le tir et prenez les mesures pour garder le rythme de votre plan d'affaires. Vaut mieux s'en rendre compte que de l'ignorer. La culpabilité n'est pas dans mon vocabulaire et «l'auto-flagellation» l'est encore moins!

En temps de crise, nous avons parfois la mauvaise habitude d'avoir la réaction inverse, soit d'en prendre plus et d'en faire plus... de paniquer quoi! Au contraire, nous devrions, en reconsidérant nos vraies forces et nos faiblesses, nous ajuster, refaire une analyse sérieuse de ce qui cloche et repartir du bon pied. Planifier de façon plus réaliste notre succès.

En résumé

☞ Revoir ses ratios mensuellement et réajuster le plan d'affaires si nécessaire.

☞ Admettre le fait d'avoir des difficultés à le suivre. Raison: peut-être, un peu irréaliste à la base?

☞ Prendre les actions pour y parvenir. Discipline.

☞ Prendre les moyens pour s'améliorer. Détermination.

☞ Où sont les faiblesses et quels moyens d'action avez-vous à votre disposition pour les améliorer?

De plus, on doit se poser ces questions:

- ☞ Y a-t-il des formations qui pourraient m'aider en conséquence?
- ☞ Y a-t-il des habiletés à pratiquer?
- ☞ Y a-t-il des séminaires d'orientation pour me motiver?
- ☞ Ai-je la bonne attitude?
- ☞ Ai-je des buts et des rêves réalisables pour me motiver?

Limitez votre plan d'affaires à quelques pages. S'il est trop volumineux, vous ne voudrez pas l'affronter! De plus, réalisez que certaines activités ne sont pas à revoir annuellement.

Une fois que la vision et la mission de votre entreprise sont réfléchies et écrites, vous vous y maintiendrez facilement avec un plan à long terme.

Mon anecdote...

Mon fils (qui est devenu agent d'immobilier) et moi avions fait un programme en trois étapes avec une durée de trois ans. Cette façon réaliste de voir nos objectifs et revoir nos planifications annuellement lui a permis de constater ses progrès. Je me suis assurée du même coup d'une stabilité.

En bonus!

«Est-ce que la même méthode peut fonctionner avec nos 'Buts vraiment personnels'?»

Oui, car il suffit d'établir vos rêves et désirs personnels dans ce même courant d'idée. Ces mêmes moyens d'action vous permettront de les atteindre. Mettez sur papier vos buts, vos délais et vos objectifs. Il s'agit d'avoir un plan d'action concret pour y parvenir et pour s'exécuter.

Il faut aussi avoir un peu de confiance aveugle, «blind faith», face au concept. Il est important de comprendre que de mettre sur papier vos objectifs et vos moyens de les atteindre, vous permettra ainsi, réellement, de les accomplir.

Rêver dans sa tête, c'est bien, mais rêver sur papier, c'est concret et réalisable, si on projette le tout avec mesure et modération.

Affirmations

Je suis engagé(e) dans mon plan d'affaires!

Je suis en contrôle avec mon plan d'affaires!

J'ai des buts précis et je suis fièr(e) de les accomplir!

Je vais droit au but!

Mon plan est mon chemin de vie!

J'atteins les buts que je me suis fixé(e)s!

Suivre mon plan m'apporte satisfaction et désirs accomplis!

J'ai une satisfaction à atteindre mes buts en suivant mon plan assidûment!

C'est pourquoi j'aime faire mes ratios! Je constate que j'augmente de valeur à chaque année!

Beaucoup d'inscriptions = beaucoup d'appels, beaucoup d'appels = beaucoup d'acheteurs, beaucoup d'acheteurs = beaucoup de transactions!

Comptabilité et fiscalité à la mode!

«Qui paie ses dettes s'enrichit.» *Auteur inconnu*

«Allez à la banque avec un comptable pour présenter un projet.»
Pierre Péladeau

A noter: ce chapitre à été écrit en collaboration de mon comptable Jean-François Beaulieu, CGA. Je tiens à le remercier pour ses conseils judicieux et ses explications accessibles.

En immobilier, on est en affaires et on ne s'en sort pas! Il faut comptabiliser nos revenus et dépenses, prévoir nos acomptes provisionnels, connaître la façon de payer nos intrants/extrants nets sur la TPS et la TVQ perçues et en plus payer son cher comptable.

Il vous faut donc connaître de simples notions de base en comptabilité pour amorcer du bon pied votre petite entreprise.

Lors du parrainage de nouveaux agents immobiliers, un constat refait régulièrement surface; les agents immobiliers sont d'excellents vendeurs mais ils ne réalisent pas qu'ils sont en affaires!

Être en affaires suppose pour vous: des demandes de crédit bancaire, des marges de crédit, des avances de fonds et l'ouverture dans certains cas d'un compte d'affaires. Une rencontre avec votre conseiller financier s'impose donc et mieux vaut y arriver préparé.

En effet, comme dans toute autre entreprise, les premières questions que posera le gérant de banque sont les suivantes:

- Quels sont vos revenus et dépenses actuels et quelles sont vos prévisions à court, moyen et long terme?

- Avez-vous établi un plan d'affaires? (Prévisions financières)

Afin de bien se préparer à une éventuelle rencontre avec votre gérant de banque et être en mesure de répondre à ses demandes, vous devez examiner les points suivants:

REVENUS

À l'image d'un propriétaire de n'importe quelle d'entreprise, grande ou petite, vous ne pouvez connaître à l'avance vos revenus (particulièrement la première année). Les revenus sont souvent la somme des dépenses fixes et d'un rendement espéré. Pour un agent immobilier, vos revenus bruts représentent votre rétribution totale perçue. En connaissant vos dépenses, cela vous donnera un aperçu des revenus bruts que nécessite votre entreprise pour la rendre viable.

DÉPENSES

Il s'agit d'identifier les dépenses dans les catégories suivantes:
Dans la **première catégorie**, nous retrouvons les dépenses fixes: loyer, assurances, cotisations, secrétaire, téléphone, dépenses de bureau, etc.

La **deuxième catégorie** regroupe les dépenses variables: redevances sur les ventes, frais variables chez votre courtier, frais de publicité, frais de représentation, etc.

Le frais de financement, ainsi que les intérêts sur toute autre forme de prêt et sur la marge de crédit, font partie de la **troisième catégorie**.

168

Finalement pour la **quatrième catégorie**, il s'agit de l'impôt. À ce stade-ci, l'assistance d'un bon comptable vous permettra de bien provisionner cette catégorie.

Il est important de ne pas négliger la partie comptable de votre entreprise, car une mauvaise planification pourrait se traduire par des conséquences désastreuses sur votre situation financière.

Voici les conséquences d'une mauvaise planification.

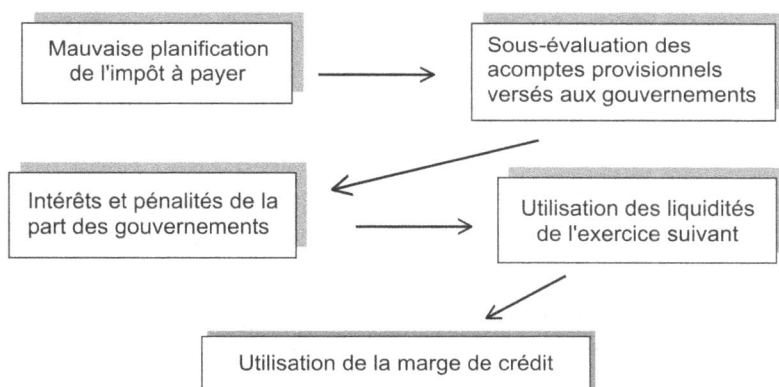

```
┌─────────────────────────┐              ┌─────────────────────────┐
│ Mauvaise planification   │  ──────────> │ Sous-évaluation des      │
│ de l'impôt à payer       │              │ acomptes provisionnels   │
│                          │              │ versés aux gouvernements │
└─────────────────────────┘              └─────────────────────────┘

┌─────────────────────────┐              ┌─────────────────────────┐
│ Intérêts et pénalités de │  <────────── │ Utilisation des liquidités│
│ la part des gouvernements│  ──────────> │ de l'exercice suivant    │
└─────────────────────────┘              └─────────────────────────┘

              ┌──────────────────────────────────┐
              │ Utilisation de la marge de crédit │
              └──────────────────────────────────┘
```

Afin de définir vos besoins et dépenses si vous débutez, utilisez les chapitres sur le budget personnel et celui sur «*Comment choisir son courtier*». Vous aurez ainsi une idée précise des sommes à prévoir pour votre première année en affaires, afin de maintenir votre niveau de vie actuel.

Il ne faut pas oublier que les entrées de fonds dans une carrière d'agent immobilier sont primordiales car elles sont très souvent, en majorité, encaissées au printemps.

Pour démarrer votre entreprise du bon pied, voici quelques notions de base qui vous familiariseront avec le langage utilisé lors de votre première rencontre avec votre comptable et vous aideront dans la compréhension des tâches requises pour le bon fonctionnement de votre entreprise.

DÉMARRAGE

◆ Affaires bancaires

- L'ouverture d'un compte «chèques», à votre institution financière, sera l'idéal pour vos débuts. Celui-ci vous permettra de déposer vos revenus et payer les dépenses de votre entreprise. Il est essentiel de tenir à part les comptes de votre entreprise.

- Par la suite, il est possible d'ouvrir un compte d'affaires à cette même institution, toutefois, les frais seront plus élevés.

Avec l'obtention de votre diplôme de courtier et si vous désirez à ce moment-là vous incorporer, vous devrez avoir un compte d'affaires au nom de votre entreprise. Celui-ci devra être accompagné d'une résolution écrite d'autorisation de signatures et vous devez l'entériner par votre livre de compagnie ainsi que la charte de celle-ci, que vous devrez fournir à votre institution financière.

Cela ne s'applique que pour les courtiers qui, eux, ont le droit de s'incorporer. Les agents immobiliers ne peuvent transiger que comme travailleur autonome. Donc, un simple compte-chèques fera l'affaire avec, si possible, une petite marge de crédit.

◆ Le crédit

Le crédit, pour une personne qui veut faire carrière dans l'immobilier, est essentiel car, tel que mentionné précédemment, les entrées de fonds sont irrégulières. C'est pourquoi vous devez planifier vos possibilités de crédit.

Dans ce métier, on apprend vite à gérer le crédit à notre avantage.

Il est nécessaire et même bon d'obtenir, avant de quitter son emploi actuel, une ligne de crédit basée sur vos revenus actuels. Elle servira de coussin. Toutefois, ne débutez pas en affaires seulement avec cette sécurité car la banque fera beaucoup d'argent en intérêts avec vous!

À cet effet, votre institution bancaire offre différentes options de marge de crédit (personnelle, affaires, hypothécaire). Au début, les taux d'intérêts seront plus élevés, toutefois vous pourrez demander une réévaluation annuelle selon le rendement de votre entreprise. Les taux varieront selon vos performances.

Certaines institutions peuvent vous demander un endosseur afin de garantir le paiement de cette marge.

Une carte de crédit pour vos dépenses d'affaires est essentielle, car plusieurs fournisseurs exigent cette forme de paiement. Profitez-en pour accumuler des points pour vos voyages ou autres achats!

La première année est une année de départ, il y a donc quelques avantages et conditions spéciales qui peuvent vous aider. Certains programmes de subventions existent parfois pour vous équiper en informatique. Consultez votre comptable afin de connaître toutes les déductions et l'aide disponible. Les sites Internet des gouvernements sont aussi des sources d'information.

Considérez le programme «Mise à part de l'argent» qui consiste en la fin éventuelle des intérêts non déductibles pour la plupart des travailleurs autonomes non incorporés et informez-vous auprès de votre comptable ou fiscaliste des avantages que vous pourriez en retirer pour vos éventuels investissements immobiliers. Voir aussi à ce sujet: *CENTRE QUÉBÉCOIS DE FORMATION EN FISCALITÉ - CQFF INC.*[15]

[15]*www.cqff.com/Informateur%20fiscal/Inform$%20-202005%20pages%20site%20web.pdf*

◆ La fiscalité

Au niveau fiscal, les finances de votre entreprise doivent toujours être séparées de vos dépenses personnelles, que vous soyez une entreprise enregistrée ou un travailleur autonome.

> Pour les fins d'impôts, une entreprise incorporée a un statut distinct. C'est-à-dire que l'entreprise paie des impôts, et rémunère ses employés et ses actionnaires. Ici l'intervention de votre comptable est essentielle afin de maximiser l'utilisation d'une corporation incorporée. Les revenus en immobilier doivent aussi être importants pour justifier une telle incorporation avec les coûts afférents à maintenir celle-ci.

Vous devez savoir que l'impôt est un pourcentage qui doit être payé aux deux paliers de gouvernement. Les impôts sont calculés en fonction de vos revenus nets (Revenus moins dépenses).

Ce pourcentage est calculé selon le taux d'imposition en vigueur sur vos revenus nets gagnés (ainsi que sur l'ensemble de vos autres revenus).

Vous pouvez déduire de vos revenus bruts, vos dépenses d'affaires:

- 50%[16] de vos frais de représentation et de restaurants. (Toujours mettre le nom de votre client au dos de la facture ainsi que l'adresse de la propriété, pour justifier votre dépense.)

- 100% des frais de vente et d'affaires. (Attention! Vos vêtements ne sont pas éligibles).

[16]Sujet aux règlements d'impôts en vigueur au moment de la rédaction de ce livre.

- 80% des dépenses de l'utilisation d'affaires de votre véhicule. (80% se veut un ordre de grandeur. Des preuves de kilométrages devront être fournies du type «Log Book»).

- Les frais d'intérêt sur crédit, relativement aux affaires.

◆ La TPS-TVQ

Travailleur autonome ou entreprise incorporée, vous devez faire une demande pour obtenir vos numéros d'enregistrement de TPS-TVQ. Ceux-ci vous obligeront à percevoir les taxes sur vos ventes et vous permettront de récupérer les taxes sur les achats liés à votre entreprise.

⇨ La grande décision à prendre lors de la demande initiale de votre numéro de TPS-TVQ est «À quelle fréquence dois-je remettre mes taxes?»

Les choix offerts: **Annuel, Mensuel ou Trimestriel**

Dans la majorité des cas, le choix sera trimestriel. Ce choix vous obligera à remettre vos taxes dans le mois suivant la fin du trimestre et vous évitera de financer vos opérations avec les taxes perçues.

Petit rappel pour les courtiers incorporés, ne pas oublier votre charte (lettre patente), elle vous sera demandée lors de la demande de numéros de taxes.

⇨ Les taxes (TPS-TVQ) ne sont pas des revenus, ni des dépenses. Vous n'agissez qu'à titre de mandataire ou intermédiaire pour le gouvernement. Par conséquent, elles ne doivent pas figurer dans votre budget.

Exemple d'un trimestre:

Pour un période donnée, voici les résultats obtenus: (taux en 2007 TPS: 6% et TVQ 7.5%)
Ventes (commissions)   15 000$

TPS perçue:	900$	TVQ perçue:	1192.50$
TPS payée:	500$	TVQ payée:	600$

Vous devez donc remettre au Ministère du Revenu la différence entre les taxes perçues et les taxes payées:

TPS: 400$ +   TVQ: 592.50$ =   Total   992.50$

Des séminaires gratuits sur la TPS-TVQ sont offerts par des représentants de Revenu Québec et qui s'adressent aux PME et aux travailleurs autonomes comme vous.

Quelques sujets abordés[17]

- o Principes généraux de la TPS et de la TVQ
- o Fournitures taxables, exonérées ou détaxées
- o Qui doit s'inscrire?
- o Droits et obligations d'un inscrit
- o Crédits de taxes sur les intrants (CTI)
- o Remboursement de taxes sur les intrants (RTI)
- o Tenue de livre et facturation
- o Perception et remise des taxes
- o Production des déclarations des impôts

[17]**Tiré du site internet du Ministère du Revenu du Québec**
www.cra-arcc.qc.ca/events/qc/lav-gst-f.html

Un guide explicatif vous sera remis. Des informations sur le sujet sont aussi données régulièrement. Vous pouvez vous informer à Revenu Canada ou au Ministère du Revenu du Québec.

JARGON COMPTABLE

Bilan: Représente une photo de votre entreprise à un moment précis.

$$\text{Actif} = \text{Passif} + \text{Capitaux Propres}$$

- **Actif**: tout ce que l'entreprise possède (Immeubles, meubles, revenus de placement, argent comptant à la banque, comptes clients, etc.)

- **Passif**: tout ce que l'entreprise doit à ses créanciers (carte de crédit, marge de crédit, hypothèque, prêt bancaire, billet à ordre, comptes fournisseurs, etc.)

- **Capitaux Propres**: la part du propriétaire dans l'entreprise (ses apports personnels et ses retraits)

État des résultats: Un état des résultats énumère le produit de vos ventes moins les dépenses qui, dans le cas d'un profit, sera multiplié par votre taux d'imposition.

$$\text{Produits (Ventes)} - \text{Charges (Dépenses)}$$

- **Produits**: Vos revenus de commission

- **Charges**: Vos dépenses d'exploitation (salaires, loyer, publicité etc.)

BUREAU À LA MAISON

Vous pouvez déduire vos dépenses de bureau à la maison, seulement si vous ne disposez pas d'un bureau ou d'un établissement d'affaires à l'extérieur de votre résidence.

Exemples de dépenses de votre propriété qui peuvent être déduites:

A. Les versements hypothécaires (intérêts seulement) ou frais de loyer

B. Factures de chauffage et d'électricité

C. Frais d'entretien et de réparation (pour la partie bureau)

D. Assurances

E. Taxes municipales et scolaires

Les dépenses seront comptabilisées et un pourcentage déductible sera fixé selon l'espace accordé aux activités professionnelles à la maison. Le montant qui correspond à ce taux sera soustrait de vos revenus bruts.

DES POURCENTAGES MOYENS CONNUS DANS L'INDUSTRIE DE L'IMMOBILIER

- Mise en marché: 10% des revenus bruts
- Personnel de soutien: 20% (N'oubliez pas de débourser les déductions à la source.)
- Maximum de dépenses: 35% de vos revenus bruts
- Il vous restera personnellement: 35% de vos revenus bruts
- Votre croissance annuelle probable: 20% par année

L'AN 1, L'AN 2

Au début, vous aurez à rendre des comptes une seule fois par année soit en avril de l'année suivante pour vos impôts et en juin pour le paiement des taxes perçues (si vous faites le choix de versement annuel). Il serait donc sage de faire régulièrement le point sur l'état de vos revenus et dépenses, afin d'être en mesure de rencontrer les paiements d'impôts et taxes aux moments opportuns.

Vos acomptes provisionnels devront aussi être échelonnés d'après vos ressources actuelles et vos prévisions budgétaires. Le truc des agents performants est de laisser dans un compte à part environ 30% de leur revenu. Si après avoir payé les impôts et les taxes, il reste un montant d'argent, vous pourrez l'utiliser pour des vacances bien méritées!

La seconde année, vous devrez payer vos taxes de vente tous les trimestres, soit à la fin du mois suivant la fin du trimestre. Exemple: Au 1er trimestre (janvier, février et mars) le paiement de taxes doit être acquitté au ministère du Revenu, avant le 30 avril, sans quoi il y aura pénalité. Les 31 juillet, 31 octobre et 31 janvier sont les autres échéanciers à respecter.

Dans le cas où vos revenus sont considérables, vous devrez évaluer avec votre comptable s'il y a lieu de payer vos taxes à tous les mois.

Il est à noter que plusieurs de ces services sont maintenant accessibles par Internet, soit par l'entremise de votre institution bancaire qui fait un lien directement de leur site ou soit en allant directement sur les sites gouvernementaux. Il est très pratique de payer en ligne les déductions à la source ou les acomptes provisionnels.

FONDS DE ROULEMENT

Un fonds de roulement est indispensable.

Qu'est-ce qu'un fonds de roulement? Ce terme est utilisé par les comptables et toutes les personnes œuvrant dans le secteur financier pour décrire la liquidité nécessaire pour faire rouler une entreprise à tous les jours. La liquidité représente l'argent accessible dans l'instant présent.

Pourquoi est-il bon d'avoir un fonds de roulement?

Afin d'être prévoyant et s'habituer à ne pas toujours compter sur le crédit.

Le marché de l'immobilier varie selon les saisons, les entrées d'argent sont fluctuantes tandis que les dépenses demeurent constantes (Je crois vous l'avoir déjà mentionné). Il faut savoir jouer avec les échéances afin de payer les comptes à la dernière minute mais dans les délais.

Remboursez aussi sans tarder les cartes de crédit à intérêts élevés. Mieux vaut utiliser la marge de crédit pour faire des versements car en général le taux d'intérêt de celle-ci est moins élevé. Remboursez ensuite votre marge avec une partie de votre chèque de rétribution. Soyez discipliné. Remboursez toujours vos dettes avant d'encourir de nouvelles dépenses non essentielles au bon fonctionnement de votre entreprise.

Comment planifier et passer à travers?

Enfin, essayez de faire notarier vos transactions dans les meilleurs délais. Expliquez, sans gêne, à l'autre agent vos besoins en ce sens. En général, il vit la même problématique et collaborera, si c'est possible, et ce, sans léser les parties impliquées.

Au pire, votre courtier vous guidera vers un escompteur de commissions, mais soyez conscient qu'il y a un prix élevé à ce type de transaction.

Faites votre budget et votre plan d'affaires. Planifiez des provisions pour l'année prochaine. Prévoyez le coup, soyez d'affaires!

Comment choisir votre comptable?
Et quoi lui demander?

De la même façon que vous aimeriez être choisi en tant qu'agent, par des références solides. Votre comptable vous rend et vous explique bien ses services. Il vaut bien ce qu'il charge.

Demandez-lui de faire votre tenue de livres (ou vous montrer comment faire) et de produire les états essentiels pour vos déclarations fiscales en vous donnant des explications et recommandations pour bien gérer votre entreprise.

REER ET RETRAITE

Pas de fonds de pension? Faites-vous en un! Cotisez à un REER et reportez l'impôt à payer. Ne négligez pas cet aspect. La retraite vient parfois bien vite dans ce métier. Vous êtes autonome dans tous les sens du mot et vous devrez prévoir des fonds nécessaires au maintien du même train de vie après la retraite. Un planificateur financier pourra vous guider dans ces prévisions.

Conseils: Osez et investissez dans un domaine que vous connaissez bien, l'immobilier. Soyez un de vos meilleurs clients. Croyez au produit que vous vendez. Il y a un gain à faire autant pour vous que pour vos clients. Cela demandera plus d'effort de votre part mais rien n'arrive tout seul dans la vie. Mon dicton! «Un tout petit effort, un petit peu d'argent et beaucoup d'effort, beaucoup plus d'argent»

Le dicton de mon père:
Il ne faut pas s'en faire, il faut en faire!

ASSURANCE VIE ET INVALIDITÉ

Là encore, vous devez envisager de protéger vos proches et vous-même pour toute éventualité. Dans notre profession, si vous êtes blessé ou malade et que vous ne pouvez travailler, vos revenus en souffriront et vous subirez une perte financière considérable. Il est donc essentiel de prendre une assurance en conséquence pour vaquer à vos affaires en toute tranquillité. Une assurance sur votre tête vaut la dépense d'une conscience tranquille.

CONCLUSION

Vous comprenez que faire votre tenue de livres une fois par mois fait aussi partie du fait d'être en affaires comme agent immobilier. Vous prendrez donc le temps et l'énergie nécessaire, sans vous sentir coupable, pour accomplir cette tâche.

Vous serez fier de comptabiliser vos chiffres car cela vous permettra de voir où vous en êtes rendu financièrement.

Le but ultime est de savoir analyser et comprendre ces résultats par rapport à l'investissement monétaire en temps et en effort. Pourquoi? Afin de faire les remises qui s'imposent et de vivre convenablement de nos profits!

Voilà! Vous êtes maintenant un vrai *ENTREPRENEUR*, vous tenez vos états financiers à jour, vous prenez le temps chaque mois de vous occuper de votre tenue de livre, vous payez vos impôts et finalement vous gagnez bien votre vie en faisant un travail passionnant.

Bon succès!

*A*ffirmations

Mes objectifs sont clairs dans ma tête.

Je comprends que cela m'amène à exécuter des tâches qui ne sont pas toujours plaisantes, mais qui seront essentielles à l'augmentation de mes ventes et de mon succès!

Je contrôle mes dépenses…
donc je contrôle mes profits!

Il ne faut pas s'en faire, il faut en faire!

ℋORAIRES ET GESTION DU TEMPS PERDU!

«Si vous voulez connaître la valeur d'une année, demandez à un élève qui a échoué une année.
Si vous voulez connaître la valeur d'un mois, demandez à une mère qui a eu un enfant prématuré.
Si vous voulez connaître la valeur d'une semaine, demandez à l'éditeur d'un hebdomadaire.
Si vous voulez connaître la valeur d'une heure, demandez à des amants qui attendent de se voir.
Si vous voulez connaître la valeur d'une minute, demandez à une personne qui a manqué son avion.
Si vous voulez connaître la valeur d'une seconde, demandez à une personne qui vient d'éviter un accident.
Si vous voulez connaître la valeur d'une milliseconde, demandez à une personne qui a gagné une médaille d'argent aux Jeux Olympiques.»

Auteur inconnu

«Si ce n'est pas aujourd'hui, alors quand?»   *Hillel (30 av. J.-C.-10 apr. J-C.),*
Professeur juif.

Rêves ou Mythes entendus

«Dans ce métier, on travaille beaucoup le soir et les fins de semaine.»

«Je suis mon propre patron, alors je peux travailler quand je le veux.»

«Il faut travailler des heures interminables pour réussir en tant que travailleur autonome.»

«Je ne sais jamais où je vais être demain avec ce métier. Mon agenda est vide au début de la semaine et pourtant, il se remplit en un rien de temps, sans que je m'en rende compte et pas toujours selon mon goût.»

Réalité

«Discipline» serait le mot-clé et «Équilibre» serait son second!

Il n'y a pas trente-six solutions: vous devez être discipliné dans la gestion de votre temps dans le but d'atteindre un certain équilibre de vie dans cette profession.

Habituellement à tous les matins, dans le cadre d'un emploi, vous vous levez et vous allez travailler selon l'horaire qu'on vous a imposé.

En immobilier, par contre, il n'y a pas d'ordre du jour préétabli, pas de procédure de compagnie, pas de méthode, d'horaires fixes et surtout pas de pause café prévue. Vous recommencez à zéro à tous les matins… toutes les semaines… tous les mois… et tous les ans. C'est une réalité qui nous touche rapidement. On doit repartir la roue continuellement soit pour trouver de nouveaux clients, pour prospecter ou pour vendre. Sans oublier de combattre les périodes creuses et survivre aux périodes achalandées.

Il faut de l'efficacité dans son emploi du temps! **On l'a ou on ne l'a pas!** Je vous assure qu'on le sait rapidement si on n'en a pas, car dans cette profession, on souffrira tôt de cette lacune. Heureusement, la compétence et la méthodologie s'apprennent. Par contre, pourquoi est-ce si difficile pour les agents immobiliers en général de saisir ces principes?

Nous avons appris que pour réussir, il faut travailler fort. Cependant, avons-nous appris à travailler fort mais efficacement et avec une intensité bien mesurée?

L'histoire de Marie (Nom fictif, mais histoire vraie!)

Marie a beaucoup de succès, un petit bout de femme motivée et acharnée, elle est nommée la recrue de l'année à sa première année comme agent immobilier. À sa deuxième année, elle se maintient dans le top 100 de sa bannière mais, au cours de la troisième année la seule chose que Marie bat est le record des infections à répétition... Gastro-entérite, grippe, rhume, orgelet, infection... Nommez-les, elle les a toutes eues!

Elle ne fait finalement pas la moitié du chiffre d'affaires de sa première année et prend, l'année suivante, une sabbatique suite à son «burn-out»!

D'accord, je sais, j'ai pris le pire des cas, mais connaissez-vous Nicole, agente de 20 ans d'expérience, qui souffre de maux de dos et de tendinites chroniques (sa super valise): celle qui court et court après le temps?

Tous atteints du même syndrome du **«Super Agent»**, souvent ces résidus de «super maman(papa)» ou de «super conjoint(e)»... Elles ou ils ne veulent rien manquer.
Est-ce que vous vous reconnaissez?

Malheureusement, à ce rythme infernal, vous vous retrouverez dans la liste d'**ex-agents immobiliers** vous aussi.

Dans notre profession, le risque est élevé, et ce, probablement à cause des maladies reliées au stress telles que les cancers, les crises du cœur et les maladies auto-immunes. Dans notre confrérie d'agents immobiliers, nous en connaissons tous un qui sont tombé malade de tension et d'épuisement...

Mais qu'est-ce qu' «en faire trop»?

Crûment, j'entends par «en faire trop» ce qui n'est pas de notre ressort ou de notre responsabilité. Comme ces petits à côté qui ne sont pas dans notre mandat. Par exemple, l'exécution des tâches des autres, sans savoir pourquoi soudainement on les a faites et dans quel but: Les **indispensables** de ce monde quoi!

Je sais, je sais! Nous sommes tout de même une entreprise de «services»! Nous devons rendre service et en faire un peu plus pour nous différencier des autres et nous faire apprécier. Mais où s'arrêter?

François est un autre cas typique

- Il fait lui-même ses textes de publicité.
- Il a construit son propre site Web.
- Il a monté une base de données avec la liste de tous ses clients potentiels.
- Il fait ses qualifications bancaires lui-même pour ses nouveaux acheteurs.
- Il se rend chez le notaire instrumentant ses ventes ayant, en main, la feuille des ajustements qu'il a exigé et reçu par télécopieur et recalculé les chiffres qui y apparaissent, au cas où. (C'est pourtant la tâche et la responsabilité du notaire, n'est-ce pas?)

Il s'occupe donc de tout, lui-même. Il est un élément essentiel à toutes les étapes. Personne ne peut faire mieux que LUI-MÊME. Par la suite, imaginez-vous donc qu'il essaie de convaincre un propriétaire qui vend par lui-même (AVPP) de lui confier le contrat pour la vente de sa maison. Ironiquement, autant que cet agent, le propriétaire ne délègue aucunement ou ne fait confiance à personne! On dit bien qui se ressemble, s'assemble!

Vous me dites: «Il veut sauver de l'argent en faisant tout lui-même». Oui! Pourtant, il est épuisé et dépassé. Son chiffre d'affaires et ses ventes ont atteint un plateau depuis trois ans et malgré ses efforts, ses revenus ne croissent jamais. Il plafonne, son salaire n'augmente plus et pourtant, il travaille fort, même très fort, notre François!

Il vous ressemble?

Il y a une limite à ce qu'on peut faire avec ses deux bras et à être **trop de service**. Après un certain temps, on ne fournit plus. Une réalité apparaît: plus on en donne et plus les consommateurs en demandent. Ils s'habituent très vite à tous ces services et, surtout, à rien de moins. Nous devenons submergés de rendez-vous, de responsabilités et de travail en retard, par notre propre faute.

Comment s'en sortir? Comment retrouver notre équilibre de vie perdu? Les solutions nous les connaissons. Il s'agit de prendre le temps de les appliquer. Voici un outil connu mais très peu utilisé et souvent mal employé.

Un agenda

L'agenda est un incontournable de notre profession. Un outil d'affaires indispensable que peu de gens savent bien utiliser. Puis-je ajouter qu'il n'en faut qu'un seul!

Certains se permettent de s'éparpiller entre un agenda électronique et un de format papier, sans oublier les petits mémos autocollants posés ici et là, dans des endroits stratégiques comme dans sa voiture, dans ses poches ou dans sa calculatrice! Des milliers de petits papiers...

- **Format**

Je vous parle d'un vrai agenda de type «7 jours» et de format 8.5 x 11 pouces, avec un aperçu des heures qui s'échelonnent de sept heures du matin à dix heures du soir sur une colonne. Sinon, il y a toujours l'agenda électronique que nous pouvons avoir sous la main en tout temps et qui répond aux mêmes critères. L'idée est de pouvoir l'utiliser confortablement et le **tenir à date** religieusement. Choisissez votre format et tenez-y. **Chaque événement de**

notre journée doit y être détaillé, car il est toujours pratique de s'y référer dans le futur (surtout dans un cas de litige par exemple et on les conserve au moins 5 ans). On y inscrit le but du rendez-vous, l'adresse et le nom des personnes rencontrées. De plus, **on y met d'avance nos périodes de temps libre qu'on s'accorde**!

Déterminez donc d'avance une grille horaire de vos heures disponibles pour le travail, sans dénigrer vos loisirs. Planifiez vos vacances, sans oublier de concilier l'agenda du conjoint et des enfants, s'il y a lieu. Vous bénéficierez ainsi de plus de temps avec ces derniers!

- **Discipline**

Bien sûr, il est important de savoir respecter judicieusement cet agenda. Les bonnes résolutions ne suffisent pas. En effet, plusieurs doivent quitter le métier d'agent immobilier avant d'avoir à vivre un sérieux problème de couple. Par contre, si vous êtes bien organisé et que votre agenda est en ordre, vous n'aurez pas d'inquiétude à ce sujet. Dans le cas contraire, je vous souhaite un conjoint qui est autonome et qui ne s'ennuie pas!

J'ai toujours remarqué qu'en immobilier notre agenda commence parfois vide au début de la semaine et, lorsque nous terminons celle-ci, il n'y a plus de place pour écrire un mot! Un simple appel reçu d'un acheteur nous amène à une visite. Celle-ci nous apporte une vente. D'une vente découle une inspection en bâtiment et finalement, on court partout et l'agenda est bien rempli!

D'où l'importance, je le répète, d'y mettre à l'avance vos périodes privées: votre sollicitation ou votre famille.

Parfois, c'est l'inverse: vous avez tellement d'heures flexibles et de temps libre que vous ne savez plus quoi en faire. Beaucoup de liberté soudaine risque de vous déstabiliser un peu surtout au début de votre carrière. Il est parfois difficile de ne pas paresser puisque personne ne le sait et que vous êtes de toute façon votre propre boss!

Je vous recommande de tout mettre à l'agenda. Le travail à accomplir et les heures prévues à cet effet. Il sera un excellent baromètre de vos accomplissements et du temps consacré à ceux-ci. Un sentiment d'accomplissement immense est ressenti à la fin d'une semaine bien remplie lorsqu'on y voit **la qualité** et non juste la quantité du travail effectué.

Inversement, il y aura plusieurs questions à se poser lorsqu'il est vide ou qu'il en résultera en peu d'activités payantes. L'analyse de celui-ci à la fin d'une semaine, d'un mois ou même d'un trimestre nous fera réaliser nos forces et nos faiblesses.

Solutions pratiques aux pièges de la désorganisation et de la démotivation!

◆ S'apitoyer sur soi-même!
On manque toujours de temps pour tout faire! Vous croyez que vous avez la responsabilité de ce que vous faites, mais aussi de ce que vous ne faites pas! La culpabilité vous envahit? Comment s'en sortir?

◆ Le temps vous manque? Arrêtez d'en faire trop!
Pourtant, il est assez simple de prendre un calendrier ou un agenda et de décider des moments opportuns de chaque activité, et ce, bien à l'avance. C'est un aide-mémoire très utile pour se fixer de nouveaux objectifs, mais il faut les rencontrer. Cela ne doit pas être comme les résolutions du Nouvel An!

Les solutions de tenir un agenda, planifier et surtout savoir dire «non», ne sont pas si évidentes à réaliser. (Il y a d'excellents cours qui se donnent sur ce sujet; veuillez consulter «*Ressources et liens utiles*».)

◆ Déléguer!

Déléguer est encore à l'encontre de nos croyances comme travailleur autonome. Nous sommes en principe supposés tout faire, tout seul. Pourtant la réalité est que nous n'avons pas le choix.
Voici comment en prendre conscience:

Déterminez, par exemple, où vous consacrez votre temps:

Commencez par remplir le **«log book»**, de votre vie active et professionnelle, soit votre agenda. En fait, celui-ci est idéal et très pratique pour constater ce que vous avez accompli comme actions payantes à chaque semaine. Il est très important de mettre dans ce livre de bord vos chiffres de prospection, votre nombre de ventes et de calculer les ratios applicables à vos résultats. Vous compilerez ainsi toutes les activités que vous faites dans une semaine. Ainsi, vous pouvez vérifier, à la fin de celle-ci, ce qu'il vous est possible de déléguer à une assistante par exemple. Vous pensez peut-être ne pas avoir les moyens d'avoir une assistante?

Je comprends votre insécurité, mais je me questionne: si grâce à celle-ci vous faites plus de transactions, vous aurez les moyens de la payer, non? Vous améliorerez beaucoup votre qualité de vie. Un élément à ne pas dénigrer!

Analysez donc combien vous valez de l'heure pour accomplir ce que vous êtes supposé faire. Vous remarquerez que ces personnes valent souvent moins cher de l'heure que ce que vous générez (voir le chapitre de votre ¨Plan d'affaires¨). Payez et déléguez: C'est payant!

Le plus possible, tentez de déléguer, mais soyez conscient qu'un agent débutant n'a pas encore la capacité de se payer l'aide nécessaire. Il devra donc augmenter son efficacité à faire les actions moins payantes avec le plus de rigidité et de discipline possible. Il faudra qu'il limite son temps à des tâches essentielles, telles que la préparation d'un rapport de vente. Il s'assurera ainsi qu'il a tous les éléments et les informations requis afin de le compléter rapidement et passer à des actions payantes.

◆ Contrôlez votre ego!

Souvent, dans notre course contre la montre, nous perdons le sens de l'efficacité; notre attention étant retenue sur le travail à finir et à accomplir. On devient donc agressif et impatient envers ceux qui nous empêchent d'avancer à notre rythme. Pourtant, ces personnes qui sont dans nos jambes sont aussi frustrées que nous. Prenez du recul et remarquez que ces personnes essaient elles-mêmes de finir leurs tâches. Il vaudrait donc mieux s'accorder en commun sur la tâche à accomplir pour sauver respectivement du temps.

◆ La paresse ou la procrastination!

État grave et sérieux! Normal aussi. Manque de motivation ou trop sur les épaules!

Établissez des plans (voir Plan d'affaires) et mettez-y une dose de discipline. Il est aussi important d'y inclure votre horaire de travail ainsi que celui des loisirs! En créant des habitudes, nous nous permettons d'avoir une vie sans routine. Par habitudes, j'entends des périodes de notre journée qui sont privilégiées à des moments ou à des actions payantes. Ceci nous permettra aussi d'avoir, au cours de nos journées, des périodes familiales ou de plaisir sans se culpabiliser.

Vous ne manquerez plus de rendez-vous et aurez ainsi un contrôle sur votre vie. Vos activités privées et familiales y auront leur place, tout autant que vos activités d'affaires. Une analyse régulière de vos plans vous guidera sur votre efficacité de la gestion du temps.

◆ Inefficacité

Attention: Efficacité ne rime pas toujours avec travailler plus fort.

Efficacité = Intensité

C'est drôle, lorsque c'est urgent, notre efficacité double! Devrait-on appliquer dans notre routine **un sentiment ou un effet d'urgence en tout temps?** Probablement, mais omettre le drame qui l'accompagne en général!

Un agent devrait revoir son agenda chaque jour et analyser les actions qui sont les plus et les moins payantes de la journée, pour ensuite pouvoir améliorer sa performance le jour suivant. Par exemple, je ne vais plus porter les documents au notaire comme c'est la coutume de le faire. Je les envoie par messager. La dépense déductible ne vaudra jamais le prix que je vaux de l'heure, quand je fais une tâche payante au lieu de me perdre dans la circulation!

Il faut se mettre des objectifs récurrents, atteignables et réalisables pour constamment améliorer son efficacité. Par exemple, par des moyens concrets, je tente d'améliorer son efficacité de 5% à tous les 60 jours. Cela donnera au bout d'un an 30% par année d'augmentation d'efficacité! Il vaut donc la peine de prendre quelques minutes de réflexion à ce sujet.

Actions = Réactions = $$$!

Comment gérer ce temps précieux?

«Le temps ne peut pas être géré, les activités oui.»   *Earl Nightingale*

Quelques vérités:

- Mon temps m'appartient, je contrôle ce que je veux en faire.

- Je ne peux faire qu'une activité de qualité à la fois.

- Le temps est irremplaçable et malheureusement épuisable.

- On ne peut sauver du temps, mais on peut investir dans le temps.

- Nous partageons tous le temps de façon égale.

- J'ai tout mon temps, car je n'ai pas le temps!

Pourtant, Il y a 60 minutes dans une heure, 168 heures dans une semaine et 52 semaines par année.

Comment diviser tout ce temps?

Déterminez d'abord vos priorités et surtout le temps que vous aimeriez accorder à :

		Actuel	Désiré
Vos affaires	% ?	_____	_____
Votre famille	% ?	_____	_____
Votre vie personnelle	% ?	_____	_____

Voici une petite liste d'actions payantes et non payantes

Actions payantes	Actions moyennement payantes	Actions non payantes
Prospecter au téléphone	Faire visiter des propriétés	Lire le journal, la bourse
Aller à un RDV d'inscription	Remplir la fiche descrip. de votre nouvelle inscrip.	Prendre un café avec ses confrères dans le corridor
Aller à un RDV d'offre d'achat	Transférer vos photos dans le site MLS	Vérifier son courrier, sa bte vocale, son téléavert.
Apprendre les questions ⚷ [18] et les pratiquer à haute voix	Écrire et placer les annonces	Allez porter des documents au notaire.
Apprendre les réponses ⚷ [19] et les pratiquer avec un confrère	Aller faire signer des documents après-vente chez le client	Vérifier ses courriels et site internet
Dîner avec une personne de sa sphère d'influence	Étudier son marché et voir les nouvelles inscrip. dans son secteur	Laisser, sans sonner, une carte d'affaires à un AVPP
Faire un détour en revenant de dîner pour apercevoir des AVPP de son secteur	Trouver des propriétés pour acheteurs sérieux et prendre les RDV	Parler de ses anecdotes et de ses avaries à ses confrères
Parler de ses inscriptions à ses confrères	Faire un mailing	Parler à ses clients actuels de leur transaction
Sonner à la porte des AVPP	Revoir son plan d'affaires	Jouer dans ses papiers
Faire le suivi de prospection	Écouter cassettes & lire des livres de motivation	Acheter ses fournitures
Planifier son lendemain	Se tenir au courant des taux hypothécaires	S'autocritiquer durement et se flageller
Trouver annonces d'AVPP	Faire laver son auto	Laver son auto
Trouver les expirés et les appeler	Faire le suivi des visites avec ses vendeurs	Poser et entretenir ses pancartes soi-même
Baisser le prix qui s'impose à ses propriétés	Assister aux réunions de succursale et caravanes	Prendre les mesures d'une propriété
Suivre une formation	Poser une boîte à clefs	Faire des visite libres [20]

[18] Voir le chapitre: «Les *questions* ⚷ parlent pour moi!» du Tome II.
[19] Voir le chapitre: «Les *réponses* ⚷ parlent pour moi!» du Tome II.
[20] Voir pour mon opinion à ce sujet le chapitre du livre #2 «La mise en marché à deux»

Trucs et astuces :

- Toujours faire une liste de vos priorités à accomplir le lendemain. Calculez le temps que cela prendra.

- Finir ce que vous commencez. «Ce que vous n'avez pas le temps de faire aujourd'hui, vous n'aurez pas plus le temps demain, si ce n'est pas bien planifié».

- Automatisez vos activités. Faites des listes à cocher ainsi que des procédures écrites à suivre (voir **«Les outils IMMO-SUCCÈS»**) que vous respecterez et améliore-rez constamment.

- Faites ce qui fonctionne en premier. Enthousiaste de vos résultats, vous obtiendrez le reste avec une énergie et une confiance accrues.

- Déterminez votre recette du succès et restez-lui fidèle pour éviter de réinventer la roue constamment.

- Commencez tôt! «L'avenir appartient à ceux qui se lèvent tôt!»

- Demandez-vous, continuellement, si vous utilisez le temps à son maximum. «Le temps c'est de l'argent!»

- Votre agenda est votre vie. Surtout, ne le perdez pas…

Voici un exemple d'horaire qui permet d'être efficace!

Exemple d'horaire d'une championne/d'un champion sans adjointe ou équipe:

AM

6h45	Levée, étirements et méditation
7h00	Déjeuner avec les membres de la famille
7h30	Douche, habillement et affirmations personnelles
8h15	Pratique téléphonique des "**Questions** ♂ "[21] et des "**Réponses** ♂ " aux objections (de mon bureau à la maison) avec des confrères enthousiastes comme moi
8h45	Déplacement au bureau
9h00	SOLLICITATION
11h00	Retour d'appels du matin
11h30	Travail clérical tel que suivi des dossiers pour régler les points en suspens, répondre aux questions litigieuses et préparation des ACM ou recherches pour vos acheteurs
12h00	Dîner avec partenaires d'affaires clients ou sphère d'influence ou tout simplement s'accorder du «temps personnel»

PM

14h00	Rendez-vous avec vendeurs/acheteurs ou préparation des dossiers à leur sujet tels que la planification des visites ou continuer sollicitation et prospection
16h00	Retour des appels de l'après-midi et organiser la planification des appels du lendemain
17h00	Retour à la maison, famille, relaxation
18h00	Souper
19h00	Rendez-vous pour inscriptions, visites ou prospection, lorsque planifiés
21h00	Retour à la maison
22h00	Lecture, divertissement et bonne nuit!

---

[21]Voir le chapitre «*Les* **questions** ♂ *parlent pour moi!*» du Tome II.

Exemple d'horaire d'une championne/d'un champion avec adjointe ou équipe:

AM

6h45	Levée, étirements et méditation
7h00	Déjeuner avec les membres de la famille
7h30	Douche, habillement et affirmations personnelles
8h15	Pratique téléphonique des **"Questions ⚷ "**[22] et des **"Réponses ⚷ "** aux objections avec des confrères de mon bureau à la maison
8h45	Déplacement au bureau
9h00	SOLLICITATION
11h00	Retour d'appels du matin
11h30	Réunion avec l'assistante et les membres de l'équipe pour régler les points en suspens, répondre aux questions litigieuses et s'informer de la planification
12h00	Dîner avec partenaires d'affaires clients ou sphère d'influence ou tout simplement s'accorder du «temps personnel»

PM

14h00	Rendez-vous avec vendeurs/acheteurs et membres du personnel, sollicitation ou prospection
16h00	Retour des appels de l'après-midi et planification pour le lendemain
17h00	Retour à la maison, famille, relaxation
18h00	Souper
19h00	Rendez-vous pour inscriptions, visites ou prospection, lorsque planifiés.
21h00	Retour à la maison
22h00	Lecture, divertissement et bonne nuit!

[22]Voir le chapitre «*Les questions ⚷ parlent pour moi!*» du Tome II.

Il n'est pas coulé dans le béton, cet horaire, mais pas loin!

Plusieurs agents choisissent de travailler uniquement 2 à 3 soirs/semaine. Seulement quelques-uns finissent vers 19h-19h30 et ainsi, ne travaillent jamais tard le soir. C'est une question de choix de marché et de priorité. L'important est de s'accorder une vie équilibrée!

Notre horaire ou «nos saisons en immobilier»

Les mythes:

◆ **Être agent immobilier à temps partiel.**

Qu'en est-il de ceux qui croient faire de l'immobilier à temps partiel ou encore comme travail de préretraite? Ils se trompent!

Les clients veulent un agent à temps plein pour les servir et leurs attentes sont tout à fait justifiées, sinon ils vendraient eux-mêmes leur maison. Ils vous engagent pour votre disponibilité et elle se résume dans leur tête à 24 heures sur 24 et 7 jours sur 7. (La légende urbaine perdure à ce sujet!) Le travail de pré-vente et d'après-vente est énorme et faire cette profession à temps partiel n'est pas vraiment bénéfique lorsqu'on considère les dépenses à encourir. De plus, les dépenses fixes ne sont pas partielles et reviennent à chaque mois, vous le constaterez très rapidement.

◆ **L'immobilier, c'est saisonnier**

Autrefois, notre métier était saisonnier par la force de la nature. Nos hivers retardaient les intentions d'achat des consommateurs. Le printemps et l'été étaient, avec le début d'automne les meilleurs moments pour apprécier la propriété dans toute la splendeur de la verdure et des fleurs qui l'entourent. De plus, les gens détestaient déménager dans la neige!

De nos jours, les photos numériques et virtuelles pallient à cette situation, et ce, même en plein hiver. La réalité est que notre temps fort est saisonnier, mais surtout à cause d'éléments externes à notre profession. Par exemple, il existe un usage contractuel et même culturel au Québec à l'effet que les baux se terminent majoritairement au 30 juin. Les gens préfèrent sans doute déménager après l'hiver et après la fin des classes du mois de juin pour expliquer cette tradition qui subsiste encore aujourd'hui.

Il est évident que cette coutume affecte notre saison d'immobilier, sachant qu'un premier acheteur quittant son logement doit notifier le propriétaire de son départ dans les échéances requises par cette loi. De cette façon, il doit avoir acheté et comblé toutes les conditions d'achat avant cette date fatidique, donc le 31 mars. Certains prennent le risque après cette date, mais plus rarement.

De plus, ces premiers acheteurs bénéficient des programmes gouvernementaux par la mise sur pied du RAP (le Programme d'Accession à la Propriété par l'entremise de leur REER) qui affecte encore nos temps occupés. Ce programme exige des échéances et des dates limites d'action qui font devancer encore la période d'achat de ces nouveaux acheteurs, soit avant le 28 février, période de la fin de la saison des REER.

Naturellement, lorsque ces premiers acheteurs amorcent la chasse à une propriété, et cela, de plus en plus tôt, soit au début de l'automne, il en découle une chaîne d'achat qui se terminera aussi plus tôt, soit vers la fin mai. Les gens préfèrent aussi procéder à la prise de possession des lieux et du déménagement avant la période coûteuse de la fin juin/début juillet. Les déménageurs doublent ou triplent alors les tarifs de déménagement pour profiter de la cohue.

◆ **Il se vend des propriétés à l'année!**

Un autre mythe sera ici démoli et les statistiques de la Chambre immobilière du Grand Montréal le démontrent: il se vend des propriétés à l'année (ci-après statistiques qui sont accessibles à tous les mois sur leur site intranet). Nous vendons quand même un peu plus de propriétés de la mi-septembre jusqu'à la fin novembre et de février à juin de l'année suivante.

Donc, pas de règles de bases immuables dans notre domaine. S.V.P., n'encouragez plus les mythes et légendes urbaines à ce sujet: elles ne sont, de toute façon, pas très payantes pour nous!

La prise d'inscriptions demeure-t-elle plus stable? Elle suit de très peu les temps forts, mais elle reste constante. Nous constatons que nous vendons aussi l'été compte tenu des demandes de transfert qui surviennent le plus souvent à cette période de l'année (afin de ne pas déranger la période de scolarisation des enfants impliqués). Naturellement, la vente de propriétés en régions de villégiature, qui a, en général, des saisons particulières, est souvent affectée par les loisirs et les activités saisonnières que ces dernières offrent.

**Statistiques
S.I.A.® /MLS®
Statistics
2003 2004**

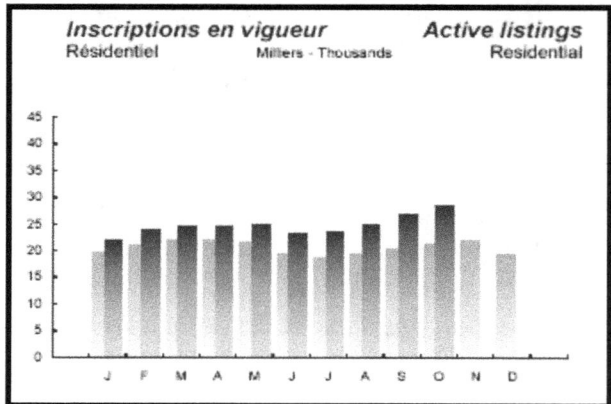

Inscriptions en vigueur — Active listings
Résidentiel — Milliers - Thousands — Residential

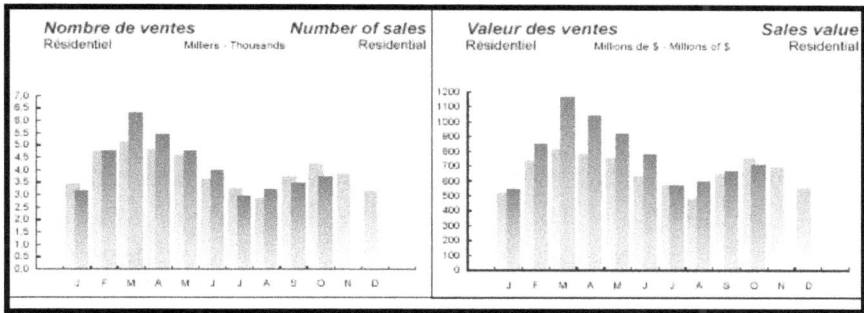

◆ Allez le monde, allez en vacances!

Un autre phénomène annuel me fait toujours sourire, soit le retour des périodes de vacances! Pourquoi?

J'ai remarqué que j'ai toujours des appels de couples pour lesquels les vacances ont été déterminantes dans leur décision de se sépa-rer. Ils vendent la maison pour se partager finalement le produit de la résidence familiale et ainsi, se racheter chacun une autre pro-priété. Sans être méchante, cette roue de la vie fait tourner la roue de notre métier et il en sera toujours ainsi.

Il y a tout de même des ventes à l'année et un agent d'expérience devrait vendre au moins quatre (4) propriétés mensuellement. Une par semaine et dans les mois un peu plus achalandés, il peut en ven-dre plusieurs autres, dépendamment de son succès à inscrire. Voilà la clé du succès! Pour cela, il n'y a pas de saisons. Je vous recom-mande donc d'inscrire des propriétés régulièrement au cours de l'année, et ce, en quantité suffisante. Vous pourrez obtenir un bon roulement, sans avoir à attendre seulement au printemps pour recevoir vos premiers chèques de rétribution.

Mes recherches pour ce livre m'ont confirmé ce que tout le monde dit, mais que personne n'écoute ou ne croit: il faut inscrire à l'année et sûrement beaucoup à l'automne pour s'assurer d'un bon printemps mais aussi, augmenter la cadence vers la fin du printemps encore une fois pour avoir toujours un inventaire suffisant, par le fait même une bonne récolte régulière. Récolte? Je parle de la rétribution avec beaucoup de propriétés à notarier. Mais voilà, on devra semer son jardin.

On ne peut pas cueillir ce qu'on n'a pas semé

Le printemps demeure tout de même, malgré les ventes qui s'échelonnent toute l'année, la période la plus déterminante pour conclure les actes de vente.

La saison qui semble la plus tranquille dans notre marché, va servir à refaire nos forces et surtout, à revoir nos besoins. En été, on fait le ménage, on renouvelle les commandes des pancartes, des formulaires, des brochures et on en profite pour former du nouveau personnel de soutien, s'il y a lieu. Cette période est propice pour mettre à jour notre banque de données, renouveler nos logiciels, ainsi que notre matériel informatique par des outils plus performants. À ce moment, la formation serait également idéale. Il ne faut pas oublier un séminaire de motivation juste avant la saison plus difficile des inscriptions: il n'y a rien de mieux!

Je ne cesse pourtant jamais de créer de l'action et de prospecter dans les temps morts, car ainsi, je maintiens une base solide d'inscriptions en vigueur et je ne ressens pas les creux comme certains qui ne s'astreignent pas à cette discipline.

Mon anecdote...

Ce phénomène suivant m'impressionne toujours! **L'action crée l'action!**

Lorsque l'immobilier «tombe» tranquille, et cela arrive réguliè-rement, il ne faut justement pas paniquer! Dans mon cas, je me mets à faire quelques actions, comme des téléphones, de la prospection et quelques participations à des activités philan-thropiques. Soudainement, la «business» repart de plus belle. Le fait de bouger et de provoquer l'action me met en rapport avec des gens qui veulent éventuellement retenir mes services. Je suis constamment en mode prospection et à l'affût des opportunités. De toute façon, vous remarquerez que lorsque vous présentez votre carte d'affaires, tout le monde autour de vous s'intéresse au marché immobilier. Vous devenez malgré vous le centre d'intérêt. Vous obtenez ainsi une tribune privilé-giée: on s'intéresse à vous et à votre profession et certains retiendront sûrement vos services au moment opportun pour eux. Je tente ainsi de distribuer plus de 2000 cartes d'affaires par année. Elles sont plus payantes dans les poches de mes rela-tions que dans mon sac à main!

◆ Les soirs et fins de semaines

Nous le savons déjà, nos clients n'ont que les soirs et les fins de semaine pour magasiner leur propriété. Étrange? Pourtant, quand est-ce qu'ils trouvent le temps pour acheter leur auto ou aller chez le médecin? L'achat de leur propriété est pourtant une des transac-tions les plus importantes de leur vie. Ils prendront le temps qu'il faut, croyez-moi, osez juste leur demander.

Je ne manquerai jamais une vente pour une exception ou un cas particulier, mais uniquement pour de vraies exceptions. Une fois ou deux par année cela peut arriver, mais pas à chacune de vos trans-actions. Posez-vous des questions si cela vous arrive tout le temps de travailler le soir ou le week-end.

Malheureusement, plusieurs agents vont accommoder leur horaire à celui de leurs clients et aux visites de fins de semaine, sans omettre les rendez-vous en soirée qui sont monnaie courante. Ils vivent d'exception en exception. N'osant perdre aucune occasion, ils perdront pourtant ainsi le contrôle de leur vie. Ce sont les clients qui décident leur agenda pour eux, et c'est bien triste.

D'autres vont travailler 7 jours par semaine, ce que je trouve ridicule.

◆ Les services d'urgences immobilières

Je me suis demandée dans quelle autre sphère d'activité, il y avait une nécessité pour un téléavertisseur et une disponibilité sans limite. La seule que j'ai pu identifier est la suivante: les services d'urgence! Sommes-nous **les services d'urgences immobilières**? Nous entretenons solidement la réputation en tout cas!

Je vous en prie, cessez de faire croire aux consommateurs que vous êtes disponible 7 jours sur 7. Ils croient durement à ce mythe et ce n'est pas à notre avantage. Mieux vaut informer vos clients de vos jours de congé; ce serait honnête de votre part et ils comprendront et s'adapteront très bien à cette réalité. Après tout, eux non plus ne travaillent pas 7 jours sur 7! Certains agents sont champions dans l'art de mentir et de faire croire être disponibles 24 heures sur 24, 7 jours sur 7. Par contre, ils ont soudainement des mariages et baptêmes à chaque fin de semaine de la saison estivale!

Si votre marché vous impose de travailler la fin de semaine, vous devrez donc vous accorder une à deux «vraies» journées de congé au courant de la semaine.

D'autres vont prendre leurs deux journées de congé, mais jamais consécutivement. Cela se fait pour une courte période de l'année, mais deux journées successives sont essentielles au repos et même nécessaires, afin de garder une santé physique et mentale. **C'est sûrement la raison de l'invention et de l'existence des fins de semaine.**

Découvrez-vous une autre passion que l'immobilier pour vos loisirs, ce n'est pas sain de penser et de ne faire que cela.

♦ **La protection de la vie privée et/ou de votre vie!**

Un autre sujet qui me tient à cœur et que malheureusement, j'ai appris moi-même un peu tard, est la protection de notre vie privée.

Je voulais tellement être entièrement disponible pour ne manquer aucune occasion et être présente dans la vie de mes clients, qu'ils en ont abusé. Je ne voyais pas du tout l'impact que mon cellulaire et mon téléavertisseur avaient sur ma vie et également, sur mon niveau de stress. Un cancer, un divorce et plus du tout de vie privée, voici les facteurs qui m'ont finalement réveillée.

Ces services de téléavertisseurs et de cellulaires sont très pratiques et sont des moyens de communication extraordinaire pour donner un service impeccable à nos clients. Cependant, il ne faut pas les laisser prendre le contrôle de notre vie.

La solution? Je l'ai apprise comme tout le reste par «de bouche à oreille» et «sur le tas».
Ne donnez jamais votre numéro de cellulaire à vos clients et mettez votre téléavertisseur et votre cellulaire sur mode muet ou vibration, en tout temps!
- «Je vais manquer les appels de mes clients», me direz-vous. Détrompez-vous, c'est faux.
Voici pourquoi:

Vous êtes inscrits à une boîte vocale ou mieux à un service téléphonique par l'entremise de votre bureau. Les messages sont envoyés sur votre téléavertisseur ou sur votre cellulaire dans les secondes qui suivent. C'est à cause de cela, d'ailleurs, que nos clients nous croient disponibles 24 heures sur 24. Ils ne se gênent même pas pour appeler tard la nuit, dans le milieu d'une crise d'angoisse ou de regret sur leur achat, pour finalement s'excuser le lendemain matin.

C'est pourquoi vous ne devez donner qu'un seul numéro de téléphone à vos clients. Ainsi, il sera plus facile pour eux de le mémoriser. C'est également celui qui doit paraître sur toutes vos cartes d'affaires et publicités. D'ailleurs, ceci est pratique lorsque vous aurez besoin de preuves de réception de vos appels dans le cadre d'un litige avec votre association ou un de vos confrères, car le bureau sauvegarde automatiquement les messages que vous avez reçus. D'ailleurs, j'ai déjà présenté mes petits papiers roses (reçus écrits d'appels que la réceptionniste me remet tous les jours) et mon compte de cellulaire pour prouver mes efforts à rejoindre un agent qui avait deux offres qui l'attendaient! Les preuves sont ainsi faites et incontestables.

Mon anecdote...

J'ai coupé le son!
On s'habitue très vite au mode aucun son ou même de vibration sur notre téléavertisseur ou notre cellulaire. Je regarde moi-même mon téléavertisseur qu'au moment où je le considère important. Au début, on a tendance à le regarder trop souvent. Mais je vous rassure, on s'habitue très vite à l'oublier. Notre entourage et notre famille aussi! Car vous n'imaginez pas le stress qu'ils subissent au moindre «bip» en plein milieu d'un repas familial. Un jour, mon conjoint m'a même fait remarquer que l'immobilier allait sûrement moins bien ces jours-ci, car mon téléavertisseur sonnait moins souvent... Il stressait pour moi!

Une autre fois, ma fille sursauta si fortement au bruit de mon télé-avertisseur que j'ai compris qu'elle espérait qu'il ne sonnerait pas, sachant que je me précipiterais au téléphone… et elle perdrait ainsi mon attention envers elle.

Expliquez-moi maintenant pourquoi depuis plus de 4 ans, j'ai fina-lement réussi à contrôler ce genre de situation? C'est simple, j'en-lève le volume de mon téléavertisseur ou mon cellulaire et je véri-fie discrètement s'il y a un message. Un peu de magie peut-être? Ou comme un sixième sens que j'aurais développé avec le temps? Car je devine toujours quand je reçois un appel. Laisser mon télé-avertisseur ouvert sur mon bureau me permet de voir d'un coup d'œil et sans stress si un message me parvient. Je gagne du temps à me concentrer sur la tâche qui m'incombe et qui est payante pour moi, à ce moment-là.

Ainsi, je n'agresse plus personne avec le son de mon téléavertisseur ou de mon cellulaire et je me sens bien moins stressée de ne plus alarmer mon entourage!

Il est toujours drôle pour moi de voir le nouvel agent au bureau mettre son téléavertisseur ou son cellulaire au timbre sonore le plus élevé. Cela lui donne peut-être l'impression d'être important et occupé puisqu'il sonne aussi souvent? Mais dans le fond, on sait que c'est sa mère et son conjoint qui l'appellent 3 fois par jour!

De toute façon, devant un client, répondre à son cellulaire est car-rément impoli. Prenez-le pour dit: il mérite toute votre attention, et ce, sans interruption. Il vous paie pour que vous lui donniez un service attentionné, ne l'oubliez pas.

Il en est de même dans les endroits publics, comme les restaurants: les gens qui nous entourent ont, eux aussi, le droit à leur tranquil-lité.

Lorsque je donne des conférences ou anime des réunions, je suis intransigeante avec les délinquants à ce sujet. Je considère que les gens, confrères et consœurs qui veulent écouter, ont droit à ce respect.

Qualité de vie = Équilibre

Formule à retenir! Il n'en tient qu'à vous pour obtenir une qualité de vie! Faites votre horaire et amusez-vous à le maintenir. L'important de la démarche est que vous voyez ceci comme un début de contrôle et de maintien d'un minimum de qualité de vie par un équilibre constant de vos actes et gestes. En être conscient, vous assurera une longue carrière et par le fait même, une sécurité financière, si tel est votre but.
Là sera le défi que vous aimerez rencontrer!

Petites idées variées pour sauver du temps et du stress:

- **Acquittez-vous de toutes vos courses au même moment.** Lorsque vous faites un voyage à la banque, faites vos autres commissions et achats du même coup pour sauver du temps.

- **Planifiez, à l'aide d'une carte routière, les visites de propriétés** de vos clients sans courir d'un bout à l'autre de la ville. Trouvez à l'avance l'emplacement et la rue transversale. Mettez-les en ordre logique de déplacement, selon un itinéraire routier.

- **Commandez vos fournitures de bureau** par Internet et faites les livrer à votre endroit de travail.

- **Concentrez l'ouvrage sur ce qui vous importe et ce qui est de votre ressort.** Ne faites pas l'ouvrage qui, en fait, revient à vos partenaires et collaborateurs d'affaires.

- **Ne soyez pas si indispensable!** Les gens s'habituent, prennent pour acquis et abusent souvent très vite sans remord de votre serviabilité. Après tout, vous vous êtes offert, eux ne demandent pas mieux!

- **Demandez à vos clients de se déplacer** pour venir au bureau au lieu de vous déplacer constamment. Le cadre plus professionnel du bureau aidera à prendre des décisions plus éclairées, car dans le décor de leur maison, les décisions des clients peuvent prendre une dimension plus émotionnelle.

- **Attention aux économies de bouts de chandelles** qui vous font perdre du temps précieux. Cela ne conduira pas très loin. Faire tout vous-même ou produire sur votre imprimante maison vos publicités, vous fera perdre du temps précieux. Au lieu de vous adonner à des activités plus payantes.

- **Planifiez une période calme dans votre journée pour organiser le lendemain** et revoir votre plan d'affaires. Réfléchissez à une efficacité accrue ou encore lisez des livres de motivation ou d'organisation du travail.

- **Apprenez à dire non!** Imaginez quel serait le pire scénario si vous disiez non. Rien de grave? Alors, dites non et «bonne continuation!», comme disent les Français. Continuez votre chemin et poursuivez vos objectifs, on ne vous en tiendra pas rigueur.

- **Rendez des comptes à vous personnellement.** Vous n'avez pas de patron, donc il vous faut une façon d'analyser vos performances. Cela peut se faire avec un coach, votre courtier, un conjoint, un associé ou un partenaire de réussite. Le but est de partager de manière régulière avec celui-ci vos bons coups et les points que vous comptez améliorer. Vous remarquerez ainsi votre progression.

- **Maîtrisez vos émotions.** Celles-ci, sans que vous ne vous en rendiez compte, mangent du temps précieux de votre vie. Contrôlez le monstre de l'anxiété qui est dans votre tête! Ne vous attachez pas trop à ce qui n'arrivera peut-être «jamais». Oubliez les erreurs du passé. Vivez le moment présent et tout se passera pour le mieux.

Bonne planification!

*A*ffirmations

L'avenir appartient à ceux qui se lèvent tôt!

Mon horaire est ma vie!

Je «suis» mon horaire!

Vivre pleinement, c'est ce qui importe!

Ma sollicitation est planifiée dans mon agenda!

J'aime contrôler ma vie, mon travail et mes loisirs!

Si ce n'est pas dans mon horaire, je ne le fais pas! (Présent)

Si ce n'est pas dans mon horaire, je ne le ferai pas! (Futur)

Si ce n'est pas dans mon agenda, je risque de l'oublier!

Planifier me permet de contrôler! J'aime planifier...
                                                    Mes vacances!

QUI FAIT QUOI?

Description de tâches des intervenants de la profession

«Le meilleur manager est celui qui sait trouver les talents pour faire les choses, et qui sait aussi réfréner son envie de s'en mêler pendant qu'ils les font.»

Théodore Roosevelt

Rêves ou mythes entendus

«Je suis un travailleur autonome et je n'ai pas besoin de personne d'autre que moi-même pour faire tout mon travail! Si mes clients ont besoin d'un spécialiste (notaire, arpenteur géomètre ou autre), ils le trouveront eux-mêmes! De toute façon, je pourrais être accusé de conflit d'intérêts.»

«L'annuaire téléphonique est là pour ça! Moi, je me limite à mon service d'agent immobilier. Le restant n'est pas mon problème!»

Ou encore:
«Oh moi, je n'ai pas de problème, ma sœur est agent hypothécaire, mon beau-frère est inspecteur en bâtiment, mon père est notaire et mon fils est arpenteur géomètre. Je suis équipé *moi* pour faire des affaires!»

Ou encore:
«Moi je suis nouveau et je me demande à quoi servent toutes ces personnes qui nous sollicitent sans cesse. Dois-je leur accorder de l'importance? Y aurait-il de l'argent à faire avec eux?»

La réalité

Il est important de connaître quelques **spécialistes** qui entourent le milieu de l'immobilier. Surtout, il faut les connaître, les apprécier et reconnaître le rôle et l'utilité de chacun des intervenants de notre industrie.

Voici le rôle de chacun en immobilier:

◆ Courtier immobilier

Le courtier immobilier, membre de l'Association des courtiers et agents immobiliers du Québec (ACAIQ), peut être une personne morale (compagnie ou société) ou une personne physique. Agissant seul ou par l'entremise d'agents immobiliers exerçant sous sa gouverne, il assiste et agit comme intermédiaire entre le vendeur et l'acheteur d'une propriété. Il assume l'entière responsabilité de ses actes ou de celui de ses agents impliqués dans une transaction immobilière. Le coût des services rendus par lui ou par un de ses agents est facturé par celui-ci et est défrayé en général par le propriétaire vendeur avec qui il a signé un contrat de services, soit le contrat de courtage.

Lors de la vente d'une propriété inscrite auprès de son bureau, il perçoit la rétribution totale et la redistribue entre l'agent vendeur et lui selon le contrat d'engagement de cet agent. Si un agent collaborateur est impliqué, le partage se fera avec l'agent inscripteur le représentant, selon le partage prévu entre les courtiers. Il remet donc une part de la commission au courtier de l'agent collaborateur impliqué, s'il y en a un, et ensuite à son agent inscripteur.

S'il est le propriétaire ou directeur d'un bureau, il est aussi une entreprise de service auprès des agents immobiliers exerçant sous son nom. Il peut donc être la personne responsable d'engager d'autres agents sous sa gouverne.

Ses tâches:

- Offrir des services aux agents immobiliers de sa firme (Ex: Bureau, services téléphoniques, encadrement et formations, etc.)
- Recruter et encadrer des nouveaux agents.
- Gérer son entreprise comme courtier.
- Gérer le personnel de soutien.
- Gérer la comptabilité et le compte en fidéicommis.
- Accomplir son métier d'agent immobilier (Voir description au point 2.)
- Tenir les livres, registres et dossiers prévus par la Loi sur le courtage immobilier et ses règlements.

◆ Agent immobilier

C'est une personne physique, membre de l'ACAIQ qui accomplit une opération immobilière en sa qualité d'employé ou de personne autorisée à agir au nom d'un courtier.
Les agents immobiliers travaillent pour le compte d'un courtier. Ainsi, les contrats de courtage qu'ils signent lient le client et la maison de courtage qu'ils représentent. Ce contrat appartient donc au courtier.

Ses tâches:

- Inscrire et vendre des propriétés.
- Commercialiser les propriétés à vendre qui lui sont confiées.

- Assurer le suivi et gérer la transaction durant les démarches de vente des propriétés, tenir les dossiers et formulaires à jour et transmettre le tout à son courtier dans les plus brefs délais.
- Offrir des services après-vente.
- Gérer sa profession comme travailleur autonome.

Note: Qu'arrive-t-il avec les inscriptions non vendues lorsqu'un agent veut changer de courtier, si ces inscriptions appartiennent au courtier?

Une entente sera négociée dès le début, dans le contrat de cet agent ou suite à son départ, selon le cas. Ces inscriptions ne peuvent être transférées au nouveau courtier sans avoir mis fin aux contrats en question par une modification que les vendeurs devront accepter et signer.

Voici la procédure:

- Les propriétaires vendeurs sont informés et acceptent par écrit ce changement.

- Le courtier est informé et accepte en signant la modification de la fin du contrat par écrit sur celui-ci. Il est entendu que tous les comptes de cet agent sont payés et en règle avec l'ancien courtier!

- L'agent modifie donc la fin du contrat pour la date requise de son départ. Rédige un nouveau contrat avec le vendeur lorsqu'il sera engagé chez son nouveau courtier.

◆ Agent collaborateur

C'est une personne qui, en sa qualité d'agent ou de personne auto-risée à agir au nom d'un courtier, accomplit une opération immobi-lière en collaboration avec un agent inscripteur. Lorsque ces agents représentent chacune des parties, ils deviennent en mode collabo-ration dès leur premier contact.

- Il présente à ses clients des fiches descriptives de propriétés du service Inter-agence (MLS-SIA®)

- Fait visiter les propriétés des autres courtiers et agents déte-nant ces inscriptions.

- Avec une offre d'achat obtenue de ses clients pour une de ces propriétés, il présentera les demandes écrites de son ache-teur dans le but d'arriver à une transaction, et ce, dans le res-pect des besoins et des droits des parties;

- Il assumera la responsabilité de compléter le dossier de concert avec l'agent inscripteur pour s'assurer de l'exécution des conditions relatives à l'offre d'achat.

◆ Agent au service des acheteurs seulement

Agent immobilier qui offre ses services seulement aux acheteurs. Il n'a souvent aucune inscription à son nom personnel. Il s'associe et travaille habituellement en équipe avec un agent établi pour obtenir une banque d'acheteurs de celui-ci. Il peut aussi détenir un contrat d'acheteur. Celui-ci s'engagera alors à payer la rétribution qui pourrait être versée à l'agent si la propriété choisie et achetée n'est pas sous contrat avec un courtier inscripteur.

◆ Agent pour inscription seulement

Agent se spécialisant au niveau des inscriptions et des mises en marché de propriétés. Sa force, sa réputation et son expertise lui sont précieuses pour sa facilité et sa crédibilité à inscrire. Les acheteurs éventuels recrutés sur ses propriétés sont en général dirigés aux membres de l'équipe (agents au service des acheteurs) servant les acheteurs exclusivement en son nom.

◆ Agent pour suivi de fermeture de vente

Agent qui s'occupe de l'exécution des conditions et du service après-vente jusqu'à la clôture de la transaction chez le notaire. Il est souvent payé à forfait ou à pourcentage de la rétribution, si la vente est notariée. Ce type d'agent est moins connu au Québec puisque le taux de réussite de fermer une transaction est très élevé comparativement au reste du pays et aux États-Unis. À l'extérieur du Québec, une vente est conditionnelle par les parties impliquées jusqu'à la fermeture de celle-ci avec des étapes très précises à respecter, si bien que tout l'aspect service après-vente devient important à l'aboutissement d'une transaction.

Au Québec, la vente d'une propriété résidentielle est souvent finale dans des délais très courts (en moyenne, quinze jours suivant une offre acceptée par les parties). Les conditions ainsi levées garantissent rapidement la transaction et permettent au vendeur de s'impliquer dans une nouvelle transaction d'achat sans presque aucun risque. De plus, ce court délai nous garantit notre rétribution à venir même s'il est entendu qu'une transaction n'est jamais terminée avant qu'elle ne soit notariée.

N.B.: Il est essentiel de travailler avec respect et diligence en collaboration avec toutes les personnes impliquées dans une transaction, et ce, au bénéfice des clients.

- **Adjoint(e) ou assistant(e) d'agent personnel**

Engagé(e) personnellement par un agent ou son équipe dans le but de l'assister dans ses tâches cléricales courantes et dans le suivi des transactions en cours. Cette personne doit cependant se restreindre seulement à des tâches de soutien si elle ne possède pas de certificat d'agent immobilier. Pour connaître les tâches et implications de cette personne, consulter la description de tâches au sein du chapitre Organisation du travail.

- **Secrétaire, réceptionniste du bureau et personnel de soutien administratif**

Sous la responsabilité du courtier propriétaire ou de son directeur, ces personnes seront responsables de recevoir et de redistribuer les clients, les appels et les télécopies aux agents inscripteurs (représentant le vendeur) et vendeurs (représentants l'acheteur) respectifs.

De plus, selon les procédures de chacun des bureaux, ces personnes:

- récupèrent et vérifient tous les documents originaux et pertinents d'une transaction;

- tiennent les livres et registres de vente du bureau selon les règles;

- émettent les reçus des chèques déposés dans le compte en fidéicommis du courtier;

- soutiennent les agents dans leurs responsabilités cléricales dépendant des services offerts par le courtier propriétaire;

- perçoivent et payent la rétribution aux personnes concernées selon les ententes signées.

Collaborateurs et intermédiaires de marché essentiels à notre profession

Mon opinion sur la référence d'un professionnel à un client.

Mes clients, je les aime et j'en prends soin... Ils vont devenir des clients de longue date pour moi, et un jour, ils me recommanderont leurs parents et leurs amis pour la vente ou l'achat d'une propriété. Plus de 80% de ma clientèle vient de références personnelles ou de ma réputation par rapport aux services et conseils que j'ai rendus. Lorsque je les aide à choisir une propriété, je me fais un devoir de m'assurer de la qualité des professionnels dont ils auront besoin pour mener, sans embûche, la transaction à bon terme. Je considère que cela fait partie intégrante de mes responsabilités.

Je ne peux permettre que mes clients utilisent une personne incompétente pour les conseiller dans leur démarche, pas plus que tous les autres agents qui pratiquent cette profession. Je crois sincèrement que si mes clients choisissent un professionnel au hasard dans un annuaire téléphonique sans référence, cela sera une grave erreur qui sera peut-être coûteuse pour eux.

Après tout, je rencontre plus de 50 notaires et spécialistes de toutes sortes par année dans le cadre de ma pratique. Bien sûr, lorsqu'ils connaissent et choisissent un notaire ou un inspecteur que je reconnais, je peux respecter leur choix.

Je réfère régulièrement, dans le cadre de mon travail, des inspecteurs, des notaires, des agents hypothécaires et des arpenteurs géomètres, de même que des avocats, si nécessaire. Le choix se fait en fonction de leurs besoins, mais aussi en fonction de la qualité d'expertise et de la disponibilité de ces derniers. Ces collaborateurs sont choisis par des critères de professionnalisme à l'image du mien. C'est aussi par courtoisie que je m'assure de la disponibilité de tous par rapport à leur agenda respectif. J'ai tout intérêt à ce que mes clients soient satisfaits de mes références et services, si je veux m'assurer qu'ils soient heureux et me recommandent chaudement par la suite.

Je ne suis pas d'accord lorsqu'on prétend que les agents immobiliers et les inspecteurs sont en conflit d'intérêts lorsqu'ils se réfèrent mutuellement. On dit que ce n'est pas dans l'intérêt des clients consommateurs. Cette généralité véhiculée m'agace profondément. Premièrement, on tient alors pour acquis que nous sommes tous de mauvaise foi. (Merci d'égratigner notre image professionnelle du même coup!) S'il y a une pomme pourrie dans l'arbre, est-ce qu'il faut abattre tout le pommier? Deuxièmement, mes clients sont avantagés par mon expérience et mes contacts professionnels sont dans leur intérêt.

Par exemple, si une propriété est examinée par un inspecteur à qui je fais grandement confiance et qu'il nous dit, à moi et à mes clients, qu'il y a un problème important, je suis la première à pouvoir rassurer mes clients qu'il y aura une autre propriété pour eux. Naturellement, si les problèmes peuvent se régler et que les deux parties veulent toujours s'entendre, je tenterai du mieux que je peux de concilier les positions des parties avant de mettre par écrit l'objet de leur entente. Je me fais aussi un devoir de recommander à mes clients d'aller chercher une ou si possible, deux à trois opinions supplémentaires de spécialistes, si nécessaire. Dans la plupart des cas, le vendeur collabore, ayant tout intérêt à connaître la nature du vice découvert et à prendre des dispositions pour le résoudre, surtout s'il veut vendre sa propriété avec pleine garantie. Sans aucun doute, l'acheteur a toujours le droit, dans les échéances, de se retirer de son engagement si une clause à cet effet a été prévue dans l'offre d'achat. (Au Québec: voir la clause B2.4 de l'annexe B immeuble résidentiel, portant sur la condition d'inspection en bâtiment, formulaire non obligatoire mais recommandé par l'ACAIQ). Ces formulaires sont utilisés par tous les agents immobiliers du Québec et sont clairs à ce sujet.

Dans mon secteur, il y a des inspecteurs peu professionnels qui sont souvent sans assurance responsabilité professionnelle, des agents hypothécaires «du dimanche» et enfin, des notaires vieillissants qui ne sont plus à l'affût des dernières lois en matière immobilière.

Je me fais un devoir d'informer mes clients sur le fait d'utiliser ceux que je réfère et qui satisferont mes critères de qualité, de connaissances et de compétences.

Mes nombreuses années d'expérience et ma connaissance du marché ne peuvent qu'être à leur avantage. Je suis la professionnelle en qui ils mettent leur confiance. Après tout, ils payent le prix! Ils ont donc droit à mes meilleures références, sans rien leur imposer.

En général, les agents immobiliers font leur travail avec cœur et ont une conscience professionnelle irréprochable. Des centaines d'agents ont suivi des formations supplémentaires pour mieux conseiller leurs clients et plusieurs ont suivi ou suivent des cours pour devenir courtier ou agent immobilier agréé pour ainsi améliorer leurs connaissances générales du métier. Au Québec, l'ACAIQ, qui est responsable d'émettre notre permis est aussi sévère pour nous que n'importe quel ordre professionnel et son mandat principal consiste en la protection du public. Ce qu'elle prend très au sérieux. J'encourage d'ailleurs le consommateur qui a vécu une mauvaise expérience à porter plainte auprès de cette Association. Notre profession s'en portera mieux. Cet organisme est là pour sévir, si nécessaire, auprès des récalcitrants.

Il y a et il y aura toujours des exceptions. C'est connu, il y a des bons et des mauvais médecins, des bons et des mauvais inspecteurs et sûrement des bons et des mauvais courtiers et agents immobiliers. Mais doit-on conclure que l'ensemble de ceux-ci est en conflit d'intérêts et laisser sous-entendre qu'ils sont tous incompétents? Sincèrement, je ne le crois pas. Éduquons ceux qui véhiculent gratuitement cette légende par une approche positive et prouvons qu'ils ont tort par nos actions et nos bons conseils.

◆ Notaire

- Son rôle: Le notaire doit, en premier lieu, rédiger l'Acte authentique de vente d'après l'offre d'achat signée par les parties. Il peut être mandaté par l'une ou l'autre des parties. Le notaire peut, par ailleurs, agir en tant qu'intermédiaire ou négociateur dans une vente immobilière, bien que ce dernier ne soit pas soumis à la même réglementation que les courtiers et les agents immobiliers. Il réalise le passage des «clés» d'un client à un autre et s'assure que les dus seront acquittés par les parties concernées.

- Son utilité: Vérifier l'authenticité et la validité des différents documents et titres afin de réaliser l'Acte de vente. Les notaires sont mandatés en général par l'acheteur et parfois par le vendeur selon l'entente écrite dans l'offre d'achat. Quoiqu'il en soit, les notaires sont des officiers publics impartiaux.

- Que doit-on s'attendre de lui:

○ Respecter les délais et les conditions de l'offre d'achat acceptée par les parties.

○ Rédiger l'acte de vente en respectant l'avant-contrat, soit votre offre d'achat acceptée.

○ Conseiller les parties avec impartialité et en toute relation de confiance.

○ Assister les parties impliquées à travers cette tâche légale.

○ S'assurer que les titres de propriété sont valides et non grevés de droits réels (hypothèques, servitudes, etc.)

○ Payer la rétribution au courtier inscripteur à même le produit de la vente selon le contrat signé avec les vendeurs et avec facture du courtier à l'appui.

- À quoi ne pas s'attendre de lui:

○ Travailler pour vous! Car malgré les bonnes relations que vous avez entretenues, il se doit d'exécuter les ententes et conditions de la promesse d'achat acceptée entre les parties, à moins que les parties s'entendent par écrit sur tout changement, et ce, avant la date et l'heure convenues de signature de l'acte de vente.

○ Nous référer des clients. Il le fera rarement, car il a le droit, dans le cadre de sa profession, d'aider les parties à une transaction de vente ou d'achat d'un bien immobilier. Il doit alors agir dans l'exercice de ses fonctions.

○ Protéger votre rétribution. Il se doit de respecter les contrats signés et si les parties ne s'entendent pas lors de la signature de l'acte de vente, et ne veulent plus respecter ces contrats ou renégocier, il ne pourra pas procéder au paiement de celle-ci.

○ Renégocier des clauses ou cas litigieux. C'est à vous de les régler

- Liens à développer: Il faut en connaître et pouvoir en référer (voir encadré sur mon opinion). Ce sont de bons conseillers en matière légale et de très bonnes sources d'information grâce à leur expérience.

Les notaires doivent être membres en règle de la Chambre des notaires du Québec (CDNQ). *www.cdnq.org*

◆ Arpenteur géomètre

- Son rôle: Il est la seule personne autorisée par la loi au Québec à délimiter la propriété publique et privée. Il est aussi responsable de réaliser des plans d'arpentage de propriétés et des certificats de localisation.

- Son utilité: Vérifier les lieux, procéder au piquetage ou au bornage si nécessaire, et rédiger des certificats ou procès-verbaux. Un certificat de localisation doit être récent et doit démontrer l'état actuel de la propriété. Il est requis pour l'obtention du financement et la rédaction de l'acte devente. C'est en fait l'élément le plus important du titre de propriété que votre client vendeur doit remettre à l'acheteur éventuel. Ce document localise physiquement a propriété, ses bâtiments et dépendances et identifie les limites du terrain.

- À quoi s'attendre de lui: L'élaboration d'un document officiel qui spécifie les emplacements des bâtiments, dépendances, clôtures, haies, piscines, etc., et ce, à une date donnée et précise.

- À quoi ne pas s'attendre de lui: Expliquer aux clients que leur cabanon est à déplacer! C'est à vous, ou au notaire de le faire lorsqu'on a la preuve d'après le certificat que le cabanon est mal placé.

- Liens à développer: Il faut en connaître et pouvoir en référer (voir encadré sur mon opinion). Ce sont de bons conseillers et de très bonnes sources d'information grâce à leur expérience.

○ Connaître leur réputation et leurs tarifs, car les clients vous le demanderont sans arrêt.

○ Connaître leurs délais raisonnables de livraison du certificat de localisation chez le notaire de votre client et s'assurer que l'arpenteur les respecte.

L'ordre des Arpenteurs géomètres du Québec (OAGQ) *www.oagq.qc.ca*

♦ **Courtier ou Agent hypothécaire**

Le courtier hypothécaire cherche le meilleur contrat de prêt hypothécaire pour ses clients. Il peut dénicher le contrat dont les conditions sont les mieux adaptées à leurs besoins, telles que, remboursement anticipé, refinancement d'une maison, obtention d'un prêt pour un travailleur autonome, consolidation de dettes, etc. Tout cela dans le but d'obtenir un financement pour votre futur client-acheteur.

- Son rôle: Évaluer et qualifier financièrement les clients afin de statuer si un prêt hypothécaire peut leur être alloué.

- Son utilité: Un allié incomparable pour pré qualifier vos acheteurs et confirmer leur motivation d'acheter. Il est aussi un bon connaisseur du marché des taux hypothécaires en vigueur.

- À quoi s'attendre de lui: Des références, des trucs et conseils pour aider vos acheteurs à financer leur propriété. Il sera en mesure de déterminer quel produit et quel est le montant maximal de l'hypothèque qui pourra être accordé sans que le client ne soit brimé dans les diverses responsabilités et obligations que la vie impose.

- À quoi ne pas s'attendre de lui: Sauver votre transaction avec un client qui est une cause perdue, par exemple: a déjà fait faillite ou en défaut de paiement inscrit à son dossier de crédit!

- Liens à développer: Informations sur les taux et prévisions de marché, amitié, lunch d'affaires, références, visibilité sur votre page personnelle. De plus, détenir leurs cartes d'affaires en quantité.
Membres de l'institut canadien des courtiers et des prêteurs hypothécaires. *www.cimbl.ca* Ils doivent détenir un certificat de l'ACAIQ, à moins d'être employés d'une banque.

◆ Inspecteur en bâtiment

- Son rôle: Il est un expert généraliste en matière de construction. Il visite les lieux et divulgue toutes défaillances apparentes qui nécessiteront, à court ou moyen terme, des travaux de réparation ou de remplacement.

Malheureusement, cette profession est mal organisée et n'est soumise à aucun contrôle gouvernemental ou associatif réglementé. De plus, l'adhésion à leur association est sur une base volontaire.

- Son utilité: Rassurer vos clients acheteurs sur l'état réel de leur achat. Découvrir les défauts que son expertise lui permet de constater.

- À quoi s'attendre de lui: Il recherche des signes et des faiblesses dans la construction et donne des recommandations. Dans la mesure du possible, une bonne firme d'inspection fournira un rapport exhaustif de leur visite avec des photos à l'appui. Ils renseignent et éduquent nos acheteurs sur les immeubles et l'entretien de ceux-ci.

- **À quoi ne pas s'attendre de lui**: Qu'il informe les acheteurs des «vices cachés». L'expression est bien dite, ce sont des anomalies qui ne se voient pas à l'œil nu, si bien que lui non plus ne les voit pas. Il ne fait pas de réparations ou estimations des coûts de réparations ou de remplacements. Il y a des experts à cet égard. Il ne vous aidera pas à vendre votre propriété, il devra rester discret et neutre envers les clients.

- **Liens à développer:** Il faut exiger des références, de même qu'un rapport écrit et **signé** d'un inspecteur dûment assuré pour protéger les clients impliqués. Vous apprendrez beaucoup sur les propriétés, leurs forces et aussi leurs faiblesses. Ils sont de bons vulgarisateurs de termes techniques en matière de construction. Ils ont une passion comme vous de l'immobilier…

Association les regroupant: Association des inspecteurs en bâtiment du Québec *www.aibq.qc.ca*

Attention: être membre de cette association ne leur donne pas automatiquement un certificat d'assurance professionnelle ou une crédibilité vous donnant la liberté de les recommander sans inquiétude. Soyez vigilant à cet effet. Votre propre crédibilité est en jeu en devenant partie à cette transaction.

◆ Évaluateur agréé

- **Son rôle:** Acteur incontournable de l'immobilier, ce professionnel formule une opinion objective sur la valeur d'un bien immobilier à une date donnée, sans aucun préjugé ni intérêt personnel. Il procède entre autre à des évaluations d'actifs immobiliers et à la préparation de rôles d'évaluation, ces études qui permettent aux municipalités d'établir le montant des taxes qu'elles percevront des propriétaires de biens immobiliers situés sur leur territoire. Il peut aussi établir la valeur assurable d'un bâtiment et être à la base du financement hypothécaire. Il pratique notamment au sein de municipalités, de firmes privées d'évaluateurs agréés, d'organismes gouvernementaux, de cabinets comptables ou d'institutions financières.

- Son utilité: Ce professionnel évalue la propriété afin de déterminer la valeur marchande de celle-ci et ainsi informer les intéressés si le prix de vente est tout à fait dans les normes en fonction de la propriété. Rassurer tous et chacun que la transaction sera réaliste.

- À quoi s'attendre de lui: Des références, des partenaires, une bonne seconde opinion pour vos clients qui se sentent insécurisés et dans le doute.

- À quoi ne pas s'attendre de lui: Changer leur opinion de la valeur marchande déjà remise par écrit à une institution financière dans le but d'obtenir un prêt pour vos clients. Si l'évaluateur s'est trompé, vous devez le prouver à la banque, avec des comparables sérieux à l'appui et exiger que votre client fasse refaire l'évaluation par une autre firme d'évaluateurs. Cette situation est rare, mais probable.

- Liens à développer: Amitié, à inclure dans votre réseau de contacts et votre réseau d'affaires. Source d'information précieuse sur le marché, mais réciproque. Il se base sur le marché passé et moi, je travaille avec le marché présent!
L'ordre des évaluateurs agréés du Québec (OEAQ) *www.oeaq.qc.ca*

♦ **Constructeur**

- Son rôle: Personne qui entreprend un chantier à son compte ou pour le compte d'un propriétaire. La Régie du bâtiment du Québec est chargée de délivrer la licence d'entrepreneur en construction, qui atteste la qualification de celui-ci. La Régie délivre une licence seulement après s'être assurée que l'entrepreneur possède les connaissances nécessaires en ce qui concerne l'administration, la sécurité et l'aspect technique des travaux visés par sa licence. La Régie vérifie également la solvabilité de l'entreprise.

- Son utilité: Les constructeurs sont utiles pour nous, car ils sont les précurseurs des nouveaux développements résidentiels. Ils ont parfois recours à nos services pour les aider à vendre leur propre projet ou pour nous référer à leurs éventuels clients acheteurs qui doivent souvent vendre avant qu'ils s'engagent à acheter une de leurs propriétés neuves.

- À quoi s'attendre d'eux: Références, partage de vision... échange de données sur le marché ou détermination des besoins des consommateurs pour les produits immobiliers d'avenir.

- À quoi ne pas s'attendre d'eux: S'ils ont leur propre équipe de vente, ils ne voudront jamais faire affaire avec des agents. Pourtant, certains (souvent les plus petits) sont heureux si on leur amène des clients et ils nous paieront une rétribution pour cet effort.

- Liens à développer: En connaître et tenter de développer des affaires avec eux ou par l'entremise de leurs vendeurs des projets en cours dans votre région.

◆ **Avocat**

- Son rôle: L'avocat est un professionnel du droit. Il est là pour vous aider, non seulement à vous sortir d'une impasse, mais surtout pour vous éviter d'y tomber. Il pratique au sein de cabinets, de firmes privées spécialisées en droit immobilier.

- Son utilité: En plus de son rôle traditionnel devant les tribunaux, l'avocat agit dans toutes les sphères du droit. Ses connaissances lui permettent de régler, ou mieux encore, de prévenir des problèmes de toute sorte.

- À quoi s'attendre d'eux: Conseils, références, partenaires, opinions juridiques pour vous ou vos clients insécurisés et dans le doute ou ayant besoin d'aide.

- À quoi ne pas s'attendre d'eux: Un miracle! On sait que l'erreur est humaine. Par contre, assumez vos responsabilités et vos erreurs. Cherchez un compromis et apprenez de votre expérience.

- Liens à développer: Amitié, à inclure dans votre réseau de contacts. Source d'information précieuse en matière juridique. Il ne faut pas hésiter à le consulter dès qu'on est confronté à un problème d'ordre légal. Avoir recours à ses services en temps utile peut vous éviter bien des problèmes et, très souvent, vous épargner des pertes financières considérables. N'attendez pas qu'il soit trop tard!
Barreau du Québec *www.barreau.qc.ca*

◆ Planificateur financier

- Son rôle: Réaliser des projections en fonction des dépenses encourues et des revenus anticipés. Consultant en financement personnel et en budget.

- Son utilité: Encadrer et conseiller vos clients dans l'élaboration de leur budget et leur capacité d'achat.

- À quoi s'attendre d'eux: Des références, une expertise en placements et programmes d'accession à la propriété.

- À quoi ne pas s'attendre d'eux: Sachez qu'il vous fait concurrence lors de décisions d'investissements de ses clients. Il a parfois très peu confiance aux produits de placements immobiliers, il les trouve à risque pour ses clients, étant plus connaissant dans les produits financiers qu'il représente. Il y croit rarement, à moins qu'il soit lui-même un de vos clients investisseurs!

- Liens à développer: À inclure dans votre réseau de contacts. Recommandé d'échanger vos connaissances du marché immobilier avec lui, par la suite, il vous recommandera régulièrement des clients.

◆ **Comptable**[23]

- Son rôle: Établir vos états financiers et donner des recommandations sur ceux-ci. Il vous aide par ses conseils et son expérience à régler des soucis de fonds de roulement. S'assurer de la bonne gestion de vos comptes fournisseurs et recevables.

- Son utilité: Je l'appelle ma conscience! Il m'informe et me traduit en langage d'affaires mes états financiers et me fait comprendre mes résultats. S'assure que je profite de toutes les déductions fiscales possibles.

- À quoi s'attendre de lui: Des recommandations et des conseils judicieux pour vous faire payer votre juste part d'impôt, pas plus!

- À quoi ne pas s'attendre de lui: Prendre les décisions pour vous dans vos affaires. De vous donner des conseils non professionnels pour vous faire sauver de l'impôt.

- Liens à développer: Amitié et confiance totale mutuelle. Référence. À inclure dans votre réseau de contacts.

◆ **Architecte**

- Son rôle: Il a pour tâche de planifier, concevoir, élaborer et réaliser des plans et devis. Tout cela pour la construction, la rénovation ou le réaménagement de bâtiments résidentiels, commerciaux, institutionnels ou industriels. Ses services sont parfois retenus afin d'effectuer des inspections avant l'achat d'un bâtiment.

- Mise en garde: S'assurer qu'il possède une assurance responsabilité qui le couvre pour ce type de travail. Son assurance professionnelle ne le couvre probablement pas

[23]Voir chapitre sur *Comptabilité et fiscalité* pour plus de détails.

et parfois il ne le sait même pas. J'ai souvent appris la mauvaise nouvelle à certains d'entre eux qui s'improvisaient inspecteurs d'occasion pour la famille ou des amis.

S'ils sont mandatés comme inspecteurs en bâtiment, les mêmes mises en garde les concernent et s'appliquent pour eux aussi.

-Son utilité: Pratique d'en connaître pour vos clients voulant faire des changements importants à leur propriété. Permet de mettre en évidence, par une estimation de coûts, l'ampleur des énergies à mettre pour leurs travaux.

* **Ingénieur**

   - Son rôle: L'ingénieur en construction ou en bâtiment a la responsabilité de concevoir et de planifier divers projets de génie de construction, rédiger le devis, effectuer l'estimation des coûts des travaux.

   - Mise en garde: Comme pour les architectes, à des fins d'inspection en bâtiment, s'assurer qu'il possède une assurance responsabilité qui le couvre pour ce type de travail. S'ils sont mandatés comme inspecteurs en bâtiment, les mêmes mises en garde les concernent et s'appliquent pour eux aussi.

   - Son utilité: Idem que les architectes.

* **Imprimeur et représentants publicitaires**

   - Leur rôle: Ceux-ci ont la responsabilité de concevoir et de planifier divers projets de mise en marché et promotions publicitaires.

   - À quoi s'attendre d'eux: Création et mise en marché de votre image. Élaboration de vos mises en marché et création d'annonces publicitaires. Respecter les échéanciers.

   - À quoi ne pas s'attendre d'eux: Copier ce que les autres font!

- Mise en garde: Il y en a beaucoup! Ils connaissent votre tendance à «s'aimer» et «semer» beaucoup! Ils veulent profiter de la manne! S'assurer de la solidité et solvabilité de ceux-ci. Parfois, ils vous font de bons prix, demandent une avance et disparaissent dans la nature…

- Leur utilité: Créativité, conception et distribution dans certains cas.

◆ Assureur et agents d'assurances (Assurance responsabilité professionnelle)

- Leur rôle: Ils représentent une société d'assurance et s'occupent de la souscription de contrats et du service aux assurés (clients). Souvent appelés «assureur», «représentant» ou «intermédiaire».

- Société d'assurance: Entreprise dûment autorisée à proposer de l'assurance au public et qui s'engage, conformément au contrat d'assurance, à verser des prestations en cas de sinistre.

- Police d'assurance: Acte remis au souscripteur par la société d'assurances qui établit les conditions du contrat d'assurance.

- À quoi s'attendre d'eux: Le programme d'assurance responsabilité professionnelle couvre le courtier et ses agents dans l'éventualité où ils feraient l'objet de réclamations pour toute erreur ou omission commise dans l'exercice de leurs fonctions. En 2006, l'ACAIQ a créé sa propre assurance responsabilité professionnelle: Le fonds d'assurance responsabilité professionnelle de l'ACAIQ.

- À quoi ne pas s'attendre d'eux: Couvrir toutes vos bêtises. Prendre conscience qu'il y a des limites à leur couverture.

- Mise en garde: Lors d'un litige, informer le courtier d'abord. Son expérience peut être utile pour régler à l'amiable. Prendre en considération le déductible exigé pour tout règlement qui peut varier selon votre plan et contrat.

- Leurs utilités: Ils sont indispensables et obligatoires. Dès l'apparence d'un litige, les informer le plus vite possible de la probabilité d'utiliser leurs services.

Bonne construction de votre réseau d'affaires!

Affirmations

J'apprécie mes pairs!

Je suis une personne heureuse et bien entourée!

Je connais mes forces!

Je reconnais mes alliés!

Je suis intègre!

Je suis respectueux / respectueuse!

J'aime réussir!

*P*AR OÙ COMMENCER?

Plan d'action pour votre départ!

«Il y a un commencement à tout. Il n'y a que le premier pas qui coûte.»

Proverbe français

Le mythe:

«Ça y est, j'ai la clé du bureau, mon permis en main!
Ma première journée comme agent immobilier me paraît très stressante. On a tout à faire et on ne sait pas par où commencer.»

La réalité?

Ce n'est pas un mythe! Au contraire, la réalité est là!
Ne vous en faites surtout pas, la journée ne sera pas assez longue!

Plan d'action

J'ai conçu pour vous, agents débutants, un petit plan d'action qui devrait vous orienter sur la bonne voie. Pour vous, agents d'expérience, voici quelques idées et un retour à la base qui ne peut qu'être bénéfique pour ranimer votre carrière et lui donner un souffle nouveau. Il y aura peut-être dans ce chapitre des choses que vous avez oubliées de faire depuis longtemps, ou que vous n'avez peut-être pas encore essayées? Je vous mets au défi de vérifier!

Premièrement, assurez-vous d'avoir les outils de l'emploi.

Dans le chapitre «Dans quoi je m'embarque?», j'ai dressé une liste exhaustive de vos besoins matériels. Il faut aussi les maîtriser. Maintenant, voici **une liste de tâches à accomplir** avec l'aide de votre parrain ou courtier. Ce qui vous assurera un bon départ.

☐ Posséder un compte et des adresses courriel et Internet d'affaires.

☐ Être en mesure d'accéder au réseau de bases de données de votre chambre immobilière locale.

☐ Obtenir vos mots de passe et vos codes d'usager. Idem pour tous les autres sites Internet utiles.

☐ Obtenir et lire «le manuel de l'agent» de votre courtier, s'il existe, pour connaître les procédures et règlements du bureau.

☐ Connaître les services hypothécaires et rencontrer les représentants.

☐ Avoir en main vos cartes professionnelles et brochures identifiées à votre nom.

☐ Porter avec fierté votre insigne, épinglette de votre courtier et de votre Chambre immobilière.

☐ Se procurer une clé de la succursale.

☐ Identifier à votre nom tout votre matériel.

Petits trucs et astuces:

Apportez-vous dès la première journée un petit cadre et déposez-le sur votre bureau. Une image positive, la photo de votre conjoint ou celle de vos enfants, cela rendra votre espace moins impersonnel. Ce bureau ainsi agrémenté sera moins vide et le téléphone ne vous intimidera plus là tout seul dans son coin!

Connaître les directives concernant les règles et normes du bureau: (s'il y a lieu)

- Système d'alarme du bureau.
- Fonctionnement et code d'accès du photocopieur.
- Fonctionnement du télécopieur.
- Fonctionnement et code d'accès du système téléphonique.
- Code d'accès pour appel interurbain.
- Procédures pour la garde de clés des inscriptions en vigueur.
- Clé du kiosque pour son ouverture et sa fermeture.
- Endroit déterminé pour déposer et transmettre au bureau tous les documents pertinents suite à une inscription ou une vente.
- Situation de votre pigeonnier et casier à messages téléphoniques.
- Heures d'ouverture et de fermeture du bureau.
- Détails généraux concernant votre bureau.
- Détails et agenda des réunions de bureau, des formations, des caravanes, et autres.
- Endroit où sont disponibles les livres Cole ou Novell ou autres annuaires téléphoniques (Pour vos recherches de numéros de téléphone).
- Dates de tombée des annonces publicitaires de groupe, formulaires à utiliser et échéance de remise de celles-ci.
- Liste de gardes.
- Processus de remplacement lors de vos vacances.
- Assurance de votre identification au tableau d'affichage! Présent/absent. Pour ne pas manquer d'appels ou de "walk in".
- Inscription aux sessions de formation de votre chambre immobilière pour connaître l'utilisation des différents outils disponibles.

Dossier de formulaire et matériel de prospection:

Lire et relire au complet vos formulaires d'offres d'achat et de contrats de courtage pour les maîtriser et être en mesure de les expliquer à vos clients éventuels. Interprétez et vulgarisez-les dans un langage que vos clients comprendront.

Faire une provision de ces formulaires au bureau:

- ☐ Contrat de courtage (10 copies)
- ☐ Promesse d'achat (10 copies)
- ☐ Contre-proposition et modification (10 copies)
- ☐ Annexes A, B, G, etc... (10 copies)
- ☐ Tous les formulaires MLS/SIA®
- ☐ Vos formulaires d'analyse comparative
- ☐ **Vos Questions ☞** [24]

De plus, partagez une autre réserve de formulaires entre la voiture et votre maison.

Votre vrai premier pas? Un téléphone et votre lettre d'introduction!

Annoncez au plus tôt que vous entreprenez une nouvelle carrière en immobilier, et ce, par écrit et surtout en faisant un suivi téléphonique à tout votre entourage. (Voir ma lettre «Bonne nouvelle» dans *Les Outils* **IMMO-SUCCÈS!** pour un modèle de lettre type).

Publiciser ainsi avec fierté et confiance votre intention de devenir leur agent pour tous leurs besoins futurs en immobilier. Démontrez que vous travaillerez fort pour prouver votre capacité à réussir. Cela apportera la sympathie de vos parents et amis et ils penseront à vous recommander, si vous prenez le temps en plus, de

---

[24]Voir le chapitre «*Les questions ☞ parlent pour moi"*» du Tome II.

les contacter personnellement sur une base régulière. **La régularité, la persistance et la persévérance de vos appels seront la clé de votre succès** et paieront, à court, moyen ou long terme.

Donc:

□ Je prépare ma liste de réseau de contacts personnels (mon cercle d'influence)

□ Je rédige ma lettre «Bonne nouvelle» [25]

□ J'envoie cette lettre à tous mes contacts, connaissances, famille et amis qui sont sur ma liste d'envoi. Je leur fais parvenir, avec cette lettre, suffisamment de cartes d'affaires qu'ils garderont en réserve pour toute référence.

□ J'appelle chacun d'eux pour confirmer qu'ils ont bien reçu ma lettre et les informer que s'ils désirent d'autres cartes d'affaires, ne pas hésiter à me contacter. (Au même moment, je vérifie leurs besoins immédiats en immeuble!)

□ Je m'engage à donner plus de 10 cartes d'affaires par jour à mon entourage!

□ Je crée ainsi de l'action et le résultat se fera vite sentir.

Je prépare mon cartable de présentation:

■ Lettre de présentation de moi-même, de mon courtier et/ou de ma bannière.

■ Description de mes services.

■ Description et tâches de mes collaborateurs d'affaires.

■ Exemples de mes publicités.

■ Lettres de références.

■ Outils promotionnels.

[25]Voir «*Les Outils* **IMMO-SUCCÈS!**»

S'ils ne veulent pas faire affaires avec vous

C'est normal que vos amis et connaissances décident parfois, **de ne pas faire affaires avec vous!** Cela nous arrive tout le temps et c'est frustrant! Votre meilleur ami ou votre voisin d'en face vend avec une compagnie concurrente. Comment réagir? Je vous recommande de ne pas vous en faire! On doit comprendre que les gens veulent parfois garder pour eux les choses plus personnelles de leur vie ou encore ne veulent pas mêler l'amitié à «la business». On garde notre dignité, on offre de les aider pour les conseiller si nécessaire et surtout, on se mêle de nos affaires... en respectant leur choix. C'est la vie! Au suivant!

Si vous respectez avec dignité et bonne grâce le choix de votre client, vous aurez plus de chance (peut-être) de récupérer ce client éventuellement et vous garderez aussi son respect et son amitié. Beaucoup plus important à mes yeux.

Autre aspect non négligeable de faire affaires avec des proches:

Tous les agents, même ceux ayant une grande expérience, vous le diront: La pression n'est pas la même... même s'il y a indulgence...

On est souvent atteint du syndrome de trop en faire! On prend plus à cœur notre responsabilité envers eux. On n'a le droit à aucune erreur, car toute la famille et les amis seront sur votre dos! De plus mon expérience m'a démontré que leurs attentes envers nos services sont souvent démesurées par rapport au tarif réduit qu'ils croient de surplus avoir droit.

C'est seulement avec l'expérience qu'on se protégera contre cette pression et qu'on saura se faire respecter. L'idée est de bien conseiller avec droiture et objectivité vos proches et de bien dormir la nuit!

Les vraies erreurs du débutant à éviter

Voici quelques cas que nous rencontrons régulièrement dans le cadre de notre carrière:

Les chercheurs d'occasions

Lors de vos débuts, vous serez la nouvelle vedette de votre famille et amis. Tous voudront en effet faire affaires avec vous… **pour profiter des occasions, «des deals».** En effet, le mythe à l'effet que les agents voient passer fréquemment des occasions est très solide en immobilier.

Pourtant, une petite enquête interne à votre bureau vous confirmera ce que tout le monde sait. Les occasions, j'en fais profiter mes clients actuels, et ce, quand il y en a! C'est même souvent eux qui nous les trouvent. Un peu difficile de leur enlever! Ils les trouvent, car ils cherchent sérieusement par l'entremise de nos services et produits tel que le MLS®, ils y mettent le temps et l'énergie et ainsi connaissent le marché et sont en mesure de juger si c'est une bonne affaire Rapport/Qualité/Prix.

Et honnêtement, si l'aubaine est si intéressante, je vais l'acheter moi-même en faisant attention de bien informer le vendeur de mon intérêt et de ses droits.

Que faire avec ces chercheurs de super «aubaines du siècle»?

Vous perdrez beaucoup de temps précieux avec ces chercheurs d'occasions, car c'est très difficile de les contenter, aucune ne sera jamais assez bonne à leurs yeux, puisque c'est une denrée rare. Je vois souvent de très belles occasions passer et là, ils hésitent, essaient de négocier un peu plus et l'échappent!

Soyez poli et patient, mais obtenez de leur part un engagement plus sérieux avant de vous investir en temps et énergie.

À titre d'exemple, on peut juger de leur sérieux quand ils nous confient la mise en marché de leur propriété ou encore lorsqu'ils nous démontrent la pré-qualification écrite de leur potentiel financier. Combien d'argent comptant sont-ils prêts à investir pour leur achat total? Obtenir des détails précis de ce qu'ils recherchent. Un engagement qui démontre, par exemple, une disponibilité à analyser et à aller voir les inscriptions repérées pour eux. S'ils ne répondent pas à vos questions ou restent évasifs sur leurs intentions, passez aux clients suivants... Avec le temps, vous développerez l'instinct essentiel à repérer et faire confiance aux gens sérieux, qui vous feront confiance en retour.

Travailler comme une poule pas de tête...

Pas de pré-qualification écrite de votre client? Aucun effort de votre part.

Il ne faut pas oublier que vous n'êtes payés que lorsque vous vendez. Vous ne travaillez que si vous avez un engagement ferme et sérieux de votre prospect-acheteur à acheter dans les prochains jours et surtout la preuve de sa capacité d'achat et de sa motivation. C'est aussi une question de respect pour les vendeurs qui nous confient la vente de leur maison avec la garantie intrinsèque que nous, les professionnels, leur amènerons seulement des clients sérieux.

Pas de location, option d'achat, etc...

Votre métier premier est d'inscrire ou de vendre des propriétés. Vous êtes uniquement et décemment payés pour ça.

La plupart du temps, les clients qui recherchent ce genre d'arrangement tel que l'option d'achat ou la location supposément pour essayer la vie de future propriétaire, n'ont pas les moyens ou sinon possèdent un historique qui ne leur permet pas d'acheter dans l'immédiat. Sachez que souvent pour les mêmes raisons, ils ne peuvent pas passer l'examen de crédit des entreprises de location de maisons à appartements. Alors, ils se rabattent sur des petits propriétaires qu'ils croient plus naïfs et, malheureusement, ils vous feront perdre votre réputation.

Avant de travailler avec ceux-ci, pré qualifiez-les, pour connaître le sérieux et les raisons de leur intérêt à louer une propriété. À moins qu'exceptionnellement votre marché le demande de façon régulière et intensive comme dans les marchés de résidences secondaires où un service de location est incontournable et inclus dans le rôle de l'agent immobilier. Certains cas d'exceptions sont vraiment sérieux, alors accommodez-les, car ils pourront devenir un peu plus tard d'excellents clients pour vous. (PS. les inclure dans votre liste de clients potentiels.)

Faire du «Taxi»

Attention aux «Ouaireux»! Certains clients demandent d'aller voir des propriétés qui ne correspondent même pas aux besoins qu'ils avaient énoncés plus tôt. Ils veulent juste voir au cas où! Maintenez le contrôle des propriétés que vous soumettez et faites visiter seulement les propriétés qui correspondent à leurs besoins spécifiques que vous aurez déterminés par une bonne pré qualification!

Demandez qu'ils aillent voir en premier l'environnement extérieur et l'entourage du quartier en leur donnant l'adresse ciblée. À la suite d'une ou deux visites de propriétés, vous devriez avoir cerné le type de propriétés retenues et recherchées par vos clients et établi clairement leur priorité d'achat. Les propriétés suggérées devront correspondre à leurs caractéristiques et uniquement à celles-ci.

Dans le doute, demandez conseil à votre courtier, sur la sincérité de vos clients. Une deuxième opinion nous confirme souvent nos doutes.

Parfois et même souvent, il faut apprendre de vos erreurs!

Des erreurs vous en ferez et vous en retiendrez des anecdotes cocasses que vous raconterez toute votre vie. Cela fait partie du plaisir de travailler avec le public. Sachez que c'est la meilleure école pour devenir un excellent agent! Communément appelées les erreurs du débutant! Mais quand c'est le cas, et dès que vous le constatez, admettez vos fautes et corrigez-les rapidement. Une petite erreur peut paraître à vos yeux, anodine… mais dramatique pour les parties impliquées. Des agents se font régulièrement réprimander par nos instances disciplinaires, car ils n'ont pas réalisé l'ampleur que prendrait une petite erreur!

Chaque année, il y a plein d'erreurs qui auraient pu être évitées avec un peu plus de rigueur.

Je pratique!

Je conçois, pour m'exercer, un dossier complet d'une inscription tout comme si j'inscrivais réellement sur le réseau MLS/SIA®.

C'est avantageux de pratiquer tout seul: ainsi, vous ne sentirez aucunement la pression du débutant avec le stress du client devant vous! Aucun athlète, aucun artiste, ne se présente devant un auditoire sans avoir pratiqué de longues heures afin de peaufiner sa présentation. Pourquoi feriez-vous autrement? Par la suite, votre premier dossier d'inscription sera réalisé à la perfection, sans perte de temps et du premier coup, avec plus d'aisance devant ce premier client qui n'y verra que du feu et sera fier de vous avoir choisi!

Voici un petit devoir:

☐ Je choisis la propriété d'un parent ou ami du secteur que je peux visiter facilement (peut-être une nouvelle inscription pour le futur!)

☐ Je visite la propriété, je prends les mesures, je me familiarise avec les titres et documents du vendeur, soit les taxes et factures diverses.

☐ Je fais une Étude de la Valeur Marchande (EVM) ou de l'Analyse Comparative du Marché (ACM) à l'aide du système MLS/SIA® en utilisant le formulaire approprié.[26]

☐ Je prépare et informe mon vendeur fictif à un budget de vente avec le formulaire Réaliste/Optimiste.[27]

☐ Je prépare le contrat de courtage au complet ainsi que tous les autres formulaires requis par mon courtier.

☐ Je remplis et inscris la propriété MLS à la saisie à la source dans le site de la chambre (sans la transférer) ou avec le formulaire requis.

☐ Cela me permet de m'exercer à retrouver les informations requises même si on ne voit pas le résultat final.

[26]+[27]Voir «Les outils *IMMO-SUCCÈS*».

☐ Je prépare deux publicités.

☐ Je prends une offre sur cette propriété avec le nom de mon courtier ou parrain comme acheteur et je lui soumets pour signature! Je saurai ainsi très vite si je commets des erreurs ou si j'oublie un petit quelque chose!

Un agent ayant un parrain ou un courtier pratiquant l'immobilier pourra accélérer l'apprentissage de cette démarche en assistant à une présentation d'inscription et en aidant son parrain à «monter» le dossier pour la mise en marché qui suivra. Mais rien ne remplacera une bonne pratique!

Conseils de mise en pratique!

Comment monter un dossier d'achat pour l'acheteur

On espère ne rien oublier la première fois que l'on se présente chez un client.

Ici, dans le but de vous donner une méthode ou une procédure de travail, je vous suggère une façon de monter votre premier dossier complet pour un acheteur potentiel. Les formulaires requis et énumérés sont disponibles dans «Les outils *IMMO-SUCCÈS*»[28] dédiée à ce sujet.

Dans une chemise de format légal de couleur distincte pour vos dossiers «Acheteur» (pour une équipe par exemple: bleu/Charles André et bourgogne/Sylvia) et bien identifiée au nom de vos acheteurs vous y déposerez: (certains de ces formulaires y seront déposés en prévision de leur utilité).

---

[28]Voir «Les outils *IMMO-SUCCÈS*».

1.   Formulaire des détails sur les informations et besoins des acheteurs.

2.   Formulaire «Budget d'achat d'une propriété» démontrant les dépenses afférentes à l'achat d'une propriété.

3.   Brochures explicatives, par exemple: «L'inspection d'une propriété» (L'obtenir de votre inspecteur ou de votre association).

4.   Chemise de présentation au client (format légal) avec le logo du courtier et votre carte d'affaires dûment attachée. Vous y déposez vos formulaires de promesse d'achat obligatoires et remettrez ainsi une copie impeccable de ceux-ci à vos clients.

5.   Promesse d'achat et annexes A, B et G.

6.   Formulaire de renonciation à une inspection.

J'ai toujours en réserve ces dossiers prêts à emporter. Pour chaque nouvel acheteur, j'ouvre un dossier, inscrit son nom et garde consignées par écrit toutes les propriétés visitées, copies des fiches descriptives et messages reçus de part et d'autres. Je suis en mesure de suivre le cheminement de mon acheteur et retrouver facilement les documents le concernant, mais surtout je suis prête à prendre cette promesse d'achat avec tous les documents requis!

Comment monter un dossier d'inscription pour un vendeur potentiel.

Encore une fois, on désire ne rien oublier la première fois que l'on se présente chez un client vendeur. Ici, dans le but de vous donner une méthode ou procédure de travail, je vous suggère une façon de monter un dossier complet à leur intention. Vous retrouverez les formulaires requis et énumérés dans «*Les outils* **IMMO-SUCCÈS**»[29] dédié à ce sujet. Dans un dossier, soit une chemise

[29]Voir «*Les outils* **IMMO-SUCCÈS**»

format légal de couleur distincte que vous choisirez pour vos inscriptions identifiées à l'adresse de la propriété, vous y déposerez:

1. Chemise de présentation au client de format légal (Aux
   couleurs ou logo du courtier) avec votre carte d'affaires
   attachée. C'est dans cette chemise que vous remettez le
   double du contrat de courtage.

2. Contrat de courtage: insérez celui-ci dans la chemise en
   ayant pris soin de compléter la partie du courtier et les
   informations connues avant votre départ, dans le seul but
   d'accélérer la présentation.

3. Formulaire «divulgation par le propriétaire» (DV).

4. Vous inclurez également les objets promotionnels tels que
   les calendriers et brochures vous concernant, les brochures explicatives des services que vous rendez personnelle
   ment, ainsi que celles publicisant les services offerts par
   l'entremise de votre courtier. Ces brochures pourront
   être remises à votre client avant votre départ, lorsqu'il aura
   un peu plus de réflexion à faire avant de vous confier le
   contrat!

5. Formulaire «bilan vendeur» qui décrit et permet de calculer les dépenses afférentes à la vente d'une propriété avec
   la liste des documents d'information tels que les titres et
   comptes divers à remettre au courtier. Cela devient la
   preuve que j'ai reçu ces documents en même temps. (J'en
   fais toujours un double avec du papier carbone).

6. Formulaire «Description des pièces et prise de mesures»
   de la propriété.

7. Formulaire de recommandations au vendeur lors des visites.

8. Formulaire d'autorisation pour présentation privée d'une
   offre sur la propriété du vendeur (si nécessaire) seulement
   et à la demande du vendeur (avec un double et carbone).

Voila! Ces formulaires sont de plus des aides mémoires formidables des étapes à suivre et surtout des détails à ne pas oublier dans l'excitation du moment! Vous avez votre tout premier RDV d'inscription? Bravo, vous avez déjà dans votre valise tout ce qu'il vous faut. Il ne reste plus qu'à faire votre devoir d'estimation de la valeur marchande avant de vous présenter chez votre futur client.

Petite note concernant l'utilisation de feuilles de papiers carbone dans mes formulaires:

Je prends toujours le temps de me faire un double de tout, soit avec l'aide du papier carbone, soit avec une photocopie si l'appareil m'est accessible. But? Ce sont mes preuves de leur en avoir parlé que je laisserai ainsi à mon dossier. Je mentionne d'ailleurs à mes clients que je garde tout pour mes notes personnelles et je peux toujours y référer si nécessaire ou si jamais ils perdent quoi que ce soit. Par exemple, cela devient aussi ma preuve d'avoir parlé des autres frais possibles dans la feuille budget qui les concerne. De plus, c'est un aide-mémoire pratique des faits et démarches entreprises lorsque je travaille avec plusieurs clients à la fois.

Comment faire une analyse comparative du marché (ACM)

Attention! C'est une estimation![30]

Je sais qu'on vous donne une méthode et un aperçu pour faire une estimation dans votre formation, mais je prends la peine de vous énumérer quelques points et trucs à retenir du côté pratique!

---

[30]Seuls les évaluateurs de profession qui possèdent leur titre sont en droit d'évaluer une propriété.

Avoir sous la main:

1. Nom, adresse complète, numéros de téléphone des propriétaires.

2. Anciennes fiches descriptives (vendus, expirés) de la propriété à analyser. (Si elle existe, faire recherche)

3. Recherche sur sites spécialisés (JLR, Tealapoint/Moore, Registre foncier du Québec) des titres et transactions récentes de ladite propriété.

4. Photos numériques de la propriété.

5. Si disponibles, les comptes de taxes scolaires et municipales accessibles sur Internet.

6. Une carte géographique récente et une description du secteur.

7. Fiches descriptives des propriétés vendues comparables les plus récentes dans le secteur rapproché (derniers six mois ou plus, si nécessaire).
On y retire:
   - Nombre de ventes
   - Prix moyen
   - Comparabilité avec le sujet

8. Fiches descriptives des propriétés à vendre comparables (pour une idée de la concurrence directe à cette propriété, mais n'oublions pas que cela n'aura aucune valeur d'estimation parce que ce sont les vendus qui déterminent le marché réel).

9. Toute autre propriété dans un environnement rapproché, car le vendeur a fait lui aussi sa petite étude, mais avec moins de critères précis que nous et on devra probablement lui justifier nos choix de comparables et l'informer du marché en général et lui expliquer pourquoi celle qu'il connaît n'est pas retenue dans notre étude. (Exemple: le cottage du coin de la rue n'est pas comparable avec son bungalow.)

Note importante: Ne jamais laisser de copies des informations concernant les fiches descriptives aux clients que vous sollicitez. Retenez que vous faites **des estimations gratuites**. Les évaluateurs eux se font payer pour ce travail et c'est normal qu'ils donnent en retour un rapport écrit. Vous avez, grâce aux cotisations et abonnements que vous payez, de **l'information privilégiée** exclusive qui est réservée aux agents immobiliers. Soyez conscient que c'est pour cette information que le vendeur est prêt à payer votre rétribution! Il paie pour votre savoir, vos compétences et votre exclusivité à connaître de telles informations. Si vous lui laissez ces sources d'information, faites-lui donc cadeau d'une pancarte «À vendre par le propriétaire» tant qu'à y être! Vous serez certain qu'il s'en servira!

Quoi faire?

Vous leur montrez et leur faites un résumé mais vous ramassez le tout avant de partir. (Surtout si... ils signent votre contrat). Poliment, vous leur expliquez que si nécessaire, vous gardez le tout à votre dossier pour consultation future. Ils seront toujours disponibles pour eux en votre présence et avec vos explications!

Que faire lors d'une toute première inscription?

Voilà, c'est pour de vrai, vous obtenez votre premier rendez-vous! Vous avez pratiqué, maintenant vous devez le faire pour vrai!

Voici un aide-mémoire pour ne rien oublier des nombreuses étapes à cette première aventure!
Je vous recommande d'avoir cette liste écrite sous la main. Cela est beaucoup plus professionnel que de quitter trois fois pour aller chercher ce que vous auriez oublié.

Présentez-vous à la porte de façon professionnelle et à l'heure. Dès le début et avant que le propriétaire vendeur vous fasse visiter la propriété, allez déposer votre serviette ou dossier de présentation sur la table de la salle à dîner. Vous donnerez le signe et le ton de cette entrevue et vous démontrerez ainsi que c'est l'endroit après la visite où vous ferez la présentation. Faites rapidement le tour de la propriété en posant des questions comme un acheteur le ferait. Verbalisez tout haut les atouts de la propriété. Soyez sincère sur vos remarques et évitez les superlatifs dans le but de charmer votre interlocuteur, il n'en sera pas dupe!

En revenant à la table de la salle à dîner, laissez le vendeur vous inviter à prendre place et prenez bien garde d'éviter de prendre « sa place » en lui demandant sérieusement. Nous savons tous qu'un prospect vendeur qui n'est pas assis dans sa chaise habituelle sera plus inconfortable à prendre une décision et perdra aussi son intérêt envers vous rapidement car il sera distrait et dérangé par le nouvel environnement qui s'offre à lui.

Utiliser la technique du **«RRR»**:

Répéter

Rassurer

Résumer

Avec l'aide de votre cartable de présentation:

☑ Rapidement, présentez-vous et votre compagnie et les services que vous offrez.

☑ Après l'avoir préparé à votre bureau, revoyez **avec votre client**, sur place, **l'Analyse Comparative du Marché** (ACM)[31]

---

[31]Voir chapitre dans le Tome II «Les **questions** ☞ parlent pour moi!» et «Les outils **IMMO-#SUCCÈS**».

En impliquant les clients vendeurs dans la démarche, ils prendront ainsi eux-mêmes la décision d'inscrire au prix réaliste qui s'impose et ne pourront ultérieurement mettre sur votre dos le fait d'avoir inscrit leur propriété à un prix trop haut ou trop bas.

- ☑ Expliquez et lisez le contrat de courtage en entier au propriétaire vendeur. Très important d'être capable et en mesure de vulgariser en terme clair et concis le contenu de celui-ci.

- ☑ Demandez de signer le contrat. (première tentative)

- ☑ Répondez aux objections et arguments du vendeur avec patience et politesse.

- ☑ Demandez les titres, comptes de taxes et factures et preuves des dépenses de rénovations importantes pour lesquelles vous avez l'intention d'inscrire des commentaires à ce sujet au contrat de courtage et ultérieurement dans votre fiche descriptive.

(N'oubliez pas que l'information que vous énoncez ne peut l'être que si et seulement si vous détenez dans votre dossier une preuve à l'appui. Il s'agit de votre obligation de vérification.)

- ☑ Vérifiez sur place les titres, certificat de localisation, cadastres, lots, servitudes et droits de passages. Posez les questions pertinentes à leurs sujets.

- ☑ Examinez les liens grevant la propriété comme l'hypothèque, ou garantie hypothécaire comme marge de crédit sur hypothèque. Voir site «Consultation du registre foncier» avant de vous présenter.

- ☑ Analysez les contrats, durée et coûts mensuels des appareils en location, telles bonbonnes au gaz propane ou fournaise ou thermopompe ou piscine, système d'alarme pas encore entièrement payés. Est-ce transférable? Sinon, est-ce qu'il aura une pénalité au remboursement avant terme?

☑ Demandez de signer le contrat. (si ce n'est pas encore fait!) (Deuxième tentative)

☑ Répondez aux arguments du vendeur avec patience et politesse...

☑ En matière d'unités de copropriété divise (condominium), révisez les assurances des copropriétaires, les frais de condominium et le fonds de réserve. Obtenez les budgets, preuves d'assurances et procès-verbaux des 2 à 3 dernières années.

☑ Confirmez dûment la liste d'inclus et des exclus et inscrivez le tout au contrat de courtage.

☑ Demandez de signer le contrat. (si ce n'est pas encore fait!) (Troisième tentative)

☑ Répondez aux arguments du vendeur avec patience et politesse...

☑ Obtenez la divulgation du vendeur (DV), si nécessaire en relation à un vice affectant la propriété ainsi que la valeur de la réparation à venir, si connue.

☑ Révisez les mesures et descriptions des pièces en plus de prendre de très bonnes photos de chacune de celles-ci. (À refaire comme démarche même si on a déjà l'inscription expirée d'un de nos confrères entre les mains, on ne voudrait pas payer pour ses erreurs!)

☑ Informez le propriétaire sur les points suivants: Engagements de publicités et services offerts. (Ne mentez pas! Il se souviendra de tout et exigera d'autant. Il sera déçu si vous ne respectez pas vos engagements et notre profession en souffrira).

☑ Demandez encore de signer le contrat. (Quatrième tentative)

☑ Répondez aux objections et arguments du vendeur avec patience et politesse...

☑ N'oubliez pas de faire signer et d'apposer vous-même votre signature au contrat en prenant soin de lui remettre un double dûment signé. Vous ne devez sous aucune considération remettre un original, considérant que tous les originaux doivent revenir à votre courtier.

☑ Déterminez les règles et protocoles d'heures de visites qui seront à suivre et en prendre note sur le contrat.

☑ Informez le propriétaire sur les procédures de demandes de visites par les autres courtiers.

☑ Demandez la clé et le code du système d'alarme et expliquez, si applicable, les règles du fonctionnement de la boîte à clés.

☑ Laissez quelques cartes d'affaires et posez votre enseigne!

Mes sincères félicitations!

Sans faute! Appelez le bureau pour prévenir la réceptionniste de cette nouvelle inscription et l'installation de votre enseigne. Lui donner aussi l'adresse de la propriété ainsi que les coordonnées des vendeurs afin que les premiers appels vous reviennent de facto!

Dès votre retour au bureau:

☑ Complétez les formulaires et la saisie à la source selon votre engagement.

☑ Photocopiez tous les documents du vendeur pour votre dossier.

☑ Commencez la mise en marché de cette propriété immédiatement.[32]

☑ Prévoyez cette inscription au tableau du courtier.

☑ Envoyez une lettre de remerciement au vendeur pour leur confiance en vous.

Bravo, si vous avez été honnête et ferme et vous avez convenu avec votre client d'un prix de vente reflétant la vraie valeur marchande de sa propriété, le pire est fait! Elle se vendra rapidement.

La mise en marché de votre toute première inscription![33]

◆ Composez à l'avance des textes de quelques bonnes annonces publicitaires pour cette propriété. Vous n'avez qu'une propriété à vendre? Empruntez, à votre parrain ou votre courtier, d'autres propriétés semblables où vous pourrez payer les frais de publicité dans les hebdomadaires locaux. Cet agent sera heureux de l'exposition supplémentaire que vous donnerez à ses propriétés. Mais, assurez-vous qu'il ait obtenu l'autorisation ou prévenu ses clients vendeurs de ce fait. (Il y a une clause au contrat de courtage prévue à ce sujet.)

J'ai moi-même fait mes débuts en immobilier résidentiel, ainsi! J'ai tranquillement ajouté mes propres inscriptions au fil du temps et j'ai souvent prêté de mes propriétés à vendre à des débutants qui me l'ont demandé subséquemment.

◆ De plus, annoncez, dès que possible, vos propriétés vendues, cela donnera une crédibilité à toute épreuve et sans aucun doute démontrera vos capacités de champion vendeur!

[32+33]Voir chapitre du Tome II sur «*La mise en marché à deux*»

- Ensuite, sortez la liste de téléphones des propriétés environnantes sur la rue de votre nouvelle inscription. Attaquez les appels avec l'aide de vos **questions** ⚷ [34] «Nouvellement inscrit» le plus vite possible. C'est souvent un voisin pas loin qui provoque la vente d'une propriété si ce n'est pas lui-même qui l'achète (WOW! deux (2) inscriptions!). De plus, on remarque souvent que si une propriété se vend sur la rue, 2 à 3 autres suivent au cours de la même année. Votre inscription fait réaliser aux voisins la valeur de leur propriété. Comme si cela donnait un avant-goût aux voisins de faire la même chose et de la même façon, avec vos services évidemment!

- Toujours selon les modalités et l'entente de votre contrat, informez votre ou vos propriétaires vendeurs après chacune des visites et/ou à chaque semaine des actions et comptes-rendus des visiteurs.

- Faites une réduction de prix après une ou deux semaines passées sans aucune visite et également après un mois sans aucune offre déposée. Vous aviez naturellement déjà informé et préparé vos vendeurs de cette procédure lors de la prise d'inscription. Voir exemple du prix optimiste et du prix réaliste.

À ne pas oublier quand on inscrit une propriété!

Selon les normes **IMMO-SUCCÈS**[MC], il y a trois types de prix:

1. Il y a un prix où il n'y a pas de visite et il doit donc être réduit de 10%

2. Beaucoup de visites et aucune offre, il doit être réduit de 5%

3. Quand le prix est juste: la maison sera vendue à court terme!

---

[34]Voir le chapitre «Les **questions** ⚷ parlent pour moi!» du Tome II.

Sachez: Il y a plus de temps perdu à gérer une mauvaise inscription qu'il y a de temps alloué à bien inscrire.

C'EST TOUJOURS LA MAISON QUI EN OFFRE LE PLUS... POUR LE MOINS... QUI RECEVRA L'OFFRE!

Jane Fairweather, Realtor, Coldwell Banker, Maryland, US.
(Avec plus de 20 ans d'expérience. Elle vend de 170 à 190 propriétés par année)

Il faut comprendre:

Une mauvaise inscription ne deviendra rarement ou jamais meilleure avec le temps... Le vendeur sera frustré et vous perdrez la face de ne pas avoir osé lui dire la vérité, car pourtant, c'est pour cela qu'il vous paye (même si elle n'est pas vendue!). Question de principe.

Trucs et astuces!

Vous débutez et vous craignez de manquer d'assurance?
Voici l'allure et l'attitude que vous recherchez devant votre client:

1. Soyez enthousiaste et honnête.
2. Gardez le sourire et parlez avec une attitude positive.
3. Démontrez votre dynamisme et votre volonté de réussir.
4. Gardez la tête haute et le regard direct dans les yeux de votre interlocuteur.
5. Soyez fier de vous et de la profession que vous exercez.
6. Osez, persuadez et concluez!

Je vous souhaite d'ouvrir toutes les bonnes portes du succès et n'oubliez pas que, vous êtes d'excellents agents immobiliers, ainsi que des êtres intègres et motivés. Ne laissez personne croire le contraire, surtout vous-même!

Bonne chance dans ce premier pas!

*A*ffirmations

Je sème par mes contacts.

J'entretiens par mes suivis, ma persévérance et
                              la qualité de mes services.

J'ai l'abondance et une grande satisfaction personnelle.

J'apprends de mes expériences.

J'ai beaucoup à apprendre, mais je suis motivé(e),
                              car je commence!

J'ai la chance du débutant!

$\mathscr{L}$E SECTEUR FERME, ON S'AIME!

On "sème" ou on "s'aime"?

«Consacrer systématiquement du temps de prospection à un secteur déterminé, c'est semer mon propre jardin plutôt que d'éparpiller ma semence aux quatre vents»   *Jean Guy Labrèche, formateur (1929-2004)*

«Qui partout sème ne récolte nulle part»   *Proverbe*

Le rêve...

À leur début, les agents vont souvent commencer dans la région ou le quartier où ils habitent. C'est normal, car ils y sont à l'aise et ils connaissent les rues, les habitants et, par le fait même les propriétés qui sont à vendre. C'est leur environnement. Ils ont l'impression d'avoir, au départ, une connaissance minime du marché, c'est déjà mieux que rien!

Voici les commentaires de nouveaux agents que nous entendons le plus fréquemment dans le milieu:

- «C'est rassurant, il y a tellement de facteurs inconnus lorsqu'on débute! Je vais avoir la maison de la voisine à vendre! Je vais prendre tout ce qui passe et qui me tombe sur la tête et si j'aime ça, je ferai plus de promotion quand j'aurai les moyens!»

- «Je n'ai pas les moyens, en débutant, d'annoncer dans les quotidiens à grande échelle alors je laisserai aux portes de mon quartier de jolies petites brochures que je confectionnerai moi-même»

- «Les appartements se vendent bien dans mon immeuble en copropriété. Si je vends plusieurs unités par année, il me sera possible d'effectuer les visites à pied, par l'ascenseur!»

- «Je connais tous mes voisins, je suis membre actif du syndicat des copropriétaires, lorsque quelqu'un décède, je suis le premier à le savoir!

- «Moi, je connais ça l'immeuble à revenus, j'en ai un! Donc, je serai capable d'en inscrire et d'en vendre, j'ai des contacts!»

- «J'ai eu des business, donc je connais beaucoup de monde! Ils m'aiment tous et vont vouloir m'aider, ils achèteront une propriété que par mon entremise j'en suis convaincu!»

La réalité est toute autre et bien différente!

Finalement, vous allez vous rendre compte que votre sœur de Beloeil veut vendre et acheter à Laval et vos amis de Terrebonne cherchent un triplex à... Montréal.

Il y a déjà une douzaine d'agents bien établis qui s'arrachent le secteur que vous visez, il restera peut-être 5 ou 6 propriétés à vendre pour vous cette année... est-ce assez pour vous faire vivre?

De plus, pour vos petites brochures faites maison...votre imprimante va rendre l'âme et il pleut et fait trop froid pour distribuer vos œuvres d'art!

Alors, **où** dois-je me lancer?

Quelle grandeur de territoire dois-je envisager?

Dois-je référer à un autre agent tout ce qui est hors de mon territoire?

La sectorisation, est-ce un incontournable en immobilier?

Je m'explique. Nous voulons être agents immobiliers et nous voulons solliciter, inscrire et vendre des types de propriétés dans un secteur quelconque. Par contre, on ne peut s'éparpiller partout au gré du vent et des demandes! Vrai, mais jusqu'à quel point?

Par ce fait, il est évident que nous devons, au début, nous consacrer à un secteur, à un quartier ou même à une spécialité, soit à un type d'immeuble, bien spécifique. Il faut donc prioritairement décider quelle sera notre branche, niche ou notre spécialité. Quel type de propriété je suis intéressé à vendre et y a-t-il un marché potentiellement encourageant pour moi.

Plusieurs choix s'offrent à nous:

Résidentiel, condominium, immeuble à revenu, commercial, industriel, construction neuve.

Ensuite, le type de secteur qui s'offre à nous: en ville, en banlieue, à la campagne, dans les secteurs touristiques et de vacances.

Comment s'assurer que c'est le bon choix? Étudier le potentiel réel à l'aide **d'une étude de marché**.

Faites votre «Étude de marché»

Un peu comme lorsque nous désirons démarrer une petite entreprise, il faut faire une enquête, une recherche des données du marché, sonder les besoins et la demande et vérifier ainsi si le secteur ou le marché offert est suffisamment rentable pour y survivre.

Pourtant, peu d'agents s'inquiètent de ce facteur important en immobilier ou s'attardent à l'analyse du secteur. On croit à la légende qui dit: «Il y a de la place pour tout le monde... je vais juste tasser les autres et je vais réussir!»

Cependant, une analyse sérieuse serait de mise avec l'aide d'outils tels que vos bases de données MLS et les statistiques de vente de votre secteur qui sont généralement accessibles par l'entremise de votre chambre immobilière locale et les excellentes données de la SCHL (**S**ociété **C**anadienne d'**H**ypothèques et de **L**ogement).

Voici quelques questions pertinentes à se poser.

- Combien de propriétés se vendent par année dans ce secteur?
- Dans quelle fourchette de prix se vendent-elles?
- Quelle est la catégorie d'immeuble la plus vendue?
- Quel est le prix moyen par catégorie?
- Quel est le nombre de joueurs, soit, courtiers et agents immobiliers présents et actifs dans ce secteur?
- Le marché est-il saturé?
- Y a-t-il un potentiel d'expansion de ce marché?
- Y a-t-il de la construction neuve?
- Quel est le délai entre l'inscription et la vente?
- Quel est le prix moyen de vente?
- Quelle est la rétribution moyenne de ce quartier?
- Y a-t-il un potentiel afin que je puisse me diversifier?
- Quelles sont mes connaissances réelles de ce type de propriété?
- Où puis-je en apprendre plus?
- Y a-t-il place pour de la croissance?
- Est-ce que j'aimerais me consacrer à ce secteur à long terme?

Tout cela demande réflexion et c'est le but de mon chapitre. Je ne vais pas imposer une décision mais vous donner quelques réflexions pour orienter positivement votre propre choix.

Mais la venue d'Internet ainsi que les moyens technologiques accessibles font évoluer les mentalités à ce sujet, ce qui facilite parfois l'éparpillement de nos énergies.

Quoi faire pour un développement maximal d'un secteur ferme

L'idée est de prospecter et d'arriver à connaître tous les propriétaires d'un secteur donné. Il vous faut un territoire d'au moins 500 propriétés. Pourquoi? Les statistiques démontraient dans le temps qu'un propriétaire vendeur changeait, en moyenne, de propriété à tous les 5 ans. D'après ces statistiques, 100 propriétés se vendent par année dans votre secteur ciblé. Si vous détenez la moitié du marché, vous pourrez inscrire 50 propriétés, soit une par semaine. Je vous en souhaite autant! Faut bien rêver?

D'après Jean-Guy Labrèche, formateur (malheureusement décédé en 2004), les débutants récolteraient des bénéfices certains en travaillant dans leur secteur tels que:

- Économie de temps et de déplacement.
- Concentration des efforts.
- Économie d'essence.
- Apprentissage et développement graduel des habiletés.
- Apprentissage et développement graduel des techniques de vente.
- Effet multiplicateur de la publicité «bouche à oreille» parmi les propriétaires de ce secteur d'activité.
- La concentration de la mise en marché et de la visibilité ainsi récoltée.

Grâce à ces bénéfices, un agent débutant devient reconnu dans son champ d'activité comme étant relié à ce secteur et comme étant le meilleur conseiller en matière immobilière dans son environnement et en retire ainsi un revenu élevé.

Monsieur Labrèche croyait à ce moment-là que cet agent s'éparpillerait moins et pourrait obtenir plus rapidement une crédibilité dans un secteur donné.

À l'ère de l'Internet, de la mondialisation des marchés et des technologies plus rapides que l'éclair, je me demande si c'est encore pertinent. Je crois que oui, mais avec une plus grande souplesse et une ouverture d'horizon. Par exemple, votre secteur ferme pourrait se résumer à votre sphère d'influence et les contacts qu'elle rapportera. Ou, pour un agent établi, à la liste seulement de ses anciens clients. Plusieurs le font et réussissent bien.

Disons que c'est encore un sujet à réflexion…!

Lorsqu'on me demande où est mon secteur, je réponds toujours qu'il est où **mes clients** veulent acheter ou vendre!

Avec Internet et les outils de travail que nous avons à notre disposition, je peux vendre n'importe quel immeuble, sans égard à sa localisation. Surtout à mes très bons clients, n'importe où!

Éléments essentiels à une réussite et conseils à retenir:

☐ L'élément «Répétition» demande du temps et de l'énergie avant de se faire reconnaître. Il faut donc, être patient. Très patient. On parle en termes d'années. La crédibilité dans un secteur donné se gagne avec l'expérience que seuls le temps et les efforts prouveront.

- ☐ L'élément «Implication» demande à être partout! Dans les chambres de commerce locales, les clubs sociaux, les associations sportives, les réseaux et les organismes caritatifs. Par votre présence active et une implication honnête à la cause choisie, malgré tout, on doit savoir que vous êtes «l'agent immobilier» dans ce secteur donné.

- ☐ L'élément «Coût»: il y a un prix raisonnable à payer pour se vendre et se faire connaître. On a beau «semer» et «s'aimer» à tout prix, il faut tout de même le faire de façon rentable. Évaluer l'implication des dépenses encourues et le retour réel.

Plusieurs agents croient également que faire de l'immeuble, c'est bombarder un secteur ferme de babioles publicitaires toutes les semaines ou tous les mois. Ce message est renforcé par les médias publicitaires et imprimeurs, qui y trouvent leur intérêt. C'est payant pour eux, tout y passe! Affiches publicitaires, cartes magnétiques pour le réfrigérateur, calendriers, livres de recettes, citrouilles à l'Halloween… Sans oublier la visibilité des panneaux publicitaires sur les autobus, les autoroutes et les bancs de parc! Les moyens les plus grandioses et imaginatifs (farfelus?) pour attirer l'attention!

Certains pensent que plus on est «un agent d'envergure» plus on doit en mettre plein la vue, comme si c'était une preuve qu'on réussit mieux que les autres. Sachez qu'il n'y a pas de corrélation entre le niveau du service à la clientèle et l'ampleur de la publicité égocentrique d'un agent immobilier.

Voici deux vérités révélées par des sondages commandés par CAA Québec et une firme de courtage bien connue au Canada: (voir l'encadré à la page suivante)

«Le temps où l'on évaluait l'agent immobilier en tenant compte du volume d'annonces qu'il plaçait dans les journaux, tire à sa fin. Dans Internet, les plus petits peuvent égaler les plus grands. Pour à peine 2 000 $, on peut avoir une page Internet qui n'est pas interactive, mais qui est très bien faite et qui vous fait connaître»

© Les défis du XXIe siècle Technologie, formation et synergie, M. Marc-André Nadon, CAA Habitation division du CAA Québec.

Les résultats du sondage révèlent que plus de sept Canadiens sur 10 (76%) sont attachés émotionnellement à leur maison. Et, quelles qu'en soit la taille ou la forme, 80% des Canadiens affirment que, grâce à leur maison, ils se sentent maîtres chez eux; 99% déclarent qu'ils y sont confortables et en sécurité; 95% qu'ils aiment y recevoir leur famille. Plus de la moitié des Canadiens (55%) estiment que leur maison est encore plus importante à leurs yeux suite aux récents événements qui se sont produits aux États-Unis et ailleurs. «Les résultats du sondage témoignent de l'importance, que les Canadiens accordent à leur vie familiale, et que leur chez-soi est un sanctuaire où se fabriquent des souvenirs d'un prix inestimable. La valeur d'une maison ne se mesure pas seulement en terme d'argent», de commenter Sherry Chris. P.D.G. *Royal LePage*, Canada.

Quand il s'agit de trouver la maison de ses rêves où se tissent les souvenirs d'une vie entière, les acheteurs et les vendeurs de maisons ne laissent rien au hasard. **À la question: «Comment vous y prendriez-vous pour chercher une maison?», les trois premières réponses sont: le recours à un agent immobilier (49%), à Internet (46%) et aux journaux (32%).**

© Le sondage national Royal LePage sur les attitudes face à l'immobilier résidentiel a été mené par Ispsos-Reid. Entre le 30 janvier et le 4 février 2002, 1 001 Canadiens ont été interrogés. La marge d'erreur maximale se situe à +/-3,1 pour cent, 19 fois sur 20.

Il est très intéressant, de constater, que nous sommes malgré tout encore à la première place (49%) dans le choix des consommateurs, mais notre concurrence a évolué suite à la venue d'Internet, qui nous suit de très près (46%). Les consommateurs peuvent, dans leur intimité, discrètement faire leurs recherches de la propriété idéale grâce à cet outil performant. Cette source d'information intarissable a même détrôné les journaux et hebdomadaires qui étaient auparavant notre première concurrence par l'entremise des petites annonces mises par des AVPP. C'est un marché lucratif qui leur échappe et on peut présumer qu'ils tenteront par tous les moyens de se réapproprier ce créneau. On voit déjà les grands propriétaires de médias acquérir des sites très connus de petites annonces classées publiées sur Internet et de tenter de s'immiscer, par le biais d'agents un peu crédules, dans nos bases de données MLS.

La vérité qui représente notre prochaine réalité et les défis de la concurrence publicitaire

Un fait ressort tout le temps, c'est une propriété que le consommateur recherche avant tout, pas un agent! On croirait que cet agent vient par défaut avec la propriété?

Ici, je me pose comme question: sommes-nous à l'écoute des besoins des consommateurs?
Si on demandait à votre association ou chambre immobilière de faire un sondage sur les choix qui s'offrent à un propriétaire songeant vendre sa maison, voici des questions intéressantes à ce sujet:

Si vous vendez votre propriété...

1. Comment allez-vous vous y prendre?
2. Allez-vous essayer de vendre seul? Pour combien de temps?

3. À qui allez-vous confier la vente de votre propriété?
4. Connaissez-vous, dans votre environnement, un courtier ou un agent immobilier?
5. Sinon, où le trouveriez-vous?
   a) Références?
   b) Petites annonces?
   c) Publicités postales?
   d) Nom d'un agent sur les pancartes à vendre de votre quartier?
   e) Nom d'un agent sur les pancartes vendues dans votre secteur?
   f) Reprendriez-vous l'agent qui vous a vendu cette propriété dans le passé? Avez-vous encore de ses nouvelles?

J'ai fait des recherches et je n'ai trouvé aucun sondage sérieux qui pourrait nous éclairer sur ces questions ou qui nous éclairerait sur les habitudes et les tendances des consommateurs à ce sujet. À se demander: peut-être que notre industrie n'a pas intérêt à connaître vraiment les réponses?

Je peux affirmer que tous ceux qui font de la sollicitation téléphonique, comme moi, connaissent les réponses des vendeurs à ces questions! Car nous les entendons beaucoup et ce à tous les jours!

Voici, selon moi et en moyenne, les réponses que les propriétaires nous fournissent lorsqu'on leur pose des questions avec l'utilisation des **questions** ☞ [35] que je vous recommande dans le chapitre: «*Les* **questions** ☞ *parlent pour moi!*» du Tome II. (Répondu dans le même ordre)

---

[35]Voir le chapitre «*Les* **questions** ☞ *parlent pour moi!*» dans «*Agent Immobilier : de la réalité aux rêves!*», Tome II.

Si vous vendez votre propriété,

1. Comment vous y prendrez-vous?

Je poserai une pancarte à vendre et l'annoncerai à toute ma famille et amis tout en passant par l'entremise des petites annonces des médias locaux et Internet. (100% d'entre eux).

2. Essayerez-vous de vendre seul? Pour combien de temps?

Je suis capable, tout seul! (90%). Au moins un mois ou deux.

3. À qui confieriez-vous la vente de votre propriété?

À un agent, en dernier ressort, si je suis vraiment mal pris ou si je suis incapable de vendre seul après quelques semaines d'essai! (95%)

4. Connaissez-vous, dans votre environnement, un courtier ou un agent immobilie?

Oui, probablement Il y en a partout!

5. Sinon, où le trouveriez-vous?

a) **Références?** J'ai un agent dans la famille ou parmi mes amis et il me ferait sûrement un rabais sur la commission! (80%)

b) **Petites annonces?** Il y en a plein d'agents fatigants qui m'ont appelé depuis que j'ai mis mon annonce! (20%)

c) **Publicités postales?** Il y en a un qui met régulièrement de la publicité dans ma boîte aux lettres. J'ai mis sa dernière dans la poubelle, comment il s'appelle donc? (20%)

d) **Nom d'un agent sur les pancartes à vendre de votre quartier?** Oui c'est vrai, il y a un agent qui inscrit toutes les maisons à vendre dans notre coin. Par contre, je ne pensais pas l'appeler, car il ne les vend pas. (20%)

e) **Nom d'un agent sur les pancartes vendues dans votre secteur?** J'en connais un, mais il vend les maisons dans le coin... mais pas chères. Moi, je veux plus que ça pour la mienne! (30%)

Ou encore, ils répondent ainsi à ces questions:

a) Ils vont choisir dans les journaux les agents qui ont des propriétés à vendre dans leur secteur (20%).

b) Ils choisiront parmi ce qu'ils reçoivent en publicité dans leur boîte aux lettres (10%).

c) Ils vont demander une référence à une connaissance (10%).

d) Ils vont utiliser leur ancien agent (10%).

e) L'ignorent ou aucune de ses réponses (10%)!

f) **Reprendriez-vous l'agent qui vous a vendu cette propriété dans le passé? Avez-vous encore de ses nouvelles?** Je reçois un calendrier de mon ancien agent chaque année, mais j'ai oublié de l'appeler! J'espère qu'il ne m'en voudra pas trop. De toute façon, elle est MLS, alors il va pouvoir la présenter à ses clients et me la vendre quand même, n'est-ce pas?

Avez-vous déjà entendu vous-même, une de ces réponses?

C'est pathétique... et désolant de remarquer à quel point les agents dépensent en publicité pour si peu de résultats, même pour fidéliser leurs clients. Les vendeurs ne se souviennent pratiquement jamais d'eux.

Lorsque j'envoie, à chaque année, plus de 500 calendriers avec des vœux de Noël à tous mes anciens clients et connaissances et je ne fais pas de suivi, je récolte un à trois clients uniquement sur cette envoi. Mais si je fais un suivi téléphonique suite à mon envoi, si ce n'est que pour confirmer qu'ils l'ont bien reçu, je récolte de huit à dix nouvelles transactions! Je me demande si on appelait nos clients quatre fois par année? Serait-ce différent? Je crois sincèrement que oui, et les bons agents le savent! Car ils le font.

Lorsqu'un vendeur inscrit finalement sa propriété avec un courtier, on peut se demander: si quelqu'un l'avait sollicité au bon moment, est-ce que sa décision aurait été différente? En effet, l'apparence du hasard peut être évidente, et parfois même, décourageante. En les relançant quatre fois par année, je rappelle à mes clients que je suis leur agent préféré et ils l'apprécient puisqu'ils me reprennent comme agent et cela plus d'une fois dans leur vie immobilière!

Trucs et astuces

Avoir en main pour développer un secteur privilégié de prospection:

- Une carte géographique.

- Une liste des rues et d'adresses des propriétaires du secteur.

- Nom et numéros de téléphone des résidents propriétaires. Voir les livres spécialisés à ce sujet (Coles) ou site Internet. (411 et Reverse Look-up)

- L'aide mémoire des **questions** ☞ [36] (voir Tome II) et une bonne paire de chaussures.

- Vos cartes d'affaires.

- Une volonté et une discipline d'enfer!

[36]Voir le chapitre «Les **questions** ☞ parlent pour moi!» du Tome II

Conclusion

Concentrez vos efforts, mais choisissez la bonne terre sous le soleil!

Semez juste assez de semences, mais pas trop! Ne les arrosez pas trop, vous allez les noyer! Ne les engraissez pas outrageusement! Fertilisez-les!

Ne mettez pas tous vos œufs dans le même panier et sachez doser et choisir avec équilibre votre méthode de prospection.
Vous «semer» ou «s'aimer»? Alors: Bonne cueillette!

Affirmations

Mon secteur ferme est une bonne base de revenus pour moi!

J'aime circuler dans mon secteur et voir mes proprié-tés vendues!

*J'aime solliciter directement,
car j'ai directement un résultat!*

J'aime reparler à mes anciens clients, ils me réfèrent toujours comme un excellent agent!

J'aime prospecter, c'est pour cela que j'en fais à tous les jours!

$\mathcal{M}$A RÉTRIBUTION, JE LA MÉRITE!

Savoir gérer ma rétribution et mes revenus tout en gardant un aspect professionnel

Un agent immobilier jouit du statut de travailleur autonome. Il est donc une petite entreprise à lui seul et doit savoir gérer sa P.M.E. avec des règles précises de déontologie et se conformer à la Loi sur la concurrence du Canada. Cela dit, combien et quel taux doit-il exiger?

Mise en garde

Pour vous permettre d'économiser du temps, je vous préviens immédiatement que je ne vais pas m'aventurer à déterminer un taux ou même en recommander un! Mon but sera plutôt de vous encourager à penser comme les gens d'affaires. Je vous emmène vers une réflexion d'entrepreneur: comment faire de l'argent en donnant les meilleurs services à mes clients. Après la lecture de ce chapitre, vous saurez quel taux exiger, car vous connaîtrez la valeur de vos services. N'est-ce pas le but ultime de chacun de rentabiliser son entreprise de services?

La définition au sujet de la profession et de sa rétribution dans l'entreprise de courtage immobilier est: Une profession qui est celle d'aider à vendre ou acheter ou louer des propriétés pour <u>des clients qui ont besoin de nos services</u> avec <u>l'attente de recevoir compensation en retour afin d'être payé pour les services rendus.</u>

Ces services sont en général payables aux résultats, selon un pourcentage du prix de vente final selon l'entente écrite entres les parties, soit entre le vendeur et l'agent qu'il a engagé pour la mise en marché de sa propriété.

Vous aller découvrir rapidement que vendre des propriétés est un métier intensément compétitif. Les consommateurs ont de plus en plus d'informations et d'outils à leur disposition. De ce fait, ils sont aussi plus exigeants en rapport avec la qualité des services rendus. Il y a aussi plus d'agents, de courtiers, avec plus de types et de modèles de services à choisir selon leurs besoins.

Un peu d'histoire sur notre forme de rétribution au Québec

Depuis toujours, les vendeurs de tout acabit sont payés à commission. Notre profession a suivi et respecté cette tradition qui nous impose une obligation de résultat. Autrement dit, on est rétribué si on atteint l'objectif du contrat entendu entre les parties. Rétribution gagnée si résultat accompli. Un pourcentage du montant total du prix de vente est déterminé et versé si une vente a lieu grâce à notre savoir-faire. Au tout début, il fut fixé à 10%, ce qu'on voit encore dans la vente de terrains et certaines activités commerciales. Depuis, la meilleure tactique consistait à suivre la concurrence pour déterminer le pourcentage de commission sur le prix de vente à demander. Il y a plus de 20 ans, lorsque les grosses compagnies immobilières, comme les Trusts, Fiducies et les grosses firmes de courtage prenaient 50% de votre rétribution, c'était eux qui fixaient le taux que vous deviez exiger en leur nom, et le partage était réalisé par la suite avec vous. Mais en général, les agents payaient moins que la moitié des frais de vente qu'ils assument aujourd'hui, car les courtiers payaient aussi les dépenses ! Les consommateurs eux s'y pliaient. En fait, qui aurait osé défier la décision de si grosses compagnies souvent attachées à des banques canadiennes et compagnies financières qui géraient aussi leur argent à gros frais?

Les temps ont changé. Dans la plupart des cas, le taux de rétribution exigé revient dorénavant aux agents. Les dépenses qu'ils investiront aussi. C'est donc à nous de nous faire respecter pour nos services rendus. Ce n'est pas si évident si on n'est pas convaincu et en confiance face à nos services offerts.

Aucun entraînement, technique ou argument aux objections reçues n'est enseigné sur le sujet pendant la formation aux nouveaux agents et c'est pourtant le nerf de la guerre! Car la réalité est implacable, le propriétaire vendeur ne veut pas payer la commission. Cette réalité est aussi forte, sinon plus, au Québec qu'ailleurs au Canada et aux États-Unis.

Alors, quelle serait la meilleure tactique pour obtenir le taux le plus avantageux, puisque nous payons toutes nos dépenses et que nous gardons de nos jours et dans la plupart des cas plus du 75% de la rétribution?

Avec un marché économique heureux et à la hausse ainsi qu'avec la concurrence féroce que cela implique, il devient plus problématique d'établir un taux de rétribution. De plus, les courtiers à escompte changent les mentalités et les croyances du public qui sont de plus en plus des «consommateurs avertis» qui en veulent plus pour leur argent! Nous remarquons aussi qu'ils veulent en plus s'impliquer de plus en plus dans la transaction les concernant et veulent, avec les moyens mis à leurs dispositions, en faire de plus en plus eux-mêmes pour sauver de l'argent.

Pour que nos clients et le public en général nous respectent, on doit commencer par se respecter soi-même.

Tout d'abord, il est regrettable que des agents inexpérimentés ou sans vergogne réduisent de beaucoup leurs commissions pour obtenir des contrats de courtage!
Sont-ils peureux ou «mauviettes» de justifier leur salaire devant des propriétaires? Est-ce la peur de tout perdre, si bien qu'il vaut mieux prendre la moitié.
Certains diront: «on n'a pas le choix...un autre lui a offert de le faire, pour moins cher»
Franchement...est-ce une raison de baisser nos culottes nous aussi? Pardon...
Quant à moi, il s'agit d'une mauvaise réponse puisqu'elle déconsidère la valeur de nos services.

On s'en ira vers la faillite probable de notre profession si on ne se réveille pas!

Certains accuseront le marché, la concurrence, les nouvelles technologies et l'Internet ou même les propriétaires vendeurs, de leurs déboires. Peu reconnaîtront qu'en fait, ils n'ont simplement pas osé s'affirmer et défendre leurs intérêts et services.

Avoir confiance en la valeur de vos services

On dit que la concurrence est féroce, mais il ne faut pas oublier que l'économie va bien et que nous vendons les maisons plus chères! Cela fait plus de 50 ans que les agents sont payés à commission et selon environ le même taux! Le consommateur québécois est habitué à cette éventualité, mais essayera quand même de nous faire réduire notre taux. Il veut négocier, ce qu'il croit négociable ou ce que vous laissez croire qui est négociable. Il a peut-être été victime d'abus des autres professions qui parfois ont augmenté indûment certaines années leurs tarifs. Ils ont dû rectifier le tir et devenir plus négociables lorsque l'économie a ralenti. Ce n'est pas notre cas, nous n'avons jamais augmenté nos taux. Nous n'avons que suivi le marché. Lorsque le marché baisse, nos commissions subissent le même sort. Lorsque le marché monte, nos commissions font de même puisque nous sommes rétribués selon un pourcentage.

Cessez de vous sentir coupable! Éduquez seulement vos clients à cet égard.

Une erreur constante du public est de croire que c'est notre rétribution qui cause le prix élevé des maisons. Que s'ils paient nos tarifs, qu'ils considèrent élevés, ils devront demander un prix plus élevé pour leur maison! Il serait peut-être dans leur intérêt de leur parler de valeur marchande ou de frais de vente? Ou établir que les propriétaires vendeurs des propriétés que vous leur avez présentées en comparable ont aussi payé une commission sur ce prix de vente affiché. En d'autres termes, la rétribution est incluse au prix de vente.

Il ne viendrait jamais à l'esprit de quiconque de demander à l'arpenteur de réduire ses tarifs puisqu'il en restera moins dans les poches du vendeur après la vente. Il devrait en être de même pour les courtiers et agents immobiliers.

Nos tarifs représentent une dépense que le vendeur doit encourir pour la vente de sa propriété. De plus, il nous paie seulement s'il y a un résultat! Vous ne faites pas fluctuer la valeur marchande de sa maison, il en est responsable. Cessez d'avoir pitié de lui et de négocier à la baisse, et dites-lui plutôt la vérité. **Si on dit toutes les mêmes choses, ils finiront par comprendre et nous respecter à cet effet.**

Vous avez vu et entendu le nombre d'heures que vous faites par semaine... les 1% à 2% de plus, vous le valez.

C'est votre profit! Je suis toujours étonnée de voir les agents que je côtoie qui réduisent leurs commissions et sont tout surpris d'accumuler des pertes en fin d'année.

Les agents ont le droit de recevoir une rétribution qui tient compte des frais énormes qu'ils encourent afin de servir efficacement leurs clients. Et les consommateurs respectent cette réalité. Si votre client potentiel ne comprend pas cette réalité, passez au client suivant. Ne soyez pas bonasse! Lui-même n'acceptera pas de travailler pour une partie de son salaire. Il peut donc comprendre que vous non plus, vous ne le ferez pas.

Pourtant, **si on se respecte**, les propriétaires vendeurs comprendront vite qu'il y a un prix à payer pour un professionnel comme vous et moi. Comme ils sont déjà habitués à payer les tarifs pour n'importe quel autre professionnel lorsque le besoin se présente.

La profitabilité vient de vos efforts et de votre capacité à trouver plus de clients et de faire plus de ventes et elle ne viendra pas des escomptes ou rabais que vous offrirez. Parfois, j'ai remarqué que lorsque des portes se referment sur nous, d'autres s'ouvrent pour nous montrer le bon chemin et parfois de nouvelles opportunités. Mais dans un contexte de stress émotif on peut parfois ne pas les voir, les ignorer, ou même les manquer par orgueil ou désillusion.

Ceux qui auront compris et qui seront fiers de faire de l'argent bien mérité et de défendre et justifier leur rétribution auront une multitude d'opportunités qui se présenteront à eux. Les agents à succès peuvent tout à fait prouver ce fait.

Mon approche pour vous donner confiance et les outils pour justifier votre rétribution seront donc basés sur **votre valeur**.

Faites le calcul!

Dans son livre «Le guide du travailleur autonome» (Québec Amérique 2000), monsieur Jean-Benoît Nadeau explique comment fixer le taux horaire qu'on mérite en tenant compte, en premier, des frais qu'on doit assumer. Par exemple, connaissez-vous vos dépenses annuelles ou vos frais fixes? Et qu'en est-il du salaire que vous méritez? En effet, tel qu'expliqué dans les chapitres précédents, vous devez estimer que le fonctionnement de vos activités vous coûtera un certain montant de $ et établir le revenu net anticipé après impôt. C'est simple! D'après lui, il s'agit de les mettre par année et ensuite, de les diviser par le nombre d'heures travaillées...

Ainsi, advenant que vos dépenses soient d'environ de 30 000 $ par année et vous désirez un revenu net de 60 000 $ après impôt, il vous faut simplement multiplier par 2 ce revenu: disons 120 000 $, plus les dépenses de 30 000 $, donc 150 000 $ par année. (Il faut bien rêver et viser haut!)

Maintenant, combien d'heures honnêtement travaillez-vous par semaine pour:

- ☐ Préparation du dossier, des frais de publicité, et du service après-vente.

- ☐ Sollicitation, rendez-vous et négociation.

- ☐ Gestion et administration (ex.: vos paiements de comptes)

Voir un peu plus loin dans ce chapitre l'excellente liste très exhaustive en 80 points, «*LES ACTIONS EFFECTUÉES PAR L'AGENT-INSCRIPTEUR POUR VENDRE*» qui fut préparée par le formateur monsieur François Léger dans le cadre du Séminaire «Votre rétribution: Vous la méritez!»

La question qui nous revient souvent: est-ce aux clients à débourser pour ces tâches?
Je vous réponds: qui d'autre?

D'après M. Nadeau, le temps de gestion et de prospection de votre entreprise ne devrait pas être compté et facturé au client. Il considère que le tiers de votre temps y est consacré. Donc, considérant une journée de huit heures de travail, il n'accorde que cinq heures et demie réellement consacrées au client. À mon avis, ce calcul n'est valable que si vous travaillez un seul client à la fois. Mais en immobilier, c'est rarement le cas! Lorsque nous sollicitons des vendeurs nous trouvons souvent des acheteurs du même coup!

De plus, dans notre profession, un fait unique nous distingue; **nous avons autant de temps à consacrer à la recherche du produit à vendre que nous avons à le commercialiser.** Ces recherches nous portent souvent à trouver un client potentiel pour une autre de nos propriétés qui nous a été confiée. Doit-on alors calculer nos tarifs différemment de la plupart des travailleurs autonomes? Indéniablement oui! C'est pour cette raison que nous avons un système de commission à pourcentage sur le résultat et non un système à la carte ou à l'acte comme les autres professions libérales. Car il serait impossible pour nous de calculer ou de déterminer la valeur réelle du temps alloué pour servir un seul client.

Mais aux fins de cet exercice, on continue notre petit calcul:
Il est juste de calculer de 9 à 10 heures de travail par jour, pour un agent immobilier performant! Comme il y a 250 jours ouvrables (en semaine) par année (encore là, 300 jours seraient plus honnêtes pour notre cas: 352 jours par année moins 3 semaines de vacances et quelques journées de congé légales parmi le reste!) Cela donne 300 jours x 10h: 3000 heures par année de travail.
On en revient donc à 150 000 $/3000 hrs = 50 $

Cinquante dollars (50 $) de l'heure est le salaire minimum des professionnels de l'immobilier que vous méritez. Cela est aussi la valeur minimale d'un plombier ou de votre mécanicien! (J'aimerais vous rappeler que le salaire minimum au Québec se situe encore en 2007 à environ 8 $ / heure!)

Cela ne donne qu'une petite idée de ce que vous valez, et naturellement si vous faites 300 000 $ par année, vous valez 100 $ de l'heure!

Regardons maintenant quel pourcentage de commission demander? Un simple petit calcul s'impose encore:

Vos revenus représentent le nombre de ventes par rapport au montant de commission moyen. (Voir le chapitre *«Plan d'affaires»* pour mieux comprendre le concept)

Si vous avez l'intention de faire 150 000 $ par année pour couvrir vos dépenses d'affaires, votre salaire net et vos impôts et que la commission moyenne est de 4 000 $ par transaction, cela vous prend au minimum 37,5 ventes annuellement. Un peu plus de trois (3) ventes par mois. C'est déjà un peu plus clair?

Si vous vendez la propriété de votre client dans un secteur où la valeur moyenne des maisons est de 125 000 $, il vous restera 4 375 $, après avoir partagé avec le courtier collaborateur, si le taux de commission est de 7% du prix de vente. Si l'on tient compte de la part revenant à votre courtier (peut varier d'un courtier à l'autre), il vous reste un peu moins de 4 000$. Vous atteindrez ainsi votre objectif en 37 ventes par année.

S'il est entendu qu'il vous versera 6% de commission sur la vente, alors vous atteindrez votre objectif en 43 ventes. Donc, évidemment plus de temps et d'efforts pour atteindre votre objectif.

C'est à vous de décider!

Votre efficacité sera aussi pertinente! À titre d'exemple:

150 000 $ divisé par 76 heures semaine x 52 semaines par année = pas tout à fait 40 $ de l'heure?

Mon mécanicien automobile ose me demander plus que ça!
Je n'ose même pas faire le calcul pour 100 000 $ de revenu par année!

C'est loin d'être la profession que l'on croyait si payante si on ne réalise pas ces chiffres et qu'on n'augmente pas l'efficacité de notre travail et du temps requis pour l'accomplir.

La clé du succès dans cette profession serait de contrôler nos dépenses, notre temps et surtout savoir défendre la rétribution qu'on mérite.

De plus, je vous montre la différence entre un taux de 5% et celui de 7% pour faire un revenu annuel de 150 000 $:

> 30 ventes x 5000 $ = 150 000 $
> Ou intéressant à savoir:
> 30 ventes x 7000 $ = 210 000 $. <u>60 000 $ de différence!</u>

Et cela prendrait encore 12 ventes de plus à 5000 $ pour arriver au même montant que si vous chargiez le taux à 7% pour 30 ventes.

Avez-vous les moyens de perdre tant d'argent? Et de temps?

Certains vont me dire oui, puisqu'ils risquent d'avoir plus d'inscriptions de cette façon. Oui et vous travaillez beaucoup plus, avec en prime, un «burn out» garanti…,je vous le dis!
Oui, mais 5% c'est peut-être mieux que rien?

En avez-vous les moyens? Là, est la question.
- Examinez le nombre d'heures que vous allez sauver en ventes pas payantes

    ou

- les autres ventes plus payantes qu'enfin vous allez avoir le temps de concrétiser!

Je vous garantis que les tops agents de chacune des cinq grandes franchises du Québec ne sont pas ceux qui ne chargent que 5%!

De plus, pour être en mesure de recevoir cet honneur, non seulement ils connaissent et font reconnaître leurs valeurs, mais ils déclarent tous leurs vrais revenus! L'argent en dessous de la table n'apporte que des nuits blanches et peu de reconnaissances.

1. Vous débutez? Que valez-vous?

Pour un agent établi qui connaît ses dépenses et la qualité des services offerts, il est facile de procéder à ces petits calculs, mais pour l'agent débutant ce n'est pas évident, car il n'y a aucune règle de conduite et aucun modèle existant vraiment pour vous indiquer la bonne voie. Les nouveaux agents commettent souvent l'erreur de baisser leur tarif afin de se faire connaître. Cette pratique est totalement déconseillée, car elle nuit à l'ensemble de la profession et de plus, pour survivre au train d'enfer de cette carrière, il faut que notre métier soit payant! Enfin, tôt ou tard, ils devront augmenter substantiellement leurs tarifs et ainsi mécontenter leurs clients. Car, contrairement à la croyance de ses nouveaux agents, les bons clients vous demeurent fidèles pour la vie et ils vous référeront d'autres clients pour vos bons services et votre professionnalisme et aucunement pour le fait que vous étiez le plus économique lors de la vente de leur propriété. Au contraire, ils se vanteront de vous avoir bien eu! D'avoir finalement profité de votre naïveté. Pas vraiment une très bonne référence pour vous n'est-ce pas?

Certains croient encore qu'en réduisant leurs taux, ils auront une plus grande quantité de clients.

Pourtant, les preuves sont là depuis longtemps. Si on regarde les statistiques des parts de marché des courtiers à escompte, elles n'ont jamais dépassé les 10%, et ce, dans n'importe quelle sorte de marché depuis les vingt (20) dernières années. Cette tendance est la même aux États-Unis où cette mode a débuté. Pourquoi? Je crois que le grand nombre d'agents et la variété de bons services offerts a finalement rendu les coûts pas si prohibitifs que cela pour la qualité du travail accompli, ce qui rend ce fait plutôt marginal. Il est à peu près impossible d'offrir à un taux de commission de 4% ou 5% les mêmes services qu'un agent offre à 6 ou 7%. Sur le prix de vente d'une propriété à 200 000 $, 7% représentent 14 000 $ alors que 5% représentent 10 000 $. À 4 000 $ de différence, le consommateur réfléchira deux fois pour un service complet ou un service réduit. En fait, lorsqu'il décide de nous engager, c'est pour qu'on lui donne le meilleur service et non un service réduit. Il veut du résultat. C'est pour ça qu'il est prêt à payer pour nos services. Il nous reste à le convaincre de notre valeur.

Les escompteurs ou compagnie à tarif réduit s'imaginent pouvoir s'accaparer facilement un consommateur qui ne cherche qu'à économiser. Mais ce consommateur est souvent aussi un client peu motivé ou peu sérieux, mais pourtant très exigeant.

Les consommateurs sont prêts à payer cher pour le meilleur agent de leur secteur, comme ils sont prêts à payer plus cher pour le meilleur avocat ou le meilleur dentiste de leur région. Notre plus grand défi est de rester à la hauteur de leurs attentes en qualité et en variété de services offerts.

Connaître sa valeur, ses chiffres et ses dépenses donne du poids à tous nos arguments lorsqu'il faut convaincre un vendeur. On conviendra aussi que vos déboires ne le concernent pas! Ce n'est pas de la pitié que vous recherchez non plus. En tous les cas, vous saurez maintenant où la négociation doit s'arrêter et quand il vaut la peine de s'entendre avec ce dit client et à quel coût pour vous.

Mais attention, on vous dira aussi qu'il vous faut être judicieux quant au taux demandé par rapport à la concurrence et aussi par rapport à la valeur des propriétés vendues dans votre secteur.
Cette affirmation est fausse!

Un agent à Beverley Hill en Californie qui vend des propriétés d'un million de dollars à un taux de 6% ne réduira pas ses tarifs s'il en vend aussi à deux millions de dollars.

Pourtant dans la région de Montréal, nous vendons des propriétés au prix moyen de 200 000 $. Et certains se croient obligés de réduire leur taux à 5% s'ils vendent une propriété de 400 000 $! Pourquoi seriez-vous gêné de faire un profit? Un agent d'expérience et fier de l'être ne devrait pas et n'aurait même pas ce problème-là. Êtes-vous de ceux-là?

2. Évaluez et appréciez les connaissances et faites reconnaître l'expérience que vous offrez.

Naturellement, le fait d'être professionnel ainsi que le travail effectué dans l'art de la négociation et la connaissance des lois auront une influence certaine sur le taux qu'un agent d'expérience pourra exiger. Notre profession aurait tout à gagner de se faire reconnaître comme un service de première qualité. Une formation adéquate aux nouveaux agents est essentielle à cette image, sans oublier une formation continue qui apporte de nouvelles connaissances de haut niveau aux agents d'expérience, tout comme les autres ordres professionnels l'exigent.

Un agent débutant devrait aussi s'associer avec un agent d'expérience pour le soutenir et le guider (par le parrainage ou comme agent vendeur). Cela lui permet d'offrir les mêmes services et prétendre ainsi aux mêmes rétributions, tout en bâtissant son expérience et sa réputation.

Aussi, il est nécessaire pour un agent de bien connaître son marché et de s'entourer d'intervenants expérimentés, comme des notaires, arpenteurs, évaluateurs et agents hypothécaires. Le client reconnaîtra et appréciera à sa juste valeur ce professionnalisme.

3. Évaluer le travail à accomplir

Une expertise particulière demandée ou des exigences particulières du vendeur pourraient aussi être prises en compte. Par contre, en général, la tâche qui nous est confiée est souvent la même.

La plupart des agents sont d'accord qu'il faut exiger le plus haut taux de commission possible. Par contre, le client vendeur veut payer le plus bas taux puisqu'il désire que le produit final de la vente de sa propriété soit le meilleur possible.

Face à un client exigeant et récalcitrant, cela prend beaucoup d'expérience et d'assurance pour tenir son bout et être convaincant, surtout si on a vendu sa propriété nous-même en deux jours et qu'on insiste pour que la commission convenue reste la même!

C'est pourquoi certains agents et courtiers déterminent un taux avec lequel ils désirent travailler et supportent ainsi les dépenses apportées par certaines propriétés, (celles qui prennent 2 ans pour se vendre!) en contrepartie de celles qui se vendent sans trop de frais et rapidement. Ils se donnent ainsi une ligne de conduite uniforme et leurs clients savent à quoi s'attendre lorsqu'ils font affaires avec eux. D'autres, de leur côté, sont reconnus pour leurs taux de rétribution personnalisés, mais ils vont rarement en dessous d'un taux «X» pour être certains de couvrir leurs frais et de rétribuer équitablement l'agent collaborateur.

Un point à retenir: il est difficile de juger d'avance si une vente sera facile ou qu'une autre sera compliquée.

Un jour, un chef d'une équipe d'agents me confia sa technique infaillible!
Il offre à ses clients vendeurs une rétribution personnalisée comme suit: la rétribution signée sur le contrat est de 7%, mais il ajoute que s'il vend lui-même, il réduira à 6%... Or, cet agent ne prend jamais d'acheteur puisqu'il a son équipe pour ça, donc la chance qu'il vende lui-même la maison est nulle. La propriété se vend donc toujours par un agent collaborateur soit par un membre de son équipe ou par un agent collaborateur extérieur. Le vendeur signe le contrat croyant faire un «deal» et finalement se fait avoir ...

> Est-ce nécessaire de piéger un consommateur pour lui faire signer un contrat ?
>
> On se demande ensuite pourquoi nous avons tant de difficulté à promouvoir une image professionnelle de nos services et justifier honnêtement notre rétribution!

De plus, je vous rappelle qu'il est contre la Loi sur la concurrence et surtout contre l'éthique professionnelle à laquelle vous adhérez, de dénigrer la concurrence ou de se plaindre des courtiers à escompte. On doit respecter les besoins de nos clients et éduquer ceux-ci sur les différences et avantages que cela apporte. Ne pas diffamer. Cela n'arrangera en rien votre réputation comme agent professionnel. Au contraire, il pourrait vous coûter très cher si vous étiez reconnu coupable d'un geste comme celui-là. La solution à cet incontournable? Des preuves!

Obtenez des lettres de référence de vos clients. Prouvez votre savoir-faire par des statistiques et résultats et faites valoir votre expertise et votre expérience que l'on pourrait qualifier de supérieure. Cela éliminera toute concurrence. Soyez donc convaincu et fier de vous-même.

Possédez tous les arguments qui vous permettront de justifier votre valeur. Connaissez les réponses aux objections les plus courantes et répondez correctement aux attentes de vos clients.

LES ACTIONS EFFECTUÉES PAR L'AGENT-INSCRIPTEUR POUR VENDRE

Source: Séminaire *«Votre rétribution: Vous la méritez!»* François Léger, Ing., agent immobilier agréé, formateur au Collège de l'Immobilier du Québec

1. Préparer et envoyer le kit de présentation en vue d'une rencontre avec le vendeur.

2. Effectuer une première rencontre avec le vendeur afin de visualiser l'immeuble et lui conférer quelles sont les conditions de la mise en marché.

3. Préparer et présenter l'analyse comparative du marché en effectuant des recherches nécessaires.

4. Présenter au vendeur votre plan de commercialisation, avec ou sans garantie, en illustrant le tout avec des exemplaires pour l'ensemble des médias utilisés (voir le cartable de présentation).

5. Écrire une note d'appréciation et de remerciement au vendeur suite à cette première visite.

6. Effectuer une «visite inspection» de l'immeuble dans le but d'effectuer des recommandations préalablement à la mise en marché. «Home Staging!»

7. Le cas échéant, obtenir des soumissions pour des travaux esthétiques préalablement à la mise en marché.

8. S'il y a lieu, revenir sur place afin d'inspecter ces travaux et de prendre de nouvelles photographies.

9. Rechercher et obtenir les documents permettant de démontrer la véracité et l'exactitude des données apparaissant à la fiche technique.

10. Effectuer les recherches sur le site *www.registrefoncier.gouv.qc.ca* afin de s'assurer qu'il n'y a pas d'inscriptions adverses, de découvrir, le cas échéant, les servitudes et d'obtenir une copie du plan de cadastre.

11. Rédiger la liste d'inventaire des inclusions et des exclusions et remettre une copie au vendeur.

12. Le cas échéant, obtenir par écrit tous les détails concernant les items qui font l'objet d'une location.

13. Compléter avec le vendeur le formulaire «déclaration du vendeur» et recueillir l'ensemble des documents justifiant ces déclarations.

14. Sensibiliser le vendeur sur le bien-fondé d'effectuer une inspection pré vente (à cet effet, présenter les formulaires de «convention d'inspection» et de «normes d'inspection en bâtiment»).

15. Préalablement à la signature du contrat de courtage, remettre un exemplaire des différents formulaires et les réviser avec le vendeur.

16. Présenter au vendeur l'état du marché avec statistiques écrites pour appuyer le tout.

17. Rédiger et faire signer le contrat de courtage et revoir avec le vendeur la procédure concernant les visites éventuelles.

18. Au moment de la prise du contrat de courtage, se procurer, auprès du vendeur, une clé de son immeuble, en faire un double et s'assurer de son fonctionnement, aussi, s'il y a lieu, obtenir les détails du système de sécurité.

19. Lors de la prise du contrat de courtage, obtenir du vendeur l'ensemble de ses documents, en faire des photocopies. Dans le cas de documents importants qui manquent, effectuer les recherches nécessaires afin de les obtenir.

20. Produire un document écrit pour le vendeur lui indiquant quels seront les frais additionnels qu'il risque d'encourir suite à la vente de son immeuble.

21. Rédiger une fiche technique et en réviser son contenu.

22. Effectuer les vérifications d'usage.

23. Vérifier urbanisme et zonage.

24. Mesurer les pièces et le bâtiment.

25. Récupérer le certificat de localisation (ou effectuer les recherches pour en commander un nouveau).

26. Récupérer par écrit tous les détails concernant le financement hypothécaire.

27. Prendre les photographies intérieures et extérieures (en s'assurant préalablement des meilleures conditions) et les faire développer.

28. En ce qui concerne les photographies extérieures, voir à les remplacer en fonction des saisons.

29. Publier ces photographies sur le service inter-agence.

30. Publier ces photographies sur différents sites Internet.

31. Vérifier auprès du site *www.sia.ca* que les informations y apparaissent adéquatement.

32. Effectuer ces mêmes vérifications auprès des autres sites Internet.

33. Effectuer la saisie à la source auprès du service inter-agence.

34. Informer le vendeur de l'existence du contrat de courtage achat et le prévenir que certains acheteurs pourraient en avoir conclu un avec leur agent.

35. Lors de la prise du contrat de courtage, discuter avec le vendeur de la pertinence de vendre son immeuble en incluant (ou non) la garantie légale.

36. Poser et entretenir l'écriteau à vendre (incluant des directionnelles).

37. Rédiger différentes annonces publicitaires.

38. Placer ces publicités dans les différents médias.

39. Vérifier que la photographie apparaisse dans les différents médias ainsi que sur les présentoirs.

40. Assurer que le vendeur a reçu un exemplaire de la fiche technique S.I.A.®/M.L.S.®.

41. Acheminer au vendeur une copie des différentes annonces publiées.

42. Recevoir et répondre à tous les appels d'information ainsi qu'aux demandes de visites pour l'immeuble en question.

43. Pour les demandes d'informations, faire parvenir au demandeur les documents pertinents.

44. Faire visiter l'immeuble à tous les acheteurs.

45. Si requis par le vendeur, être présent à l'immeuble au moment où l'agent collaborateur désire faire visiter son acheteur.

46. Communiquer avec les agents collaborateurs afin de connaître les impressions et commentaires de leur client suite à la visite.

47. Communiquer au vendeur le compte-rendu suite à chaque visite par des acheteurs.

48. Vérifier avec l'occupant des lieux (si ce n'est pas le propriétaire vendeur) si la visite peut être effectuée.

49. Le cas échéant, confirmer à l'agent collaborateur que la visite peut être effectuée tel que requise (soit l'autorisant à se présenter sur les lieux, soit en lui remettant les clés et/ou le code du système d'alarme).

50. Rendre compte régulièrement au vendeur, soit verbalement (en personne ou au téléphone) ou par écrit (courriel ou autrement) de l'évolution du dossier et apporter, s'il y a lieu, les correctifs qui s'imposent.

51. En ce qui concerne les modifications aux conditions de la commercialisation, consigner celles-ci par écrit sur un formulaire «MO» en s'assurant de communiquer celles-ci aux différentes banques de données.

52. S'il y a lieu, acheminer une invitation de visites pour l'ensemble des courtiers et agents actifs dans le territoire. (Visite de courtiers)

53. Planifier, organiser et effectuer une visite des lieux durant la caravane.

54. S'il y a lieu, planifier et organiser une (ou plusieurs) visite libre pour le grand public en installant à l'avance des écriteaux et en annonçant celle-ci adéquatement.

55. Au moment de la rédaction d'une promesse d'achat (et de ses annexes), si vous êtes l'agent collaborateur, rédiger celle-ci en s'assurant de bien consigner par écrit toutes les volontés de l'acheteur.

56. Dans le respect du code de déontologie et dans l'intérêt du vendeur, informer les autres agents et/ou les autres acheteurs de l'existence d'une première promesse d'achat.

57. De déplacer physiquement pour assister le vendeur lors des négociations.

58. Une fois la (ou les) promesse(s) d'achat présentée(s), après le départ de l'agent collaborateur, revoir le contenu complet de la dite promesse d'achat et de ses annexes avec le vendeur et le conseiller quant aux actions à prendre.

59. Le cas échéant, rédiger la (ou les) contre-proposition(s) et la (ou les) communiquer à (ou aux) l'agent(s) inscripteur(s).

60. Dans l'éventualité d'une acceptation de la promesse d'achat, communiquer celle-ci au vendeur (ou à l'acheteur, via son agent) en s'assurant de la signature de l'accusé réception.

61. Dans l'éventualité d'une acceptation de la promesse d'achat, le cas échéant, voir à obtenir l'acompte et à le déposer dans le compte bancaire approprié.

62. Après que la promesse d'achat ait été acceptée, dans l'éventualité d'une impasse ou d'un problème, faire le nécessaire pour «sauver» la transaction.

63. Si désiré, aviser le service S.I.A.®/M.L.S.® qu'il y a sur l'immeuble en question une «PAC» (promesse d'achat conditionnelle).

64. Communiquer à l'interne le fait qu'il y a une promesse d'achat acceptée.

65. Suite à l'acceptation de la promesse d'achat, effectuer le suivi concernant la réalisation des diverses conditions.

66. S'il y a lieu, une fois la promesse d'achat acceptée, voir à la production dans le délai requis du nouveau certificat de localisation et conseiller le vendeur quant au choix de l'arpenteur.

67. Dans l'éventualité d'un nouveau financement hypothécaire, si applicable, faciliter l'accès des lieux à l'évaluateur et voir à lui fournir des comparables récents.

68. Coordonner l'inspection en bâtiment, être disponible durant celle-ci et s'assurer de sa réalisation.

69. Dans le cas de conditions à réaliser autres que le financement et l'inspection, s'assurer de la réalisation de celles-ci en rédigeant ou obtenant les documents requis.

70. Au moment de la réalisation de la condition de financement, s'assurer de bien examiner la lettre d'engagement du prêteur hypothécaire afin qu'elle ne comporte aucune condition.

71. Au moment opportun, acheminer l'avis de vente au service S.I.A.®/M.L.S.® et poser la mention «vendu» sur l'écriteau.

72. Obtenir du vendeur les documents dans leur version originale et remettre ceux-ci soit à l'acheteur ou au notaire instrumentant.

73. En tout temps, conseiller le vendeur sur les actions à prendre lorsqu'un problème survient.

74. Avec le vendeur, coordonner la signature de l'acte notarié.

75. Avant la tenue de l'acte notarié, obtenir pour le vendeur, une copie «projet» de l'acte de vente et en faire l'examen avec ce denier.

76. Offrir assistance au vendeur concernant le déménagement à venir ainsi que les conséquences de celui-ci.

77. Si demandé, permettre à l'acheteur, à sa famille et à ses amis derrevoir les lieux avant la signature de l'acte notarié.

78. Assister à la signature de l'acte notarié.

79. Une fois l'acte de vente conclut, s'il y a lieu, voir à récupérer auprès du notaire instrumentant, le chèque destiné au vendeur et le délivrer à celui-ci.

80. Au moment de la signature de l'acte notarié, voir à retirer l'écriteau «à vendre».

En conclusion, savoir répondre au marché.

Comme travailleurs autonomes, nous sommes des femmes et des hommes d'affaires et nous sommes là pour atteindre une certaine rentabilité. Cette mentalité demande à ce que nous augmentions plus que nous diminuions notre taux de rétribution! Ce qui explique que nous devrons donc, si nos concurrents facturent des taux plus élevés, augmenter les nôtres pour préserver notre image dans le marché. Il est aussi important d'être à la hauteur de ce que l'on prétend et offrir des services aux consommateurs de haut calibre, pour que ceux-ci n'aient aucune hésitation à faire leur choix, sachant qu'ils confient la vente de leur propriété à un professionnel de haut niveau. Certains sont prêts à payer très cher pour avoir un avocat ou un comptable avec des résultats connus et une certaine expertise. Pourquoi n'en serait-il pas de même pour un agent immobilier?

Au lieu de réduire votre rétribution, investissez cet argent bien mérité en formation pertinente vous permettant de posséder les arguments pouvant vous aider à justifier votre rétribution.

Je vous souhaite sincèrement de prendre la bonne porte et n'oubliez pas que vous êtes d'excellents courtiers et agents immobiliers et des personnes intègres et motivées. Ne laissez personne croire du contraire, surtout pas vous-même.

Faites de l'argent... soyez-en fiers! On vous enviera!

On vous jalousera aussi, c'est la vie!

Affirmations

Je connais ma valeur et j'en suis fier/fière!

Je connais mon seuil de rentabilité et il faut que cela soit payant pour moi de faire cette profession!

J'éduque mes confrères et consœurs sur la pertinence de rentabiliser notre profession au lieu de critiquer les taux offerts!

Je crois en moi!

$\mathcal{L}$ES RÈGLES DE L'ART!

«*Semez une idée, vous récolterez un acte,*
Semez un acte, vous récolterez une habitude,
Semez une habitude, vous récolterez un caractère,
Semez un caractère, vous récolterez un destin.» *Auteur inconnu*

«*Il est plus facile de dire que de faire.*» *Proverbe Français*

«*N'ayez d'intolérance que vis-à-vis de l'intolérance*» *Hippolyte Taine*

Le mythe:

«*Entre vous les agents, il y a plein de règles non-écrites que vous inventez quand cela fait votre affaire!*»

«*On se fait remettre bien vite à notre place lorsqu'on ne les connaît pas!*»

«*Pourquoi personne ne les enseigne?*»

«*Il y a des choses qui ne s'apprennent que sur le tas!*»

Petit précis des règles non-écrites!

Est-ce que cela existe vraiment???

Oui! Et cette fois, elles ont vraiment été créées par les habitudes et traditions ainsi que les mythes et les légendes urbaines du milieu! Là c'est vrai! Mais, elles ne sont dans aucun document écrit. Malgré que ce soit un sujet souvent tabou, tout le monde s'entend dans le milieu pour dire qu'il devrait exister un petit précis de règles non-écrites. Que cela aiderait les jeunes agents, ou que cela har-moniserait nos relations entre-nous connaissant tous les mêmes règles!

Je vous assure que je crois que ce chapitre est à mes yeux, un des plus importants de mon livre.

Je me suis toujours demandée, pourquoi ne pas écrire et bien expliquer ces règles non-écrites qui sont pourtant essentielles dans notre profession?

C'est probablement une des principales raisons de ma motivation et de mon intérêt à écrire sur le sujet. Malheureusement, on apprend ce métier sur le tas et je remercie encore mes consœurs et confrères qui m'ont aidé à l'apprendre comme cela. Comme je suis autodidacte, j'avais tout lu sur le sujet de la vente immobilière, et ce, autant en français qu'en anglais. J'ai retrouvé certaines règles de déontologie dans des livres et articles spécialisés, mais rien de très concret, à part les règlements qui m'apparaissaient incomplets sur certains sujets que j'aborderai. Aussi, le gros bon sens, qui n'est malheureusement pas appliqué à la même mesure par tous, devrait en principe nous guider pour affronter les aléas et contraintes du métier.

Pourtant, il y en a qui ne se souviennent même pas de la matière connue et enseignée qui est pourtant obligatoire (cours de déontologie) pour faire partie de cette profession. Ils ne se souviennent même pas où ils auraient remisé leur livre de base de ces règles essentielles dans notre métier! Les mathématiques et le droit prennent une plus grande part des énergies des élèves lors de la formation. Mais ces cours sont vite escamotés de leur cerveau! Pourtant, nous constatons rapidement que cette formation est celle qui, dans la pratique, nous touchera le plus, et ce, tous les jours. Je commencerai avec un survol de la définition de la déontologie. Ensuite, je vais expliquer qui l'applique ainsi que son implication et son évolution dans notre profession. Je terminerai avec un sujet souvent tabou de notre milieu, soit celui des règles non écrites...

Chacune de ces règles sera expliquée selon la mise en pratique usuelle de celle-ci.

Voilà l'inspiration de mon défi:

Qu'est-ce que la déontologie?

Si l'on consulte un dictionnaire, la déontologie se définit ainsi: un ensemble de règles et de devoirs qui régissent une profession ou une fonction, la conduite de ceux qui l'exercent, les rapports entre ceux-ci et leurs clients ou le public.

Qui doit appliquer cette déontologie? Les agents et courtiers dans le cadre de leurs fonctions. Notre association pour les légiférer. L'ACAIQ a adopté les «Règles de déontologie». Le gouvernement du Québec les a approuvées.

Au Québec, il n'y a qu'un seul niveau important d'application des règles de déontologie: *RÈGLES DE DÉONTOLOGIE DE L'AS-SOCIATION DES COURTIERS ET AGENTS IMMOBILIERS DU QUÉBEC*

Sachez aussi que ces règles prennent leur source dans la Loi sur le courtage immobilier.

Pour les règles de déontologie de votre fédération regroupant les chambres immobilières au niveau provincial ou par l'ACI (Association Canadienne de l'Immeuble) ou localement votre chambre immobilière, se sont des organismes purement privés (comme des clubs de golf!) qui adoptent des règlements pour leurs membres. Ces règles sont donc de nature contractuelle. Il est important de faire la distinction qui s'impose…

Par notre adhésion à une chambre immobilière, nous nous engageons tous à respecter les règlements de notre pratique et un code d'éthique professionnelle.

Leurs règles sont d'ordre national, par l'entremise de l'Association canadienne de l'immeuble (ACI) établie à la grandeur du Canada, et celles-ci sont en constante révision dans le but de refléter l'évolution de notre profession. Par exemple, la venue de l'Internet nous a obligés à ajouter à nos règles des règlements qui donneraient à ces outils de travail toute la latitude voulue sans restreindre nos obligations de respect et normes de qualité déjà acceptées dans le milieu. Ces regroupements utilisent donc leur force associative pour faire pression auprès des instances gouvernementales pour améliorer ou éliminer des règles ou lois qui peuvent devenir désuètes.

ACI Qui sommes-nous?

L'Association canadienne de l'immeuble (ACI), l'une des plus grandes associations commerciales du Canada, se fait le porte-parole de plus de 88 000 courtiers ou agents immobiliers détenteurs de permis relevant de 99 chambres immobilières, 10 associations provinciales et une association territoriale.

La mission principale de l'ACI est de représenter ses membres auprès du gouvernement fédéral et de veiller à protéger les intérêts du secteur immobilier au niveau des lois nationales. L'ACI s'est souvent fait le défenseur du public relativement au droit à la propriété et à la jouissance de sa propriété.

L'ACI est propriétaire de la marque de commerce S.I.A.®/MLS® et détient un droit de propriété relativement à la marque de commerce REALTOR®. La marque de commerce REALTOR® assure l'intégrité des membres auprès de leurs clients. Elle ne peut être utilisée au Canada que par les membres de l'Association canadienne de l'immeuble qui, à ce titre, acceptent et respectent un rigoureux Code de déontologie. Les systèmes de base de données immobilières exploités par nos chambres et associations membres sous la marque de commerce S.I.A.®/MLS® fournissent un inventaire permanent de propriétés disponibles sur le marché et assurent le maximum de diffusion des propriétés inscrites à vendre. Cela est important puisque la plupart des maisons existantes au Canada passent par S.I.A.®/MLS®.

L'Association administre également les sites *sia.ca/mls.ca et ICX.CA,* ainsi que le site intranet Lien IMMOBILIER^{MC}, à l'intention de ses membres à la grandeur du pays.

Code de déontologie

Le Code de déontologie et les Normes de conduite professionnelle de l'ACI servent depuis plus de 40 ans à mesurer le professionnalisme au sein du secteur immobilier. La version initiale du Code fut approuvée à l'occasion du congrès de la National Association of Real Estate Boards, tenu à Winnipeg en 1913. Par ailleurs, la première version du Code de déontologie préparée particulièrement à l'intention des membres de l'Association canadienne de l'immeuble, fut approuvée par les membres en 1959.

Le Code établit la norme de conduite qui, sous plusieurs aspects, va au-delà des exigences de la loi. Cette norme assure la protection des droits et intérêts des consommateurs de services immobiliers. **Tous les AGENTS IMMOBILIERS acceptent de respecter le Code en tant que condition d'adhésion.**

Mentionnons quelques-unes des exigences du Code :

1. L'AGENT IMMOBILIER doit divulguer par écrit qui il représente à titre d'agent dans la transaction. Les parties à la transaction doivent savoir la relation de mandat qu'elles ont avec l'AGENT IMMOBILIER.

    Les définitions, la terminologie et les relations de mandat présumées varient d'une province à l'autre. La plupart des administrations ont leurs propres formulaires en vue de répondre aux exigences en matière de divulgation, étant donné que ces formulaires ont été rédigés de manière à répondre aux rapports de mandat particuliers qui existent dans leur province ou territoire.

2. Tout accord financier conclu entre les AGENTS IMMOBILIERS et les autres (commission d'aiguillage, rémunération reçue de plus d'une partie, remises ou profits) doivent être pleinement divulgués au client;

3. Il est interdit à l'AGENT IMMOBILIER d'acquérir un droit dans une propriété (de façon directe ou indirecte), sans divulguer le fait qu'il exerce l'immobilier à titre professionnel;

4. L'AGENT IMMOBILIER ne peut se servir des modalités d'une convention d'achat et de vente pour négocier la commission.

Bien que le Code de déontologie détermine des obligations supérieures à celles qu'impose la loi, si un conflit survient entre le Code de déontologie et la loi, les obligations légales doivent obligatoirement avoir préséance.

Les obligations morales de l'AGENT IMMOBILIER sont dictées par l'intégrité et le service compétent qu'ils doivent à leurs clients, ainsi que le dévouement à l'intérêt et au bien-être du public. Le Code a subi des modifications à plusieurs reprises au fil des ans afin de se tenir au fait des changements survenus sur le marché de l'immobilier, des besoins des propriétaires fonciers et des perceptions et valeurs de notre société. Pendant plus de 40 ans, en dépit de toutes ses mises à jour, le Code de déontologie de l'ACI demeure inchangé quant à ses normes supérieures de conduite professionnelle en vue de protéger les intérêts des clients et les droits des consommateurs relativement aux services immobiliers.

Source: *http://www.crea.ca/fr_public/realtor_codes/code_of_ethics.htm*

Il est à noter que tous les agents immobiliers ne sont pas membres de cette association et que leur adhésion est un choix personnel.

Quand avons-nous appris ces règles?

Question pertinente, car en fait, la plupart des agents ne s'en souviennent plus! Lors de notre cours d'agent immobilier, nous avons reçu une copie de ces règles et, avouons-le, pour certains il y a déjà trop longtemps.

Le 15 janvier 1994, une nouvelle Loi sur le courtage immobilier est entrée en vigueur. À ce moment, un nouveau règlement, découlant de cette Loi, a été créé: *«Règles de déontologie de l'association des courtiers et agents immobiliers du Québec».* Tous les courtiers et agents ont dû suivre les cours obligatoires dans le cadre de l'application de cette nouvelle loi et de ses règlements afin de renouveler leur permis.

Il ne faut pas oublier qu'aucune formation continue obligatoire n'est donnée à ce sujet suite à l'obtention de notre titre. Il n'y a qu'à la formation pour devenir courtier ou pour l'obtention d'un titre tel que: FRI (*Fellow of the Real Estate Institute*) dans le cours «Éthique et conduite professionnelle» (Activité de formation de *l'Institut Canadien de l'Immeuble* en collaboration avec *l'Association des courtiers et agents immobiliers du Québec*) qu'on revoit rapidement les règles écrites et connues de droit s'y attachant.

Alors, pourquoi croyez-vous qu'il existe des règles «non-écrites», ou comme je les appelle «les règles de l'art», et pour quelles raisons n'ont-elles jamais été intégrées dans nos livres et manuels? De plus, pourquoi certaines de ces règles s'appliquent partout, alors que d'autres ne concernent que certaines villes ou régions du Québec?

Elles sont pourtant intégrées dans nos vies de courtiers et agents immobiliers, peut-être un peu par défaut ou de façon incomplète. Par contre, il faut admettre que de toute façon, même les règles écrites sont peu connues des agents et courtiers.

En situation d'apprenti dans ce métier, dès les premières transactions, le message passe entre nous sur les **façons de faire** et surtout de **ne pas faire!**

C'est pourquoi, je crois que les agents riches de l'expérience de ce métier ont par «le bouche à oreille» mis sur pied un code de travail appris et transmis «sur le tas». Lorsque j'ai formé de jeunes agents, j'ai réalisé l'urgence de les éduquer à ce sujet, car il y a parfois des agents qui sont impatients et ne leur laissent pas la chance de les apprendre!

Basées sur les besoins et le vécu des agents

Ces règles ont été créées par les us et coutumes, les habitudes régionales ou même environnementales. Il est évident de constater que c'est surtout les besoins et le vécu des agents qui les ont créés et qui ont influencé leur transmission puisqu'elles existent et persistent dans les mentalités du métier.

Je le répète, ces règles sont parfois non-écrites, donc non endossées par nos associations, nos lois, alors sont-elles si pertinentes ou même permises? Sont-elles de l'ordre de l'éthique des affaires? De savoir-vivre?

Oui! Un peu de tout en fait…mais on ne peut prétendre longtemps ignorer ces règles puisqu'on doit les apprendre très vite si on veut survivre dans ce métier.

Règles vérifiées?

Ces règles furent discutées et soumises à mon avocat, maître Henri Richard, spécialiste en droit immobilier. Il a une connaissance pratique du domaine du courtage immobilier, mais aussi des lois en matière immobilière. Son père étant agent immobilier, il fut conscient de l'existence des règles non-écrites, telles que je l'entendais et il pouvait comprendre ce besoin de les retrouver dans mon manuel. Son expérience me fut utile et me mit en confiance afin d'écrire ce chapitre. Dans le but d'en informer les nouveaux agents dès le départ dans ce métier? Peut-être pour les officialiser? Lui et moi partageons la même passion, celle de faire évoluer la profession des courtiers et agents immobiliers du Québec, tout en respectant les droits et obligations de chacun.
Je vous rappelle toutefois que le gros bon sens influence naturellement ces règles, autant que, disons-le, la bonne éducation!

N'oubliez pas! Ces règles sont là pour vous protéger aussi!

Règle n° 1

La plus connue: Nous sommes tous <u>des amis</u>!

Nous sommes une confrérie d'agents… donc frères et sœurs dans une transaction. Sans chapeau de franchise, de compagnie, de titres, que nous soyons agent ou courtier, indépendant ou pas. Que nous représentions l'acheteur ou le vendeur, nous faisons tous le même métier, soit celui d'inscrire et vendre des propriétés. Il est essentiel de croire et de comprendre qu'on doit le faire tous ensemble. Le système de collaboration l'oblige!

Le Système Inter-Agence (MLS/SIA®) est devenu une réalité incontournable à notre collaboration. Cette règle est d'ailleurs écrite: nous avons l'obligation de collaborer ensemble.[37]

Par contre, au-delà des règles qui existent, nous sommes plus que des collaborateurs dans une transaction, dans le vrai sens du terme! Pas seulement au sens de l'obligation légale. Comment expliquer cela?

Nous devenons tous des «**amis**» par un concours de circonstances et par la force des événements, surtout si on ne se connaissait pas préalablement. Par exemple, à chaque nouvelle transaction, nous connaissons de nouveaux agents et nous avons le devoir de nous entraider.

On sait que notre MLS/SIA® fait un travail extraordinaire pour promouvoir nos inscriptions aux confrères de notre secteur et au reste du Canada. Par contre, il est aussi vrai qu'il peut être plus payant de trouver nous-mêmes un acheteur pour notre inscription.

[37]Article 40 des règles de déontologie de l'ACAIQ: «Le membre doit, pour favoriser la réalisation d'une transaction visée à l'article 1 de la loi, <u>collaborer</u> avec tout autre membre qui en fait la demande, à des conditions raisonnables préalablement convenues entre eux.»

C'est pourquoi, vous pouvez être tenté de garder cette inscription pour vous pendant une semaine ou deux en essayant de la vendre par vous-même. Mais si vous ne la mettez pas sur le système MLS/SIA® dès cette première semaine, non seulement vous allez faire obstacle aux autres agents de votre secteur et démontrer un manque de coopération, mais vous allez aussi léser votre client, car il n'aura pas la même chance que les autres de vendre sa propriété à tous les acheteurs potentiels présents sur le marché.

Il est possible d'utiliser une information privilégiée, telle que l'inscription d'une nouvelle propriété, et de communiquer dans les plus brefs délais avec vos acheteurs en réserve pour cette propriété pour leur donner la première chance. Mais on s'entend, il y des limites à respecter.

De plus, si je fais obstacle aux autres agents sur mon inscription, je risque d'y goûter moi aussi! C'est une «Loi du milieu», car lorsque j'aurai un acheteur intéressé sur une propriété d'un agent que j'ai frustré, je risque d'avoir le dernier rendez-vous pour la visiter et minimiser les chances de mon acheteur de pouvoir l'acheter! Essayez de prouver par la suite que vous êtes lésés! N'oubliez pas que le monde est petit en immobilier, et comme c'est d'ailleurs connu: 20% des agents réalisent 80% des transactions.

Si cet agent fait partie des 20%, vous risquez de le revoir souvent dans votre secteur! Par contre, il est certain que s'il n'est que de passage dans la profession, il aura tout le loisir d'entacher votre réputation, n'ayant rien à perdre. Ce type de conduite est très mal vu dans notre milieu. On le sait, comme dans beaucoup de professions, des agents immobiliers, sont «mémères». Les nouvelles courent très vite!

Les agents ne pouvant s'adapter à cette règle font partie d'une espèce d'agents en voie de disparition. Surtout s'ils ne sont pas rapidement remis à leur place par leur courtier ou par les pairs.

Je sais, je le répète, la loi nous oblige à collaborer, mais jusqu'à quel point? «On peut faire semblant» me direz-vous? N'osez même pas.

Les agents sont peut-être «mémères», mais aussi très sensibles. Ils verront votre authenticité et la respecteront.

J'explique, dans mon Tome II[38] que, de toute façon, c'est parfois plus payant de «se faire vendre» par nos confrères et d'avoir de très bonnes relations avec ceux-ci. Les gros agents inscripteurs ont vite compris ce fait.

La négociation entre amis

Nous savons tous que nous utilisons notre pouvoir d'influence sur les décisions ultimes de nos clients, mais il ne faut pas en abuser. Il est simple de comprendre que dans le cadre d'une relation entre agents impliqués dans une transaction, il n'y a pas de «moi, ma bannière», ni de «on fait concurrence», ni de «je prends pour mon client et tu prends pour le tien» ni de «je défends les intérêts de mon client, et ce, même aux dépens du tien, car je le représente, je parle en son nom» ou pire: «Ton client est déraisonnable, le mien a raison», etc...

En vérité, vous représentez votre client et ainsi, vous le conseillez et vous l'éduquez. De plus, vous servez de messager, de porteur et de livreur des décisions écrites qu'il vous a confiées à la suite de vos recommandations et de vos conseils.

[38]Voir chapitre de la mise en marché dans Tome II.

Vous êtes ensuite le communicateur des besoins et des moyens pour vous entendre, et ce, **avec la complicité** de l'autre agent qui fait le même travail avec son client. C'est comme cela qu'on fait des «transactions!»

L'agent représentant l'acheteur a les mêmes responsabilités que l'agent inscripteur. Donc, il ne peut défendre les désirs et les droits de son acheteur et ce, aux dépens des droits et intérêts du vendeur.

Nous ne sommes pas des avocats qui défendent les intérêts de leur client en cour!

On n'a pas à se tirailler! De toute façon, même ces chevaliers du droit finissent par arriver à une entente avec des compromis acceptables pour toutes les parties. Ils se parlent! Sinon, un juge tranche et il y aura une des parties qui sera perdante.

Dans le cadre d'une transaction, ce n'est pas notre but! Tout le monde doit être gagnant et heureux! Les deux parties doivent arriver à s'entendre par le biais de leur agent respectif. Si les agents ne s'entendent pas au début, cela commence mal.

C'est très simple pourtant, dans le cadre de nos transactions, nous devons collaborer pour que chacune de nos parties arrive à une entente amicale et à la satisfaction de tous, point. Nous devons négocier avec tout le respect possible envers nos clients, mais pas à outrance. On doit s'entraider afin d'arriver à une entente, et ce, dans le but que la transaction se réalise dans l'harmonie. S'il survient des différends, nous tentons de les régler à l'amiable avant de causer du tort à une ou à toutes les parties. Nous devons être des initiateurs et des «sauveurs» de transactions, au bénéfice de nos clients. Ainsi, nous pourrons toucher et justifier notre rétribution. C'est notre gagne-pain et si nous n'y arrivons pas, nous ne mangerons pas! Par contre, lorsqu'un agent ne collabore pas, il cause préjudice à son client. De ce fait, les clients auront manqué une belle transaction qu'ils ne reverront peut-être pas de sitôt. Ils seront frustrés parce que l'agent a été de mauvaise foi ou n'a pas voulu coopérer. Ils resteront donc choqués contre leur agent et avec raison.

Oui, me direz-vous: «mais c'est mon inscription, je n'ai rien à perdre, moi?» Au contraire, c'est peut-être celle-ci qui deviendra expirée, car ce vendeur frustré ne vous le dira peut-être pas, mais se souviendra longtemps de votre attitude. Conséquemment, le manque de collaboration du vendeur vous surprendra.

Mon anecdote...

Pendant que je corrigeais ce chapitre pour la dernière épreuve, une petite cousine m'appela pour visiter une maison qu'elle avait trouvée parmi les fiches descriptives que je lui avais fournies. La maison était parfaite pour elle, un vrai petit bijou que tout agent souhaite vendre à un membre de sa famille. Après l'avoir visitée à deux reprises, elle prit une nuit pour y réfléchir avant de déposer une offre. Le lendemain, selon les règles de l'art, je téléphonai à l'agent responsable de l'inscription, pour vérifier s'il y avait des changements qui avaient été apportés aux données de la fiche descriptive, car je prenais justement une offre sur celle-ci. Elle m'annonça que malheureusement pour ma cliente, il y avait déjà une offre qui avait été prise la veille sur la propriété, par un autre agent de son bureau. Par contre, cette offre n'était pas encore présentée. Ce qui se ferait le même soir vers 21h30. J'étais la bienvenue pour présenter l'offre de ma cliente avant ou après l'autre offre.

Cette transaction, j'y tenais...j'ai de nombreuses années d'expérience et j'écrivais justement un livre sur l'art du métier à ce moment-là....

Ma cliente fut sous le choc lorsque je lui ai annoncé cette nouvelle et elle resta sur sa position du prix maximum qu'elle pouvait payer à ce moment-là. Elle comprenait que le contexte d'une offre de départ ne s'appliquait plus, mais était plus à l'aise, avec son budget d'offrir 175 000 $ sur un prix de 179 900 $ demandé. Je savais que c'était une offre respectable, mais dans le marché de vendeurs actuel, elle courait le risque de perdre cette propriété pour quelques milliers de dollars. Vous comprendrez que j'ai tenté de lui dire, mais en fait, elle le comprenait mais une autre journée de réflexion et de maturité serait nécessaire pour la faire évoluer sur ce point. Je me devais d'utiliser mes autres talents de vendeuse et négociatrice pour peut-être l'aider à accélérer cette réflexion et gagner du temps. Je mis donc l'offre ouverte jusqu'à 23h ce soir-là. Échéance courte, avec l'objectif suivant: « À prendre ou à laisser, sinon faites-moi une contre offre avant d'en faire une à l'autre qui, probablement, aurait une échéance plus longue même s'elle s'avérait supérieure au départ». Une stratégie risquée, mais connue des agents d'expérience.

Je demandai donc à ma cliente de rester proche du téléphone vers les 22h, car j'aurai sûrement besoin de la voir rapidement, tard ce soir-là. De toute façon, le pire serait que son offre ne passe pas, j'aurai peut-être une contre offre et elle aurait le dernier mot pour accepter ou refuser à ce moment-là, et ce, rapidement. Elle fut donc préparée à toute éventualité.

À l'heure du lunch, cette journée-là, j'ai raconté ma tactique à un confrère. Sa réaction m'étonna. Il s'insurgea! Ce n'était pas correct!

S'il était l'agent responsable de l'inscription, il recommanderait à ses clients d'aller avec la meilleure offre, point final. Ce qui me surprenait, c'était qu'il considérait qu'une offre, ouverte pour un court moment, démontrait peu de sérieux! Donc, dans un cas comme celui-ci, il ne collaborerait pas du tout avec moi, et influencerait ses clients à cet égard! De plus, il trouvait injuste de répondre à mon offre par une contre offre si l'autre offre était plus élevée. Il considérait que l'autre acheteur serait lésé, s'il avait offert au vendeur plus que la mienne. Ce qu'on ne peut savoir, c'est qu'il y a d'autres facteurs qui entrent en jeu, par exemple, les autres conditions, telles que la possession des lieux, la date de l'acte notarié, etc. De plus et très souvent, on constate que la relation d'amitié et de confiance réciproque établie lors de la visite des acheteurs peut influencer la décision du vendeur à leur sujet.

Malgré cette conversation, je présentai mon offre ce soir-là en deuxième, avec toute ma sincérité. Par contre, j'expliquai aux vendeurs que ma cliente avait présenté sa meilleure offre, mais que je comprenais qu'ils en avaient reçu plus qu'une, et seraient peut-être tentés d'être gourmands avec cette opportunité. Le risque, à ce moment-là, sera peut-être de perdre les deux acheteurs. Ma cliente avait eu une belle relation avec les vendeurs, ils avaient jasé plusieurs minutes ensemble. J'ai mis l'emphase là-dessus, surtout que c'est très important pour eux de vendre à l'acheteur qu'ils considèrent qui mériterait le plus leur maison. Elle avait un très bon comptant et une pré qualification écrite. La date de possession, déjà fixée dans l'offre, était tout de même flexible pour pouvoir s'accommoder de leur nouvel achat, elle était à logement pour le moment et avait renouvelé son bail. Donc, avec de la souplesse et un sourire radieux, j'ai vendu ma salade!

Cette charmante agente inscripteur collabora, et surtout, ne se mêla pas du tout de la situation relativement à mes efforts et tentatives de convaincre les vendeurs. Elle m'écouta poliment et souriait. Je quittai leur maison en les assurant que s'ils me faisaient en premier, au pire, «une toute petite contre offre», avec un délai très court, ma cliente, qui m'attendait, pourrait leur répondre dans l'immédiat et ainsi ils auraient le temps de finir la négociation avec l'autre acheteur si jamais elle refusait. Donc, ils n'avaient rien à perdre.

J'attendis leur décision dehors à la porte…Après 10 minutes, l'agent inscripteur vient me chercher et me confia sans me dire le contenu, que nos deux offres étaient non seulement presque identiques, mais aussi du même type de profil d'acheteurs.

Cependant, ses clients avaient été sensibles à ma cliente et à ma présentation et acceptaient de nous faire « une toute petite contre offre » en premier, car leur but sincère était d'obtenir un montant minimum qu'ils espéraient dans leurs poches. J'acquiesçai et acceptai avec le sourire. Je suis retourné voir ma cliente avec une contre offre de seulement 1 000 $ de plus... qu'elle s'empressa d'accepter immédiatement! Nous étions tous bien heureux du dénouement de cette transaction. Ma stratégie fonctionna!

Mais la question se pose: que serait-il arrivé si j'étais tombée sur un confrère qui aurait voulu s'interposer sur les choix du client vendeur? Qui aurait critiqué ma méthode au lieu de l'apprécier? Qui aurait défendu à la mort son vendeur en faisant une contre offre démesurée qui ne lui en demandait peut-être pas autant? Nous sommes tous humains et nous avons comme vendeur professionnel un pouvoir de persuasion très puissant. Doit-on s'en servir à outrance et s'interposer entre les parties impliquées? Cela demande encore réflexion n'est-ce pas?

7% est notre enjeu, mais 93% est le leur!

Nous avons l'obligation morale et surtout légale de protéger nos clients. Ceci est très clair. **7% est notre enjeu, mais 93% est le leur!** À ne jamais oublier. Cela ne nous empêche pas d'ouvrir un peu notre jeu, notre stratégie, entre nous, pour aider, pour faciliter et pour promouvoir une belle entente, afin qu'en découle une harmonie dans la négociation. C'est ça, de la négociation: c'est de déposer des solutions sur la table pour amener les parties à une entente. Si je suis seul dans ma transaction, je connais l'enjeu et les réticences des deux parties, un avantage indéniable. Avec la volonté des deux, j'arrive à une solution donc une entente plus facile. Mais si nous sommes deux agents, on se doit de se la partager cette solution et trouver ensemble un terrain d'entente acceptable. Pas de: «on doit s'opposer et se combattre!»

Mon espoir est que les consommateurs ne croiront plus que c'est mieux de faire affaires avec l'agent inscripteur directement comme certains l'affirment. Car il est facile par nos agissements d'alimenter les mythes à ce sujet. On entend: «non, non, ne faites pas ça, je suis là pour défendre vos intérêts et je vais me battre pour obtenir ce que vous désirez». Pourtant, soyez conscient que l'acheteur est gagnant en partant, ayant bénéficié de vos services de recherche, de financement, d'expertise et de conseils qui le garderont confiant dans sa transaction. Il vous fait confiance, mais ne vous demande pas de vous entre-tuer pour lui! L'acheteur peut choisir celui qu'il veut pour faire son acquisition soit l'agent à qui il fait confiance ou l'agent inscripteur. Dans les deux cas, il aura le même service attentionné et professionnel.

De plus, il est essentiel de comprendre que notre capacité de négociateur et nos aptitudes à résoudre des problèmes grâce à nos connaissances peut aider les vendeurs à obtenir une valeur ajoutée à leur propriété en nous utilisant et ainsi monter cette valeur de 93% à 100%! Plus d'une étude américaine a confirmé ce que nous connaissions déjà: nous vendons les propriétés **20%** plus cher que celles vendues directement par le propriétaire.

Je peux vous dire que 99% de mes clients acheteurs ou vendeurs sont très enchantés de mes services et me reprendront comme agent à l'avenir. Le 1% représente de toute façon d'éternels insatisfaits qui ne seront jamais capables de rien apprécier. Cela, malgré tout le professionnalisme et les efforts que j'ai mis à leur rendre service. Je préfère de toute manière ne plus les récupérer comme clients. Ils restent pour moi une source de perte de temps et d'énergie négative.

Dans les faits, au sujet de cette première règle, vous êtes conscients que ce que vous faites est de mieux partager en mode amical avec l'agent concerné et le consommateur sera gagnant de votre vraie collaboration d'affaires, ainsi que de votre professionnalisme. Je reste loin des conflits de personnalité qui peuvent survenir. Je garde mon calme et je prends du recul face à celui-ci. Il est normal que cela arrive. Mon expérience me dit qu'il vaut mieux accepter la personnalité de chacun que de manquer une transaction. Vos questions de principe, laissez-les à la maison. Pensez d'abord aux intérêts de vos clients.

Le «bluff», la médisance et les mensonges sont le lot des situations vécues par des propriétaires qui ne font plus confiance à un courtier ou à un agent immobilier. Par ignorance, ces agents mettent en danger leur transaction et leur crédibilité et paient généralement le prix en responsabilité civile ou disciplinaire. Ceux-ci réaliseront ainsi leur erreur par eux-mêmes. Nous réussissons à vendre des propriétés grâce à notre honnêteté, nos bonnes stratégies de vente et notre aptitude impeccable à rester professionnels en tout temps.

Ceux qui nous confient leurs transactions veulent du résultat dans l'harmonie. C'est ce qu'ils attendent de nous, notre collaboration, notre respect mutuel, notre savoir-vivre et nos connaissances de négociateur aimable qui rendent la transaction une expérience d'achat ou de vente agréable pour tous.

⌂ ⌂ ⌂

Règle n° 2

Attendre dehors!

Un agent collaborateur qui veut présenter une offre ou toute contre offre de son client acheteur doit, lorsque sa présence est requise pour en faire la présentation en personne, attendre à l'extérieur que l'agent inscripteur soit arrivé et que ce dernier lui transmette un signe l'autorisant à entrer.

La raison? Simplement le savoir-vivre et surtout le respect de préséance de l'agent inscripteur. C'est son client! Professionnellement, il prendra le temps de préparer ses clients vendeurs sur les procédures et méthodes de ladite présentation d'offre d'achat et de l'attitude à tenir face à toutes éventualités. N'oubliez pas que l'agent inscripteur connaît bien son client et sait quelle approche utiliser pour assurer et promouvoir une négociation dans l'harmonie et la bonne entente. Depuis la dernière rencontre de cet agent avec son client vendeur, soit quelques jours ou parfois quelques semaines, le vendeur a probablement évolué et dans l'émotion et l'excitation d'une offre sérieuse enfin déposée, il peut confier à son agent ses attentes réelles qui pourront vous aider à la conclusion d'une transaction. Donnez donc à cet agent le temps de saisir le pouls précieux du vendeur.

De plus, l'agent inscripteur trouvera qu'il y a un manque de respect de la part de l'agent collaborateur si ce dernier commence à parler de son offre ou de sa contre offre ou encore de certains détails sans sa présence. Le vendeur est curieux et inconscient de cette réalité et il sera tentant pour lui de poser des questions qui vous mettront dans l'embarras. Le vendeur a aussi le droit d'avoir à ses côtés la présence de son agent qu'il paie pour l'assister et le conseiller. Nos règles de déontologie prévoient d'ailleurs cette éventualité. Le pire est que si cette conduite est ignorée, la relation de confiance entre les agents sera brisée et la collaboration en souffrira à coup sûr et la transaction aussi.

Les agents collaborateurs doivent se rappeler que les vendeurs ont mis leur confiance entre les mains de l'agent inscripteur (qu'il a d'ailleurs choisi parmi les autres prétendants) et cela même si vous, vous ne l'aimez pas! Abuser involontairement de la naïveté du propriétaire vendeur sans la présence de son conseiller pourrait ne pas être très payant finalement.

Attendez qu'ils soient prêts à vous recevoir et qu'on vous fasse signe!

⇧ ⇧ ⇧

Règle n° 3

Visite sur rendez-vous veut dire un visiteur à la fois!
(Attendre dehors! #2)

À votre arrivée sur les lieux, la propriété, que vous désirez présenter à vos clients, est déjà en train de se faire visiter par un autre agent? Attendez dehors qu'il termine.

C'est un manque de respect pour les hôtes et pour les acheteurs de ne pas respecter ce principe. La propriété ne sera pas à son avantage avec trop de personnes en même temps.

Un agent à la fois par propriété visité.

Éduquer de plus vos vendeurs à ne jamais recevoir plus d'un agent à la fois dans sa propriété.

Question de contrôle du trafic, d'espace requis et de temps pour répondre aux questions essentielles de l'acheteur.

⇧ ⇧ ⇧

Règle n° 4

Ne pas négocier d'avance avec le vendeur lors de la visite des lieux, et ce, en présence de vos acheteurs.

Lors d'une première ou seconde visite, l'agent collaborateur ne se mettra pas à négocier d'avance les détails de l'offre d'achat avec les clients vendeurs. C'est souvent arrivé pour gagner du temps, inno-cemment! Les propriétaires vendeurs, par manque d'expérience ou se sentant intimidés devant toutes les parties, pourront émettre des énoncés qui seraient impossibles à respecter par la suite lors de la présentation écrite. Pourquoi? Parce que leur agent fera com-prendre les implications de leurs discussions qui ne sont pas tou-jours évidentes. Ils changeront peut-être d'idée et du même coup, ils seront très piteux et déçus de votre comportement.

Par exemple:

Ce fait arrive souvent lorsque l'agent visiteur et ses clients s'infor-ment des inclus ou encore de la date d'occupation possible. Nous entendons souvent: «Oui, je peux libérer la maison rapidement...»

Oups! Réalité impliquée par cette réponse: coûts d'entreposage, car il y a un risque que la maison en construction ne soit pas prête, deux déménagements, coûts plus élevés que prévu et le temps perdu... Oups! Il n'y avait pas pensé... Oups! Je change d'idée... Quel est le résultat? La négociation tombe à l'eau et c'était une perte de temps pour tous...

Les vendeurs avides de vendre croient bien faire et pensent que l'acheteur bien accroché et en apparence en amour avec leur mai-son pourrait plier à leurs caprices. Mais en fait, l'acheteur lui était sérieux dans ses contraintes, et en fait plus qu'une question de prin-cipe. Sa déception et ses émotions font que la transaction tombe!

Tout ça pour un malheureux malentendu.

J'insiste sur ce point: les agents collaborateurs doivent garder en mémoire le fait que les vendeurs ont mis leur confiance entre les mains de l'agent inscripteur et qu'abuser de leur naïveté sans la présence de leur conseiller pourrait finalement ne pas être très payant. Collaborer et discuter seulement avec l'agent concerné.

⌂ ⌂ ⌂

Règle n° 5

Ne pas faire une promesse qu'on ne peut tenir... surtout devant le client de l'agent collaborateur qui entend cette promesse...

Dans le cadre de la présentation d'offre, cela arrive trop souvent que l'on parle au nom de notre client. Parfois, c'est même tentant de certifier à un autre agent, par exemple: «je vais essayer d'obtenir ceci ou cela de mon client...Je vous promets ceci ou cela... Je suis persuadé qu'il va vouloir... Il fait tout ce que je lui dis ou conseille de faire...»

Imaginez quand il faut annoncer la nouvelle de votre échec à l'autre... et vivre avec cela par la suite.

On ne promet rien, on ne jure de rien et on ne garantit rien... cela est-il assez clair? Nous sommes des messagers des offres d'achat écrites et confirmées. Et non des affirmations verbales qui ne font pas l'objet des documents écrits. **Pas de verbales!**

On essaie de ménager nos efforts et nos allées et venues en négociant verbalement certains points mais ce n'est pas toujours nécessaire d'en confirmer le résultat avant de l'obtenir par écrit. Après la confirmation ou non d'une nouvelle entente, il faut l'annoncer aux parties et ce encore par écrit. Toujours prévenir ses clients de se réjouir seulement lorsqu'il y aura des documents signés confirmant l'entente.

Ayez confiance que la transaction suit son cours et elle est bien partie pour aboutir à la satisfaction de tous. Sans promesse de vendeur de pacotilles du dimanche paniqué!

Apprenez à vous taire.

⌂   ⌂   ⌂

Règle n° 6

Aucune visite sans rendez-vous!

Eh oui! Il y a encore des agents qui essaient de visiter des maisons en oubliant de prévenir l'agent inscripteur.

Pourtant, un agent immobilier devrait savoir qu'un vendeur désire avoir un agent pour s'occuper de cela? C'est pour cela qu'il retient les services d'un agent inscripteur.

Il peut arriver que vous passiez devant une propriété à vendre avec vos clients acheteurs et qu'ils désirent la visiter sur-le-champ. Le propriétaire vendeur étant à l'extérieur sur son terrain, vous tentez votre chance et lui demandez de visiter sa propriété. Prévenez immédiatement ou avant l'agent inscripteur. Question de bien commencer la relation amicale de collaboration! Il faut donner le temps de rassurer le client vendeur et de s'assurer que celui-ci n'a pas répondu «oui» à la demande par gêne, mais qu'en fait la maison est en désordre et qu'il aurait apprécié avoir une demi-heure pour ramasser ses bobettes! En fait, il n'est pas vraiment content et il appellera son agent pour se plaindre d'avoir été pressé d'accepter pour ne pas perdre un acheteur éventuel! De plus, il préfèrera ne pas lui vendre, vu le manque de respect de l'agent de cet acheteur!... Ce client vendeur a drôlement raison! Il risque d'être difficile à calmer. Vous aurez du fil à retorde lors de la présentation de votre offre.

Méfiez-vous des apparences... et jouez selon les règles du jeu. Même chose pour les deuxième visites des lieux dans la même journée ou parfois au cours de la même heure! Obtenez la permission de l'autre agent et prévenez que vous retournerez en deuxième visite.

C'est encore là une question d'éthique et de savoir-vivre.

⇧ ⇧ ⇧

Règle n° 7

Les boîtes à clés c'est l'avenir de l'immobilier... Apprenez donc à vous en servir!

Demandez les instructions à l'agent inscripteur quant au fonctionnement de la boîte à clés, car elles ne sont pas toutes pareilles au Québec, contrairement aux autres provinces ou États américains. Ils ont, en effet, l'avantage des boîtes avec systèmes informatiques si bien que seul un agent en règle peut les ouvrir en ayant obtenu une autorisation avec une carte magnétique ou par l'entremise de son cellulaire. De plus, l'agent inscripteur, par ce même moyen électronique, est donc prévenu du nom de l'agent qui visite, de la Compagnie qu'il représente et de la durée de la visite! Les chanceux! Ces boîtes électroniques sont généralement fournies par leur chambre immobilière locale, et cela, à un prix raisonnable, car il s'agit d'un achat de groupe. Certains courtiers et agents immobiliers américains ne fonctionnent qu'avec ces boîtes, les vendeurs n'ont pas le choix et sont bien informés sur le sujet, c'est un service supplémentaire et très apprécié.

Pour nous, c'est différent puisque la mode et l'éducation à leur sujet ne font que commencer. Nous avons débuté avec les propriétés comme les reprises de finance ou les propriétés en relogement. Ce qui a donné une mauvaise image de départ au principe. Les clients s'imaginaient qu'on posait ces boîtes que sur des propriétés vides ou délabrées et surtout sans surveillance.

Mais attention, sachez aussi qu'elles ne sont pas seulement installées dans des propriétés vides. Un rendez-vous doit donc être quand même pris avec l'agent inscripteur et ses clients vendeurs pour prévenir de votre visite, vous prenez comme lorsqu'on vous prête une clé, la responsabilité totale des portes, fenêtres et lumières à refermer et sécuriser avant votre départ.

Ne vous privez pas des nombreux avantages que cette petite boîte nous procure. Éduquez dès maintenant vos clients sur les privilèges de celle-ci. Les agents et leurs clients sont des personnes responsables et consciencieuses!

Expliquez qu'elles sont de plus en plus populaires avec le rythme de vie que nos clients vivent. Elles augmentent l'accessibilité à leur propriété à toutes heures. Ceux qui visitent des propriétés comme acheteur avec leurs agents apprécient cette initiative. Ils ont tout le loisir sans gêne d'explorer la propriété qui est le plus gros achat de leur vie. De plus, c'est plus sécuritaire que la clé dans la boîte aux lettres ou sous le tapis.

Mais attention! Ne donnez pas le code à votre client acheteur si vous n'êtes pas capable de l'ouvrir vous-même!

Ne retournez pas à ladite propriété, connaissant le code d'accès, sans en prévenir l'agent inscripteur.

Finalement, le même principe s'applique que sur le protocole de visite habituelle.

⇧ ⇧ ⇧

Règle n° 8

Ne jamais discuter du partage de la rétribution durant la négociation.

L'agent inscripteur professionnel n'offrira jamais à un agent collaborateur de couper sa rétribution en le menaçant que la transaction ne pourrait pas avoir lieu sinon…surtout pas en menaçant qu'après tout, lui aussi il fait pitié, lui aussi il doit couper… et ce, devant le vendeur… Vite! Sortez la boîte de kleenex!

Puis-je vous faire remarquer que c'est du chantage?

L'agent inscripteur professionnel ne discutera jamais du partage de la rétribution avec l'agent collaborateur devant son client-vendeur. Même et surtout si celui-ci vous le demande en plein milieu de la négociation. Le contrat de courtage est signé avec l'agent inscripteur. Ce dernier prend donc la responsabilité entière de s'assurer que l'agent collaborateur aura sa pleine commission telle que prévue et telle qu'il a été entendu à la fiche descriptive. De plus, c'est aussi sa responsabilité de faire respecter par le client-vendeur la rétribution convenue au contrat de courtage.

Donc, il ne va pas s'humilier, face à un collaborateur, devant un chantage du client-vendeur qui menace de ne pas signer ou de ne pas vendre si on ne réduit pas la commission. Un agent qui se respecte ne négocie pas la commission, mais uniquement le prix de vente d'une propriété, point.

Si l'agent inscripteur veut faire un cadeau à ses clients vendeurs, il peut le faire, mais à ses frais et sans impliquer l'autre agent.

Dans la même foulée, si l'agent collaborateur veut faire un cadeau à ses clients acheteurs, il peut le faire discrètement et à ses frais.

Un cadeau est en fait une dépense déductible pour vous, car cela entre dans vos frais de vente. Donc, elle coûte en fait moins cher selon votre taux d'imposition et ça fait toujours plaisir aux clients!

Des exemples de cadeaux?

<u>Aux vendeurs</u>: offrir de payer des frais de vente en partie ou en contribution envers: certificat de localisation, test d'eau, quittance ou simplement une bouteille de vin!

<u>Aux acheteurs</u>: offrir de payer des frais d'achat en partie ou en contribution envers: frais de notaire, frais de déménagement ou simplement une bouteille de vin!

Le cadeau est loin d'être obligatoire, il peut parfois être de mise pour conclure une transaction. Vous ne le faites que si vous êtes mal pris... Ou que cela fait trois fois qu'il a recours à vos services cette année! C'est apprécié de vos clients et vous ne l'habituez pas au principe de vous faire baisser votre commission. Imaginez lorsqu'il se vante à toutes ses connaissances qu'il vous a eu à prix d'aubaine! Moi j'aime mieux qu'ils disent: ¨elle est tellement fine notre agente, elle nous a fait un cadeau!¨

Ainsi, nous aurions une meilleure réputation à offrir des cadeaux, n'est-ce pas?
N'oubliez pas, les mythes et légendes urbaines sont tenaces, et on pourrait les changer peut-être à notre avantage.
De plus, ai-je besoin de vous dire que vous n'annoncez pas à la ronde ce fait, car les habitudes se prennent vite, et tous vos clients voudront et s'attendront à recevoir aussi un cadeau!

Il faut prévenir vos clients de l'exception. Mais surtout, ne coupez jamais votre rétribution. Elle est sacrée. Si vous commencez à le faire, les agents d'expérience vous le diront, c'est un engrenage qui coûte cher. Pourquoi le faire pour un et finalement pas pour l'autre? Les clients ont la mémoire longue et vous référeront en relatant ce fait et envisageront de refaire une transaction avec vous seulement parce que votre réputation est d'être un agent à rabais! Pas cher... pas payant... pas payant... donc en voie d'extinction! Donc, il n'est pas payant que vous fassiez ce métier.

Vous rappelez-vous des statistiques qui disent 20% des agents réalisent 80% des transactions. Imaginez, ils le font en plus au plein tarif!

Ces agents performants avouent prendre continuellement des formations et des séminaires de motivation pour les motiver notamment à ne jamais fléchir sur ce point (Voir séminaires et conférences au site internet www.immo-succes.com). Ils connaissent les arguments et leurs réponses par cœur!

C'est pour ça que le consommateur veut faire affaires avec des agents gagnants comme eux, car ils seront mieux servis. C'est payant pour ces agents de vendre leur propriété, et les vendeurs sont en confiance que l'agent, faisant face au défi, réussira à vendre, c'est sûr! Ces agents ont naturellement la même dextérité pour justifier leur rétribution que le prix de vente de leur propriété.

Mais la réalité est que, malheureusement, certains agents n'ont pas compris ce fait et n'osent pas garder leurs culottes et maintenir leur position devant les réticences des vendeurs. Ces agents incapables de défendre leur rétribution, induisent les consommateurs en quête d'aubaine, à une tentation très forte de nous réduire le taux de commission et nous renégocier tout le temps. Il reste dans leur tête un mythe puissant à l'effet que tous les agents couperont leur commission pour ne pas perdre une transaction.

J'en ai surpris plus d'un! Je n'ai jamais baissé, pas même pour un ami, et tous respectent le fait que je mérite cette rétribution. Ils ne se vanteront pas non plus d'avoir obtenu raison sur mon dos et mon gagne-pain, ils n'ont juste pas risqué de perdre leur transaction!

Je suis intraitable sur ce sujet et pourtant, je gagne honorablement ma vie. Même qu'ils me respectent pour cela. Mes confrères sont en confiance puisqu'ils seront bien payés aussi pour leurs efforts. Pourquoi ne seriez-vous pas capable d'en faire autant?

Aidez-moi à détruire les mythes et les légendes urbaines qui nous causent du tort.

Éduquez vos clients au fait de payer votre vraie valeur et de plus en plus tous les clients respecteront ce fait. C'est votre devoir envers vos pairs.

⇧ ⇧ ⇧

Règle n° 9

L'agent collaborateur n'offrira jamais à un agent inscripteur de couper sa rétribution en le menaçant que la transaction ne pourrait pas avoir lieu. Surtout devant le client vendeur ou pendant la présentation de l'offre d'achat. Mêmes raisons sinon pire qu'en **Règle n° 7**.

Mais déjà vu.

Dans la même foulée, si l'agent collaborateur veut faire un cadeau à ses clients acheteurs, il peut le faire discrètement et à ses frais.

⇧ ⇧ ⇧

Règle n° 10

Ne pas s'approprier les clients de l'agent collaborateur pendant la visite.

Tenir pour acquis que même si vous ne connaissez pas cet agent et qu'il ne connaît peut-être pas la propriété, il a encore un avantage sur vous, il connaît ses clients acheteurs.

Lors d'une visite où votre client vendeur vous demande d'être présent, ne pas faire le «Super Agent-Vendeur»... pour bien paraître à ses yeux.

Soyez présent pour tenir occupé votre vendeur si nécessaire et l'aider à répondre aux questions des acheteurs, c'est correct et honorable de votre part. Laissez l'agent collaborateur faire sa visite dans la tranquillité avec ses clients dont il connaît les besoins et ce qu'ils recherchent, mais surtout il sait ce qu'ils ne veulent pas voir ou entendre! De plus, trop de monde dans une pièce fait paraître celle-ci très petite.

Les acheteurs ont choisi leur agent et ce n'est pas vous. Mais ayez confiance en sa capacité de vendre la propriété. Même sans talent de la part de son agent, l'acheteur tombera tout de même tout seul en amour avec la propriété, si c'est la bonne naturellement.
À partir de ce moment là, aidez cet agent à faire la transaction dans l'harmonie.

Règle n° 11

Lors de la prise d'une inscription, éduquez vos clients vendeurs de ne pas «survendre» leur propriété et de ne pas suivre à la trace l'agent et ses clients qui visitent.

Le vendeur qui s'impose trop pendant la visite, et qui explique lon-guement les détails de sa propriété, nuira finalement sans jamais le savoir, à la vente de celle-ci. La magie du coup de foudre ne pou-vant avoir lieu!

Je le répète, trop de monde dans une pièce fait paraître celle-ci très petite. Les vendeurs et leur famille peuvent attendre au salon et on va aller leur poser des questions, si nécessaire.

Expliquez-leur d'allumer toutes les lumières dans la propriété, un bon 15 minutes avant la visite. L'acheteur sera peut-être dehors à admirer celle-ci en attendant son agent! De plus, l'agent visiteur n'aura pas l'air d'une girouette, à étourdir ses clients pour trouver les interrupteurs. Ils visiteront ainsi la propriété dans toute sa splendeur illuminée, même en plein jour!

Les propriétaires vendeurs vous engagent pour que vous leur donniez des conseils... donnez-leur-en! Dites-leur de laisser les agents faire leur travail même s'ils croient que ce n'est pas de cette façon qu'ils auraient vendu leur propriété.

⇧ ⇧ ⇧

Règle n° 12

Battre le fer pendant qu'il est chaud !

Collaborez rapidement aux négociations avant que la peur et la bis-bille s'installe. On sait que plus les clients acheteurs ont du temps devant eux pour consulter leur réseau de conseillers privés (maman, papa et belle-famille, oncle et ami(e)s, etc.!) et plus les négociations deviennent ardues, compliquées et difficiles à finaliser. Ce n'est pas qu'on ne veut pas qu'ils prennent des conseils, mais il y a des limites à ce que toute la famille s'en mêle!

Ces personnes soudainement impliquées, n'ayant pas cheminé et évolué au même rythme que vos acheteurs, n'ayant pas visité et réalisé le marché comme vos acheteurs l'ont fait, ne comprennent pas le chemin parcouru par eux et ne pourront pas bien les conseiller malgré leur bonne volonté. Mon oncle, qui n'a pas visité les 18 propriétés avec moi, s'exclamera que c'est trop cher et qu'il y a trop de réparations à faire pour ce prix, alors qu'il s'agit d'un excellent achat pour mon budget!

Qui écouter? Mon oncle ou l'abominable agent immobilier que je suis???

Éduquez vos acheteurs dès le début de cette réalité.

⇧   ⇧   ⇧

Règle n° 13

Assurez-vous que vos clients inquiets ne s'entourent pas de personnes qui prennent des décisions à leur place!

Je m'explique par un exemple humoristique (mais histoire vraie):

Un gentil couple inquiet et anxieux, fait appel au père de monsieur «fiston l'acheteur» pour les accompagner lors de l'inspection en bâtiment. Celui-ci a suivi de près l'offre d'achat avec vous et assiste à l'inspection faite par un inspecteur qualifié. Ainsi, son père assume l'entière responsabilité de voir à ce que son fils ne manque rien et soit très conscient de tous les petits défauts que pourrait avoir la propriété en question. Responsabilité qui lui incombe, par le rapport de confiance que le fils lui impose sur ses épaules, et ce, de bonne foi. Vous pouvez imaginer que ce papa ne manquera rien du tout! Qu'en plus, il se méfie à mort de l'abominable agent immobilier que vous êtes... (Puisque son fiston lui demande de l'accompagner pour être rassuré, vous êtes peut-être une personne de peu de confiance à ses yeux!)

Imaginez la scène: copine de fiston l'acheteur adore la maison, c'est un coup de foudre. Le papa de fiston, lui, n'est pas très marteau (bricoleur) et a entendu beaucoup d'histoires d'horreur dans sa longue vie riche d'expériences. Fiston l'acheteur ne sait plus qui écouter… L'inspecteur sentant la soupe chaude essaie d'être rassurant et d'amoindrir ses propos sans perdre son professionnalisme. Après tout, la longue liste de petits défauts lui coûterait au bas mot, environ 2 500 $ en réparations et matériaux et peut-être moins s'il faisait lui-même les travaux qui sont en fait très simples à exécuter! Mais papa lui souligne dans les moindres détails chacun des travaux avec le coût exorbitant que cela pourrait coûter en les faisant exécuter par les plus grands spécialistes.

Croyez-vous que fiston l'acheteur va acheter la propriété?

Non, mais copine de fiston l'acheteur est déçue. Fiston l'acheteur va donc tout de même, avec toutes les horreurs trouvées dans cette maison, essayer de faire baisser le prix de 5 000 $ pour ne pas perdre la face… face aux pressions de papa. Évidemment, il n'y parviendra pas, car le vendeur est insulté et ne veut plus lui vendre son château. Copine est maintenant très, très déçue, fiston l'acheteur très, très piteux et peut-être un peu fâché d'avoir écouté papa, mais ne peut l'admettre, par orgueil. Une autre maison à trouver est de mise pour vous! Imaginez… le stratagème risque de se répéter si papa se vante d'avoir sauvé des horreurs son fiston!

Que faire pour éviter une telle situation?

Préparez vos clients. Racontez et expliquez cet anecdote. Faites réaliser au fiston que s'il était à la place de son père avec cette même responsabilité, il aurait agi de la même façon pour lui.

Rappelez à Papa que lui aussi a eu cet âge, il avait probablement aussi acheté une maison «Monsieur Bricole».

Dites à vos clients qu'ils sont grands maintenant et qu'un professionnel les accompagne en plus de l'inspecteur qu'ils ont choisi.

⇧ ⇧ ⇧

Règle n° 14

Aller porter, pour le vendeur, les titres et offres d'achat chez le notaire!

Service qu'on rend depuis toujours. Pourquoi? Mystère!

Au cas où le vendeur oublierait peut-être?

Afin de s'assurer que le notaire reçoit la copie complète de l'offre d'achat et les détails du financement que vous avez en votre possession? Ou pour se garantir que votre facture y sera? Ou **pour justifier notre rétribution?**

Nulle part, il n'y a d'écrit sur cette obligation. Mystère!

Peut-être parce que tout le monde le fait? C'est peut-être une tradition? Parce que c'est un service qu'il nous fait plaisir à rendre?

On sait que l'agent connaît l'ensemble des documents que le notaire aura besoin pour faire la transaction. Pourtant, il y a des limites, à perdre un après-midi dans la circulation pour aller porter des titres au notaire de l'acheteur dont le bureau, par hasard, est à l'autre bout de la ville.

Un service de messager pourrait peut-être faire le travail si le vendeur n'a pas la possibilité de le faire lui-même.

Je trouve toujours bizarre de ramasser les titres chez le vendeur, que je dois de toute façon obtenir pour mettre sa propriété sur le marché, et les lui remettre après pour finalement les reprendre quand je vends ladite propriété. Parfois, tout ce stratagème se fait en quelques jours, si on vend rapidement! À la suite de la levée de conditions, lors de l'obtention des signatures et accusés de réception de la part du vendeur, je me permets parfois d'éviter quelques voyages inutiles en ramassant tous les documents pertinents à ce moment-là. Par contre, comme je travaille de plus en plus par télécopieur pour ces derniers détails, cela me cause souvent des déplacements supplémentaires.

Solution? S'il accepte de me les laisser dès l'inscription de la propriété, je m'engage à les transmettre au notaire lorsque la transaction sera finale. Sinon, s'il insiste pour que je lui ramène après ma prise de copie pour mon dossier, je lui demande de prendre la responsabilité de les faire suivre chez le notaire. À ce moment-là, je ne fais que faxer l'offre et les documents pertinents à la transaction au notaire. Ainsi, je sauve des déplacements et du temps!

Certains vendeurs sont très heureux d'aller porter eux-mêmes les titres, cela les rassure afin qu'ils soient complets et bien rendus et cette action leur permet de rencontrer le notaire instrumentant la vente choisi par l'acheteur et de constater l'emplacement du bureau.

Je me libère ainsi d'une responsabilité supplémentaire qui de toute façon n'est pas mienne dans le cadre de l'offre d'achat ou du contrat de courtage.

Je suis heureuse de rendre service, mais à ma façon et surtout à la hauteur de mes capacités.

⇧ ⇧ ⇧

Règle n° 15

Je ne réponds jamais devant un client à un appel sur mon cellulaire.

Sauf pour l'exception suivante: si j'ai tenté devant eux d'obtenir une information sur un sujet les concernant et que j'attends un retour d'appel à cet égard.

Sinon, il est **tout à fait impoli** de le faire. Nos clients vendeurs et acheteurs méritent toute notre attention. Ils ne sont pas des clients de second ordre.

Les retours d'appels, qui seront faits à la suite des messages reçus sur mon téléavertisseur, se feront à mon retour au bureau ou dans la voiture, et ceci dans l'intimité que ces interlocuteurs peuvent rechercher en tentant de me rejoindre. C'est ce qu'ils méritent aussi.

Nous faisons perdre un temps précieux à la personne qui subit les appels incessants entrant sur notre cellulaire. Et nous continuons à encourager ainsi le mythe à l'effet que nous soyons des pompiers ou médecins d'urgence de l'immobilier!

Essayez seulement de rejoindre votre avocat ou votre médecin sur son cellulaire… Bonne chance!!! Vous allez vite constater ce fait par vous-même! Je vous mets au défi.

Une gestion professionnelle de vos appels démontre un savoir-faire d'affaires et un savoir-vivre.

⌂ ⌂ ⌂

Règle n° 16

Vous n'avez pas le droit, à titre de professionnel, de ne pas savoir!

Dans le même sens: «Nul ne peut ignorer la loi!»

En effet, vous devez être à la hauteur de votre titre. Un médecin ne peut pas ignorer qu'une dernière découverte fait des miracles et pourrait éventuellement vous sauver la vie!

Dans le même esprit, vous ne pouvez prétendre ne pas savoir tout ce qui se passe en immobilier. Les lois, les règlements, les intervenants, la jurisprudence, vos représentants, les avis, les conseils, les statistiques, les articles, les formations, les modes…

Notre profession est victime d'une formation minimale, mais c'est entendu dans notre milieu, elle doit être comblée par une discipline de formation continue et autodidacte. (Donc apprendre par vous-même).

Vous avez la responsabilité de tout lire! De tout savoir! De tout apprendre, si ce n'est que pour vous apprendre à vous protéger.

Comme présidente d'un regroupement d'agents immobiliers sur la Rive Nord de Montréal pendant 5 ans, j'ai souvent constaté que certains agents mélangeaient le rôle de la chambre immobilière avec celui de l'ACAIQ! Ou pire, ils ne connaissaient pas les lois ou les responsabilités qui leur incombaient. Il y a une grosse différence entre les deux pourtant!

Vous voulez devenir un meilleur agent et être plus performant? Vous voulez améliorer votre confiance en vous et garantir vos résultats? Cela s'apprend!

Lisez tout sur le sujet, et participez à des séances de formation continue.

⌂ ⌂ ⌂

Règle n° 17

Ne pas inscrire une mauvaise inscription.

Le vendeur sera frustré et vous perdrez la face puisque vous n'avez pas osé lui dire la vérité quand **c'est pour cela qu'il vous paye.** Il s'agit d'une question de principe.

Si vous mettez un prix de vente demandé plus haut que le marché pour couvrir vos frais de courtage, vous l'avez mal informé, car le marché inclut ces frais de courtage et il ne vendra pas avec 8 à 10% de plus que les autres propriétés concurrentes. Les acheteurs sont de plus en plus informés de ce marché puisque c'est eux qui le magasinent et le déterminent. Cela fait paraître l'agent peu professionnel et toute l'industrie du courtage en souffrira.

Les clients AVPP seront fiers d'avoir et de payer pour nos judicieux conseils et d'avoir recours à nos services. De cette façon, un jour ils n'existeront plus! Comme cela se voit dans certains États américains, les consommateurs ont l'obligation de prendre un intervenant pour vendre leur propriété, car avec un grand professionnalisme les agents ont su maintenir une réputation impeccable.

Une mauvaise inscription ne deviendra jamais meilleure...

C'est assez! Ayez le culot de dire la vérité et cela deviendra plus payant pour nous tous.

⇧ ⇧ ⇧

Règle n° 18

Les heures d'affaires: Oh! Sujet chaud de l'heure!

Oui, il y en a! **Et éduquez vos clients et les autres membres collaborateurs là-dessus!**

Les voici :	9h à 21h	Du lundi au vendredi
	10h à 17h	Le samedi et dimanche

Ces heures d'affaires incluent les heures de visite, de suivi des visites, de présentation d'offres et d'appels téléphoniques pour toute information.

En dehors de ces heures, ce sont les urgences immobilières seulement.

Qu'est-ce qu'une urgence immobilière?

✓ Prévenir qu'une offre devra être présentée le lendemain, et ce, dans les heures d'affaires.

✓ Prévenir qu'une offre ou une contre-proposition est acceptée ou refusée ou qu'une nouvelle offre ou contre-offre aura à être présentée le lendemain durant les heures d'affaires.

✓ Téléphoner pour aviser votre interlocuteur que vous avez bien reçu le message d'une de ces dernières possibilités seulement et que vous rappellerez demain durant vos heures d'affaires afin de planifier les présentations nécessaires.

Qu'est-ce qui n'est pas une urgence immobilière?

Vais-je avoir assez de papier pour tout approfondir sur ce point?

Je vous donne ici quelques exemples et explications:

✓ Une demande de rendez-vous pour le lendemain matin 9h00! Je n'oserais même pas appeler mes clients le soir après 21h00, car souvent les gens ont de jeunes enfants au dodo ou sont couchés eux-mêmes.

✓ Une demande de renseignements sur une inscription entre confrères. Cela peut attendre à demain, à moins que vous ne soyez en train de prendre une offre d'achat sur celle-ci. Mais de grâce, si vous pensez que vous prendrez une offre ou avant même de visiter, informez-vous des inclusions et exclusions qui devraient être dans la fiche MLS ainsi que des déclarations des vendeurs et des courtiers (que tout le monde oublie) pendant les heures d'affaires.

✓ Pour prévenir, après un deuxième appel de demandes de rendez-vous, non accordé encore, car vous ne rejoignez pas vos clients vendeurs! Ce qui arrive parfois. Si je n'ai pas rejoint mes clients avant 21h00 le soir, je ne peux vous confirmer le rendez-vous! Inversement, par politesse et égard, je devrais vous prévenir avant 21h00 que j'ai bien tenté, mais je n'ai pas eu de nouvelles d'eux, mais à suivre demain dans les heures d'affaires ou dès que je les rejoins.

On s'entend? Ne doutez point de mon professionnalisme et je ne douterai point du vôtre.

C'est de notre responsabilité professionnelle à nous tous, de maintenir à la hausse, les normes de qualité du travail accompli et des résultats obtenus. Pour cela, il est inutile, voire ridicule, de prétendre pouvoir être disponible 24 heures sur 24 et 7 jours sur 7.

⌂ ⌂ ⌂

Règle n° 19

Il existe des mythes et légendes urbaines. Notre profession en a plus que son lot. Cessez de les alimenter! Cultivons plutôt du positif!

Nous le savons, notre rétribution, à elle seule, fait partie de sujets litigieux pour le public et les médias. Il y a, et ce à chaque année, des articles et émissions de radio et de télévision à ce sujet qui, à leurs yeux, paraît énorme et non justifiée.

À qui est la faute? **Nous!** Nous avons la responsabilité de notre rétribution et de la justifier professionnellement, et ce, depuis que ce métier existe (on me dit plus de 100 ans) et encore pour longtemps. Habituez-vous! Cela fait partie des aléas de notre profession. Mais un travail professionnel, une réputation irréprochable et des associations pour nous soutenir positivement auprès de ces mêmes médias, ne pourront qu'alléger les croyances et légendes urbaines à ce sujet.

Les entretenir, les commenter aux journalistes et s'en vanter, c'est l'art de se pendre tout seul... de se tirer dans le pied comme l'expression le confirme!

Lorsque la population parle négativement de nous, si nous sommes incapables de répondre à ces critiques, nous alimentons le négativisme envers nous.

Il faut renverser la vapeur.

Nous sommes nombreux à très bien travailler et gagner honorablement notre vie à faire cette profession qui est utile et essentielle pour le consommateur, et ce, depuis des décennies et dans tous les pays. Il faut croire que notre profession n'aurait pas duré depuis si longtemps et avec le succès que l'on connaît si on était tous des agents incompétents et trop payés!

Ce n'est pas parce qu'il y a un médecin pourri dans un hôpital que tous les autres le sont.

Le respect pour notre profession se gagnera grâce à notre volonté de travailler tous ensemble et surtout à mieux faire connaître nos services.

⇧ ⇧ ⇧

Règle n° 20

Comprenez avant de juger!

Mon opinion sur les courtiers à escompte.
Ils sont une réalité incontournable. Mais ils étaient là hier et seront là demain.

Je les respecte, mais ça me désole de vous voir y réagir avec tant d'animosité, si vous n'êtes pas des leurs.

Ils ne représentent en fait qu'une infime partie de notre marché. I à 2% dans les grandes villes canadiennes.

Ces courtiers répondent à un besoin très précis de la part des consommateurs qui sont peut-être mal informés des différents services offerts ou dans certains cas, qui désirent vendre avec un minimum d'encadrement et ils en prennent avantage. Je préfère qu'ils utilisent ce type de services au lieu d'utiliser une offre d'achat mal rédigée acquise au dépanneur.
Notre obligation de collaboration nous oblige à respecter le choix de certains consommateurs à retenir les services de courtiers à escompte.

Ce qui me trouble est d'en faire tout un plat par notre propre manque d'information ou notre manque d'assurance ou de confiance en nous.

Ce phénomène existe dans presque tous les cadres de métiers à services ou à forfait. Le commerce de détail a son lot de compétiteurs avec cette mentalité et même les grandes chaînes de commerces font face à ce virage des consommateurs, ils ouvriront un département connexe du type «Outlet» à leurs entreprises pour offrir un semblant d'escompte à leur clientèle en coupant sur le service. Je cite souvent en exemple: les concessionnaires automobiles de luxes, tel que Mercedes ou BMW ou autres de ce même type, est-ce qu'ils paniquent devant le grossiste de voiture usagée qui ouvre l'autre bord de la rue? Non, car ils sont conscient de la qualité et des services qu'ils peuvent offrir à leur clientèle. Pour garder leur place dans le marché et se différencier auprès de cette clientèle, ils augmenteront, comme on a pu le constater, les standards de services offerts à leurs clients. Ils se démarqueront ainsi et augmenteront leur prix!

Rétablissons les faits :

- À escompte, veut dire, à prix réduit, à tarif réduit, mais aussi à services réduits.

- À escompte, veut dire, faire des sous avec la quantité, donc plus de volume. Pourtant, le consommateur dans notre profession vous engage pour le service que vous lui offrez! Ils ne sont pas dupes. On reçoit toujours pour la valeur qu'on y investit.

Depuis plus de 20 ans, j'ai vu beaucoup de courtiers tenter l'expérience à escompte, mais peu ont survécu. Il faut quand même que cela soit payant et au pire rentable pour eux.

Je perds, personnellement, moins d'un client par année à cette concurrence. Par contre, je me vante de gagner, grâce à eux, deux à trois clients désabusés par année qui m'appellent finalement pour «mes services».

Voilà pourquoi je me désole puisque leur faire la guerre est en fait s'attaquer au mauvais concurrent! Un compétiteur nous permet de nous surpasser!

Où est votre éthique et votre esprit sportif?

⇧ ⇧ ⇧

Règle n° 21

Notre plus gros concurrent?
Un AVPP! À Vendre Par le Propriétaire. Il est notre plus gros concurrent, et ce, depuis toujours et le sera de plus en plus.

Selon certaines statistiques, 30% à 40% des vendeurs vendent sans nous et grâce au marché bondissant que nous vivons, cela grimpe encore. Selon moi, c'est à risque que le propriétaire vendeur essaie de faire ce que je pratique depuis 20 ans. Car il y en a des risques! Il est mal conseillé et est souvent abusé par des gens sans scrupule qui recherchent leur naïveté et une aubaine du même coup. Les bureaux d'avocat et de notaire ne dérougissent pas en conséquence des litiges survenus dans des ventes exécutées sans agent compétent pour les protéger. Sachez que les frais d'avocats et de règlement de ces litiges sont plus dispendieux que ceux de votre rétribution.

Le saviez-vous?

Pourquoi alors prend-il le risque? La nature humaine l'emporte! Ils vous répondront d'emblée: Je suis capable tout seul et je veux sauver la commission!

C'est pathétique puisque l'acheteur veut aussi la sauver et finalement ils ne gagnent rien sauf un risque énorme de ne pas être adéquatement conseillé de part et d'autre.

Bientôt, il aura presque les mêmes outils que vous pour vendre sa propriété. Internet révolutionne le marché et pas seulement pour vous. Êtes-vous conscient que tous les grands médias veulent une part de ce marché et c'est à gros coût de publicité et promotion d'annonces gratuites qu'ils attirent dans leur site les vendeurs et acheteurs heureux de se retrouver?

Se retrouver est un début, mais s'entendre est tout autre.

70% des acheteurs ont regardé sur Internet avant de vous appeler pour se chercher une propriété. Avez-vous un service différent et distinct pour garder leur fidélité?

Quelle est votre formation acquise ces dernières années pour prétendre conseiller professionnellement vos clients?

Une réflexion s'impose encore n'est-ce pas?

⬆ ⬆ ⬆

Voilà!

Des petites règles de base toutes simples. Dans la deuxième édition de ce livre, j'en aurai des nouvelles. De plus, il y aura toujours celles que j'ai oubliées, celles que je ne connaissais pas, celles que vous me trouverez et celles qui apparaîtront avec l'évolution de ce métier dans le futur. Elles sont maintenant écrites pour vous faire réaliser leur existence, mais surtout pour vous faire réfléchir quant à leur influence sur votre profession et de la qualité de vie qui en découle.

Maintenant, je les connais donc je les respecte!

Affirmations

J'aime et je respecte mes confrères!

Je suis consciente qu'ils font le même métier que moi et je me dois de les aider comme je m'attends à ce qu'ils m'aident!

J'aime et je respecte mes clients! Je suis consciente qu'ils me font confiance et je dois être à la hauteur de leurs attentes tout comme je dois les aider puisque je m'attends à ce qu'ils m'aident un jour.

Ultimement, tout nous revient dans la vie!

Je respecte ma concurrence,
comme je m'attends à ce qu'elle me respecte.

J'ai confiance que les agents et courtiers seront au-dessus du sensationnalisme, de la médisance et du non professionnalisme véhiculé parfois sur notre sujet par les médias en manque de nouvelles.

CONCLUSION ET MORALE DE CETTE HISTOIRE!

Honnêtement, ma plus grosse difficulté à rédiger ce livre a été de devoir rester assise longtemps. Je fais ce métier par passion, mais aussi pour cette liberté d'action qu'il me procure. Je ne reste jamais immobile longtemps à vendre des propriétés. Vous pourrez comprendre que rester assise et surtout tenter de ne rien oublier pendant plus de trois ans m'a demandé beaucoup d'efforts. De plus, j'ai voulu tout vous dire ce que je connaissais sur cette formidable carrière qui, j'ose espérer vous comblera autant que moi!

J'ai pour la fin un petit vœu pieux!

J'aimerais qu'à l'avenir en ayant lu ce livre et mis en pratique les conseils de professionnalisme énoncés, vous véhiculiez une image positive de votre carrière.

Je crois que tous ensemble, les agents, courtiers et intervenants du milieu, nous pourrons démontrer notre volonté à ce sujet et peut-être faire éclore une nouvelle légende urbaine ou un mythe solide: **nous, agents et courtiers immobiliers, sommes indispensables à notre économie et les consommateurs ont tout intérêt à retenir nos services pour les nombreux services professionnels que nous leur offrons et rendons!**

Par notre exemple, avec des efforts accrus de publicité positive, en soutenant notre profession et en dénonçant surtout les abus, les récalcitrants et les dinosaures de notre entourage, nous obtiendrons une image aussi positive de la part de notre clientèle consommatrice et finalement des dirigeants de notre association, l'ACAIQ.

Je ne peux finir ce livre sans vous parler d'un petit sondage maison que j'ai fait. Rien de très scientifique, mais tout à fait réaliste. Pourquoi certains réussissent et d'autres pas? Quelles sont donc les raisons de ceux qui abandonnent?

En premier:

Les diverses raisons invoquées par ceux qui laissent la profession, entre autres par des agents qui avaient un potentiel énorme, m'ont amèrement déçue. Je comprends qu'ils ont été mal préparés et qu'ils ont préféré rêver plutôt que d'affronter la réalité. Manquer de ressources personnelles pour persister est une autre chose, mais quand ils affirment que c'est à cause de l'image négative que le public avait de la profession et que cela les a découragés... là, je ne comprends pas! Ce genre de généralité me désenchante beaucoup et si je posais finalement plus de questions, je constaterais qu'ils avaient abandonné si proches du but en se donnant cette raison pour se justifier. Ils n'étaient tout simplement pas prêts et outillés pour prouver le contraire comme les agents de carrière qui ont à cœur de faire ce métier passionnant. Si les agents, à la base, étaient mieux formés et informés de leur aventure en affaires, il y aurait moins d'agents déçus et négatifs envers notre profession. Moins d'incompétents en plus.

Il y a déjà l'image négative véhiculée au cinéma de notre profession qui n'aide pas notre cause sans avoir celle des agents démissionnaires en plus! De grâce, admettez que vous avez fait une erreur de parcours et que vous admirez ceux qui font ce métier.

En deuxième: Ce n'est pas de savoir le faire, mais de le faire qui importe!

J'ai constaté que notre réputation «du chacun-pour-soi» était plus que vraie. Apprendre ce métier à la dure est le mot d'ordre parmi nous! Tout le monde était enchanté de me voir écrire un livre, mais en même temps, il me fut difficile d'obtenir de certains agents et courtiers leurs fameux trucs du métier! D'autres ont ouvertement critiqué mes honorables intentions à vouloir montrer comment bien travailler, car ils trouvaient qu'il y avait déjà suffisamment, si ce n'était pas trop à leurs yeux, d'agents dans la province.

Pourtant, si nous sommes si nombreux, comment cela se fait-il que nous n'ayons pas une si grande part de marché dans la province? Je ne crois pas que c'est causé par la quantité d'agents, mais plutôt **par la qualité des agents qui, elle, ferait la différence!** Donc, il y a encore beaucoup de place pour **d'excellents agents et courtiers immobiliers au Québec**.

Alors, comment assurer une relève de qualité à notre profession si on n'est même pas capable de partager notre savoir et notre expérience? Les collèges, à mon avis, font de leur mieux avec les contraintes du programme obligatoire. Mais nous? Pouvons-nous nous plaindre du peu de formation reçue, si nous-mêmes, on ne les aide pas, ces petits nouveaux? Est-ce que partager notre savoir va vraiment nous faire un concurrent de plus?

Non, car on l'a vu dans ce livre et aussi avec l'expérience, **ce n'est pas seulement de savoir le faire, mais de le faire qui importe.**

Là est toute la différence, entre celui qui sait le faire et celui qui le fait!

On dit qu'il n'y a que 20% des agents qui réussissent vraiment bien et vivent aussi très bien de ce métier. Que font les autres?

Une réflexion à ce sujet s'impose. Je vous lance maintenant le défi!

J'espère que ce premier livre vous comblera dans toutes vos attentes et prouvera que ça a valu la peine de tenter d'enseigner l'art du métier. Même encore incomplet à mes yeux de perfectionniste, ce livre est un bon départ pour cette carrière ou un bon rafraîchissement pour agents et courtiers plus expérimentés. Mon second livre, plus axé sur la pratique, vous guidera vers des techniques plus avancées dans le but de faire fructifier votre potentiel!

Je souhaite surtout, avec toute ma grande sincérité, vous avoir transmis ma passion, vous avoir donné des outils de réussite et vous avoir éclairé assez pour faire de votre rêve une nouvelle réalité accessible.

Je sais que je peux maintenant compter sur vous pour faire passer un message.

Démontrez votre fierté d'être un agent ou un courtier immobilier en étant plus que compétents. Vous êtes et serez toujours, par votre professionnalisme, les premiers ambassadeurs de votre profession.

Mais plus personnellement,

Je vous souhaite de prendre la route du succès et de ne jamais oublier que vous êtes d'excellents courtiers et agents. Vous êtes intègres et motivés. Ne laissez personne croire le contraire, surtout pas vous.

Bonne continuité,

Sylvia Perreault
présidente
IMMO-SUCCÈS

$\mathcal{L}$E CREDO DE L'AGENT IMMOBILIER

Ce credo du vendeur existe depuis toujours. Il y a plusieurs versions qui existent, soit en français ou en anglais dans de vieux livres sur l'immobilier et encore sur certains sites de courtiers et agents immobiliers. Je vous transmets ici une version rajeunie et basée sur la philosophie de ce livre.

Je suis fier de ma profession et de mes confrères et consœurs courtiers et agents immobiliers.

Je travaille efficacement et diligemment sans perdre de vue que moi et ma famille sommes la raison pour laquelle je me dois de réussir.

Je prends congé tous les vendredis par exemple et réfère mes appels à ___un confrère___ me réservant ainsi du temps libre pour moi-même et ma famille. Sauf en cas d'offres, je m'accorde aussi les mardis entre 16h00 et 22h00.

Je traite mes affaires d'une façon professionnelle et chaque année, au début de janvier, je planifie mes huit (8) semaines de vacances bien méritées et si pendant cette période, j'effectue une vente, c'est la preuve que mes affaires marchent bien.

Les inscriptions sont de l'or, et c'est de plus en plus vrai de nos jours. Mes inscriptions représentent 70% de mes transactions. Ce qui me laisse avec des acheteurs et la tranquillité d'esprit. Chaque année, à tous les trois (3) mois, par un envoi ciblé, je concentre mon attention sur mes anciens clients. D'année en année, j'augmente le nombre de mes contacts et références. J'aime l'immobilier parce que je suis responsable de ma réputation.

J'amène des améliorations à ma présentation d'inscription tous les trois mois, et je vérifie son efficacité en l'enregistrant ou en demandant l'aide d'un collègue. J'augmente ma valeur en suivant des formations qui améliorent mon professionnalisme. Je suis fier de mon image et de l'image du courtier pour qui je travaille. Je suis persuadé que moi, mon courtier et/ou mon bureau est la meilleure compagnie immobilière et je réalise que je dois les vendre au propriétaire vendeur avant d'aborder la question de prix, car en «l'absence de valeur», le prix est la seule chose qui intéresse le vendeur. Les champions et les agents émérites se servent toujours de cette technique et je me dois de faire de mon mieux pour ma famille. J'obtiens 80% de toutes les inscriptions possibles et, parce que mon temps est précieux, je vérifie toujours, par téléphone, ce qui motive un vendeur.

En moyenne, ma commission est de _____%

Je passe une heure par semaine à fignoler mes compétences, à répéter les **questions** ☞ [39] et à pratiquer les techniques de réponses aux objections et les revoir avec mes collègues. Étant intelligent, l'expérience m'a appris que les champions répètent et pratiquent jusqu'à ce qu'ils deviennent inconsciemment compétents.

Je prends modèle sur   (agent performant de mon bureau) . il/elle obtient toujours 7%. Je le dois à mes enfants d'être à la hauteur et, en négociant adéquatement, l'année prochaine, je pourrai les amener en vacances.

Je réaffirme mon identité quotidiennement par la pensée positive, les affirmations et la méditation.

Ma tenue vestimentaire reflète qui je suis et de quelle façon j'aime être perçu et traité. Après une longue journée et des heures coupées, mon apparence demeure importante, car elle affecte ma perception de moi-même. Je suis fier d'être un agent ou courtier immobilier.

Afin de bien administrer mes affaires, j'occupe plusieurs postes: administration, département des ventes, service à la clientèle, marketing et prospection. Mes tâches sont bien définies et, selon mon rôle, je sais à l'avance ce qui doit être accompli et quand. J'ai des procédures qui me font gagner du temps.

[39]Voir le chapitre «*Les* **questions** ☞ *parlent pour moi!*» du Tome II.

Lorsque je me présente à mon bureau, c'est dans un but très précis et, étant président de ma compagnie, j'accomplis mon travail avec le moins de distraction possible.

Tous les jours, durant 30 minutes, je lis quelque chose de nouveau qui se rapporte à l'immobilier tel que les communiqués de mon association, de ma chambre immobilière ou de la SCHL et à chaque jour alternatif, j'apprends quelque chose qui se rapporte à l'immobilier.

Je suis toujours ponctuel et, si toutefois je devais être retardé, j'en avertis toujours mon client.

J'agis envers autrui de la façon dont j'aimerais être traité. Pour moi, la courtoisie est primordiale.

Étant professionnel, je traite mes affaires et mes clients en conséquence. Je les appelle toujours pour connaître leurs réactions, et ce, sur une base régulière.

Je demande au moins cinq (5) fois à un vendeur et/ou acheteur pourquoi il veut vendre ou acheter. Ce qui me permet de déterminer sur une échelle de 1-10 qu'elle est sa motivation. Plus j'obtiens de 8, 9 ou 10, plus je suis rassuré sur ses intentions. Si j'obtiens des 1, 2 ou 3, je réalise que je dois faire plus de prospection pour trouver des vendeurs/acheteurs sérieux. De connaître leurs besoins me permet de pouvoir les servir adéquatement. Ça marche pour eux. Ça marche pour moi. Ça marche pour les autres. Je trouve toujours un moyen de vraiment savoir.

J'aime faire équipe avec mes clients, car je suis agent immobilier pour aider les autres et bâtir, à long terme, des affaires qui ont leur utilité. Je crois fermement que l'on récolte ce que l'on sème. J'apprécie énormément la chance de travailler dans un cadre agréable où je puis offrir ma contribution.

Je suis fier d'être agent immobilier!

BIBLIOGRAPHIE, RESOURCES ET LIENS UTILES

«Soyez autodidactes, n'attendez pas que la vie vous donne des leçons.»
Starnislaw Jerzy Lec

«Ce qui distingue l'autodidacte de celui qui a fait des études, ce n'est pas l'ampleur des connaissances, mais des degrés différents de vitalité et de confiance en soi.»
Milan Kundera

Comme je prétends que nous devons être en partie autodidactes, c'était un défi pour moi d'écrire un livre sur la profession et faire le plus possible de liens avec toutes les ressources d'informations disponibles et accessibles pour apprendre et évoluer dans cette profession. Il en manquera certainement quelques-uns, mais l'essentiel, je l'espère, est ici pour vous aider. À vous d'en profiter!

Naturellement, certains de ces sites et ressources sont uniquement en anglais, mais ils valent la peine d'être connus! Je me suis tout de même permis d'insérer ces sources pour ceux qui ont de la facilité avec cette langue, car mes recherches depuis trois ans m'ont confirmé qu'en français, au Québec, peu d'aide et peu d'outils sont accessibles. Ce qui nous oblige à puiser dans des livres connexes comme des livres sur la vente et le marketing où on peut faire le lien par les sujets variés que l'on couvre dans cette profession et qui peuvent nous intéresser lorsque le besoin se fait sentir.

Je vous énumère donc ces ressources et je vous encourage à lire et à approfondir vos recherches et études avec certains d'entre eux, selon vos besoins.

Bibliographie et Références

Bélanger, Michel, Bronsard, Nicole, *Champion de la Vente*, Les Éditions ProVente inc., 1992

Cardinal, Lise, *Comment bâtir un réseau de contacts solide* (1998), Les Éditions Transcontinental et les Éditions de la Fondation de l'entrepreneurship et *Réseautage d'affaires : mode de vie* (2000 et 2004) Les Éditions Transcontinental et les Éditions de la Fondation de l'entrepreneurship

Chaput, Jean-Marc, *Vivre c'est vendre, Pourquoi et comment vendre*, 2e édition, Le Jour, éditeur, une division du groupe Sogides, 1981

Charrette, Nicolas, *Guide du Succès, Recueil d'informations relatives au succès*, Décembre 2001, pas édité.

Cyr, John E., *Psychology of Motivation and Persuasion in Real Estate Selling*, 3rd Printing, Prentice-Hall, Inc., 1979

Ferry, Mike, *How to develop a six-figure income in real estate: superstar selling the Mike Ferry way*, Real Estate Education Company, a division of Dearborn Financial Publishing Inc, 1993

Ferry, Mike, *Business Planning System*, Workbook, The Mike Ferry Organization: «The Real Estate Resource Center», 1999

Fournier, Lise, *Les Québécois maniaques du courriel*, Le Soleil, Samedi 26 février 2005, p.14.

Harton, Jocelyne, *Plan d'affaires exclusif pour agents et courtiers immobiliers*, pas édité.

Hopkins, Tom, *How to Master the Art of Selling*, Champion Press, 1982

Leboeuf, Jean-Guy, S.V.P., *Secrets de la Vente Professionnelle, Manuel de travail pour les professionnels de la vente*, Les éditions Un monde différent ltée, 1997

Léger, François, ing., Séminaire: *Votre rétribution vous la méritez!*, *Manuel du participant*, Collège de l'immobilier du Québec,

Mallory, Charles, traduit et adapté de l'américain par Gilles Payet, *Le Marketing direct c'est magique, Guide pratique pour une publicité directe efficace. Développer et mettre en œuvre une stratégie*, Les Presses du Management, Paris, 1994

Miedaner, Talane, *Coach yourself to success, 101 tips from a personal coach for reaching your goals at work and in life*, Contemporary Books, 2000

Morin, Me Lise, *Séminaire: Devenez Expert dans la rédaction de clauses types*, Collège de la Chambre immobilière du Grand Montréal.

Parent, Danièle, *Leçons de charme*, Éditions Libre expression Quebecor Inc. 2003

National Institute of Real Estate Brokers, *Real Estate Salesman's Handbook*, 6th Edition, National Institute of Real Estate Brokers, 1972

Randall, Mary Ellen, *La publicité immobilière rendue facile*, Publié par Re/Max®

Reynolds, Monica, *Multiply your success with real estate assistants : how to hire, train and manage you assistant: featuring 93 ready-to-use forms*, Real Estate Education Company, a division of Dearborn Financial Publishing Inc., 1994

Reynolds, Monica, Rosen, Linda, *The professional assistant: a guide to success for real estate assistants*, Dearborn Financial Publishing Inc., 1996

Richard, Henri, *Le courtage immobilier au Québec – Droits et obligations des courtiers, agents et clients*, 2e édition, Les éditions Yvon Blais Inc., 1994

Roadburg, Dr Alan, *Que faites-vous après le travail? Un guide de planification du mode de vie à la retraite*, La Société de Gestion AGF ltée, 2002

Simon, Albert, Formateur, *Le dur de la vente et les AVPP, incluant le Monologue des Durs.*

Tremblay, Hervé, Conférencier, *L'Immeuble, peut-être une carrière pour toi?*, La Société d'Édition C.T.H.T. Inc., 1980.

Magazines et journaux:

Real Estate Marketing (REM),
Independent news and opinion for Canada's real estate industry. (Journal)
Site internet: *www.remonline.com*

Re/Max Times, A publication of the Re/Max International Network ®.
(Journal format papier et site web)
Site internet: *www.remax.net* (Doit être agent Re/Max pour y accéder)

Realty Times Real Estate News and Advice
Site internet: *http://realtytimes.com*

International Real Estate Digest
Site internet: *www.ired.com*

The REAL ESTATE PROFESSIONAL
Site internet: *www.therealestatepro.com*

Inman News
Site internet: *www.inman.com*

REALTOR® Magazine Online and REALTOR® Magazine
Site internet: *www.realtor.org*

Le site Lien IMMOBILIER^MC
www.realtorlink.ca
www.lienimmobilier.ca   www.crea.ca

Autres ressources, sites, et liens utiles

1. Sites de nos associations

ACAIQ *www.acaiq.com*

Fédération des chambres immobilières du Québec
www.fciq.ca/francais/accueil/accueil.htm

Chambre immobilière du grand Montréal
www.cigm.qc.ca

Notez que lorsque vous accéderez au site de votre Chambre immobilière ou de l'ACAIQ, différents liens sont déjà prévus, ce qui vous facilitera les recherches pour différents sujets d'intérêt.

2. Sites de l'une ou l'autre des associations immobilières provinciales ci-dessous

Association immobilière de la Colombie-Britannique
www.bcrea.bc.ca

Association immobilière de l'Alberta
www.abrea.ab.ca

Association immobilière de la Saskatchewan
www.saskatchewanrealestate.com

Association immobilière du Manitoba
www.realestatemanitoba.com

Association immobilière de l'Ontario
www.orea.com/index.cfm/ci_id/119/la_id/1.htm

Collège de l'immobilier du Québec
www.collegeimmobilier.com

Association immobilière du Nouveau-Brunswick
www.nbrea.nb.ca

Association immobilière de la Nouvelle-Écosse
www.nsar.ns.ca

Association immobilière de l'Î.-P.-É.
www.peirea.com

Association immobilière de Terre-Neuve
P: (709) 726-5110 F: (709) 726-4221 (Pas de site web)

3. Liste d'établissements de formation

(F) = cours en français   (A) = cours en anglais

Bas Saint-Laurent

Rimouski: *www.cegep-rimouski.qc.ca*
Cégep de Rimouski (F)
60, rue de l'Évêché O.
Rimouski (QC) G5L 4H6
(418) 723-1880

Estrie

Sherbrooke: *www.seminaire-sherbrooke.qc.ca*
Séminaire de Sherbrooke (F)
195, rue Marquette
Sherbrooke (QC) J1H 1L6
(819) 563-2050

Lanaudière

Joliette: *www.collanaud.qc.ca*
Cégep régional de Lanaudière (F)
 777, rue Notre-Dame
Repentigny (QC) J5Y 1B4
(450) 470-0933

Laurentides

Saint-Jérôme :   *www.cegep-st-jerome.qc.ca*
Cégep de Saint-Jérôme (F)
455, rue Fournier
Saint-Jérôme (QC) J7Z 4V2
(450) 436-1580

Laval

Laval:
Cégep Montmorency (F)
475, boul. de l'Avenir
Laval (QC) H7N 5H9
(450) 975-6100

www.cmontmorency.qc.ca

Mauricie-Bois Francs

Drummondville :
Cégep de Drummondville (F)
960, rue Saint-Georges
Drummondville (QC) J2C 6A2
(819) 478-4671

www.cdrummond.qc.ca

Trois-Rivières:
Cégep de Trois-Rivières (F)
3500, rue de Courval
Trois-Rivières (QC) G9A 5E6
(819) 376-1721

www.cegeptr.qc.ca

Victoriaville :
Cégep de Victoriaville (F)
765, rue Notre-Dame E.
Victoriaville (QC) G6P 4B3
(819) 758-6401

www.cgpvicto.qc.ca

Montérégie

Saint-Hubert:
Académie de l'entrepreneurship québécois (F)
4500, rue La Périère,
Site de la TechnoBase
Saint-Hubert (QC) J3Y 9E5
(450) 676-5826

www.academieentrepreneurship.com

Longueuil:
Cégep Édouard-Montpetit (F)
945, chemin de Chambly
Longueuil (QC) J4H 3M6
(450) 679-2631

www.collegeem.qc.ca

Brossard: *www.cstjean.qc.ca*
Cégep Saint-Jean-sur-Richelieu (F)
Centre de Brossard (formation continue)
6400, rue Auteuil
Brossard (QC) J4Z 3P5
(450) 676-1745

Saint-Jean: *www.cstjean.qc.ca*
Cégep Saint-Jean-sur-Richelieu (F)
30, boul. du Séminaire S.
Saint-Jean-sur-Richelieu (QC) J3B 7B1
(450) 347-5301

Tracy: *www.cegep-sorel-tracy.qc.ca*
Cégep de Sorel-Tracy (F)
3000, boul. de Tracy Tracy (QC)
J3R 5B9 (450) 742-6651

Montréal
Lasalle: *www.claurendeau.qc.ca*
Cégep André-Laurendeau (F)
1111, rue Lapierre
Lasalle (QC) H8N 2J4
(514) 364-3320, poste 111

Îles-des-Soeurs: *www.collegeimmobilier.com*
Collège de l'immobilier du Québec (F)(A)
600, ch. du Golf
Îles-des-Soeurs (QC) H3E 1A8
(514) 762-2181

Montréal: *www.clasalle.com*
Collège Lasalle (F)(A)
2000, rue Sainte-Catherine O.
Montréal (QC) H3H 2T2
(514) 939-2006

Montréal: *www.cmaisonneuve.qc.ca*
Collège de Maisonneuve (F)
3800, rue Sherkrooke E.
Montréal (QC) H1X 2A2
 (514) 254-7131

Montréal: *www.enseignementimmobilier.com*
Collège d'enseignement en immobilier (F) (A)
255, boulevard Crémazie Est
Montréal (QC) H2M 1M2
(514) 905-1551

Sainte-Anne-de-Bellevue: *www.johnabbott.qc.ca*
Cégep John Abbott (A)
21275, chemin Lakeshore
Sainte-Anne-de-Bellevue (QC) H9X 3L9
(514) 457-3063

Outaouais
Hull: *www.coll-outao.qc.ca*
Cégep Outaouais (F)
125, boul. Sacré-Coeur
Hull (QC) J8X 1C5
(819) 777-6584

Québec
Québec: *www.cegep-fxg.qc.ca*
Cégep François-Xavier-Garneau (F)
1660, boul. de l'Entente
Québec (QC) G1Y 4S3
(418) 688-8310

Saguenay-Lac Saint-Jean
Chicoutimi: *www.cegep-chicoutimi.qc.ca*
Cégep de Chicoutimi (F)
534, rue Jacques-Cartier E.
Chicoutimi (QC) G7H 1Z6
(418) 696-2243

4. Sites avec des outils de travail précieux

Sites utiles pour trouver le nom d'un propriétaire ou son adresse lorsqu'on ne connaît que son numéro de téléphone!

> *www.411.ca*

> *www.canada411.ca/fr* (en français)

En voici d'autres du même genre

Postes Canada:
> *www.postescanada.ca*

Pages blanches /jaunes, recherche téléphonique et postale
> *www.yellow.ca*

> *www.francais.superpages.ca*

> *www.infospace.com/canada*

Registre foncier du Québec en ligne

> *www.registrefoncier.gouv.qc.ca/Sirf*

De plus, si vous désirez être informé d'une propriété spécifique, vous devez savoir que celui-ci (abonnement requis) vous sera très utile par la photographie de la propriété: JLR. CA   *www.jlr.ca*

5. Autres sites d'intérêt concernant la copropriété

> *www.condolegal.com*

> *www.droitdelacopropriete.qc.ca*

6. Sites municipaux

Si vous désirez des informations relatives aux rôles d'évaluation ou encore pour les comptes de taxes, sachez que les principales villes du Québec ont leur site et qu'il est possible d'y retrouver de telles données.

À titre d'exemple, le site de la ville de

Montréal:	*www.ville.montreal.qc.ca*
Laval:	*www.ville.laval.qc.ca*
Québec:	*www.ville.quebec.qc.ca*

Certaines villes sont regroupées sur ce site mais un frais d'abonnement est exigé: Taxes foncières Nexxlink:

http://e-services.businesssolutions.bell.ca/TAXES

Il est essentiel d'aller souvent au bureau de l'urbanisme!
Vous y retrouvez des informations utiles pour informer vos clients sur différents sujets d'intérêt, tels les lois et règlements de construction, les infrastructures, les coûts, les matrices, le zonage, etc.

7. Sites professionnels

Chaque profession a son association ou son ordre professionnel et leur site peut être pratique pour vous informer à leur sujet. Par exemple:
Un site pour les notaires, celui-ci vous permet d'effectuer des recherches concernant ces professionnels:

Trouver un notaire.: *www.cdnq.org*

Même chose pour les avocats: *www.barreau.qc.ca*

8. Sites promotionnels

Je vous indique deux sites pour vous permettre de trouver vos propriétés à vendre par le propriétaire «A.V.P.P»:

www.leshebdos.com pour toutes les régions du Québec

Ou des sites spécialisés comme:

www.lespac.com ou tout autre site où les vendeurs sont
tentés d'annoncer!

Retenez bien que la liste que je vous ai élaborée n'est aucunement limitative, il existe de nombreux sites qui vont vous aider et vous faciliter la vie. Il s'agira de vous amuser tout en travaillant!

Des moteurs de recherche vous facilitent la tâche et peuvent vous aider:

Google Canada©:   www.google.ca
La toile du Québec©:   www.toile.com
Fouineux©:   www.fouineux.com

9. Formateurs et conférenciers en immobilier et outils de motivation

Sites Internet

Mike Ferry
www.mikeferry.com

The Napoleon Hill Foundation
www.naphill.org

David Knox,
www.davidknox.com

Anthony Robbins
www.anthonyrobbins.com

Zig Ziglar
www.ziglar.com

Floyd Wickman
www.floydwickman.com

Tom Hopkins
www.tomhopkins.com

Dale Carnegie
www.dalecarnegie.com

Joeann Fossland Advantage Solutions Group, LLC
www.joeann.com

Karin Hanna
www.realestatekitchen.com

Connie Podesta
www.conniepodesta.com

Dick Zeller
www.realestatechampions.com

Howard Brinton
www.gostarpower.com

Terri Murphy
www.terrimurphy.com

Mark Leader
www.leaderschoice.com

Québec

Louise Dubé
www.makisoft.net/agent-formimo

Lise Cardinal
www.lisecardinal.com

Rock Thomas
www.rockthomas.com

Sylvain Boudreau
www.sylvainboudreau.com

Divers

The *Complete*
Real Estate Software Catalog®
www.z-law.com

Forum Immobilier (anglais)
www.agentsonline.net

Daily Motivator ®
www.greatday.com/motivate/index.htm

Portail Québec
www.gouv.qc.ca/portail/quebec

Programmation Neuro linguistique
Le site du Service de perfectionnement de l'École de technologie supérieure ¨ETS¨
www.perf.etsmtl.ca/Desc_Cours.aspx?cours=20071PER820
www.perf.etsmtl.ca/Desc_Cours.aspx?cours=20071per835

Prospects©
Voir p. 377, «*Lexique et jargon immobilier!*»
www.prospects.com

$\mathcal{L}$EXIQUE ET JARGON IMMOBILIER!

«On ne peut pas être et avoir été»   *Auteur inconnu*

«Les gens d'action sont favorisés par la chance»   *Auteur inconnu*

Un petit lexique est nécessaire pour démêler le jargon de la profession.

Les abréviations et diminutifs employés dans ce livre sont aussi énumérés afin de vous faciliter la vie!

Ce lexique est conçu évidemment, pour faciliter la compréhension de votre lecture, étant donné que des termes techniques ou particuliers au domaine de l'immobilier sont utilisés. Ainsi, voici de brèves descriptions de diverses composantes du présent livre.

Je veux souligner un site Internet Québécois qui m'a inspiré ce petit lexique.

www.immoweb.ca/logiciel/glossaire/immobilier/a.html

ABRÉVIATIONS

J'élabore ci-après les principales abréviations utilisées dans le domaine de l'immobilier et leurs significations respectives, mais sachez que cette liste n'est aucunement exhaustive. Plusieurs de ces abréviations sont utilisées pour raccourcir les textes de nos messages publicitaires afin d'en minimiser le coût qui est souvent facturé à la ligne. Malheureusement, l'excès de celles-ci rend parfois la compréhension de vos annonces tout à fait ardues pour les consommateurs! N'en abusez pas!

Source: Département des annonces classées au journal *La Presse* de Montréal.

A/C	Air climatisé
Al.	Aluminium
App.	Appartement
Approx.	Approximativement (très utilisé pour la dimension des pièces)
Bung.	Bungalow(s) (Plein pied: p.pied maintenant)
Ch. ou Cac.	Chambre à coucher
Ccp.	Chambre à coucher principale
Condo	Condominium
Const.	Construction
Cott.	Cottage
Crtr	Courtier
Dét.	Détaché (Cottage détaché : cott. dét.)
Éval.	Évaluation
Ext.	Extérieur
Hyp.	Hypothèque
Imm.	Immédiat (concerne «normalement» l'occupation des lieux tels qu'Occ. Imm.)
Imm.	Immeuble (Imm. à revenus)
Incl.	Inclus
Inc.	Incorporé (Compagnie ABC Inc.)
Inf.	Information ou infos dépendant du sujet.
Int.	Intérieur
Jum.	Jumelée ou voir S-d. Semi-détaché
Lav.-vaiss.	Lave-vaisselle
Lav./séc.	Laveuse/sécheuse
Loc.	Locataire ou location dépendant du sujet.
Log.	Logement
Mezz.	Mezzanine

Mun.	Municipal (en ce qui a trait aux taxes)
Nég.	Négociable
Occ.	Occupation
Pce	Pièce
Pi car. / p.c.	Pied carré
Pi.	Pied(s)
Pl.	Place (3 pl. de stat.)
Pte	Porte
Poss.	Possibilité
Proprio.	Propriétaire
Réf.	Référence
Réno.	Rénové
Rés.	Résidentiel
Rev.	Revenu
R.-de-ch.	Rez-de-chaussée; aussi R.D.C.
R.D.V.	Rendez-vous
Rte	Route
S/dîner / Din.	Salle à dîner; couramment appelé dinette
S/manger/Sam	Salle à manger
S/eau / Sde	Salle d'eau
S/bain / Sdb	Salle de bain
S/jeux / Sdj	Salle de jeux
S/fam / Sfm	Salle familiale
S/dét.	Semi-détaché ou Jum.
S/sol	Sous-sol
Stat.	Stationnement
Terr.	Terrasse
T-pmp	Thermo-pompe
2plex ou 2x	Duplex
3plex. ou 3x	Triplex

Source de Lexique (Voir aussi le chapitre: *Qui fait quoi?*)

Sites intranet de votre chambre immobilière locale. Ex. dans la région de Montréal:

www.cigm.qc.ca/intranet/communication/download.aspx?doc=MLS\fr\632478824 620741250.pdf

www.entreparticuliers.com/lexique_immobilier.asp
www.tbs-sct.gc.ca/pubs_pol/dcgpubs/realproperty/rpg-gbi_f.asp?printable=True
www.mon-immeuble.com/lexique02.htm
www.immoweb.ca/logiciel/glossaire/immobilier/a.html
www.neonet7-immobilier.com/credit-lexique
www.e-credit-immobilier.com/credit_immobilier/lexique.php
www.7utile.com/immobilier/lexique-immobilier.php

Termes de construction:

www.lesiteimmobilier.com/conseils-immobiliers/lexique.aspx

Vocabulaire du courtage immobilier—- EOQ 2-551-15659-9— 9,95 $

www.olf.gouv.qc.ca/ressources/publications/publications/lexiques/pub_gestion.html#courtage

A ***Acompte :*** Dépôt de l'acheteur qui fait partie du prix d'achat qui est versé au moment de l'acceptation de la promesse d'achat. Ce dépôt est négocié et versé soit à l'offre ou à la levée de conditions de cette offre telle qu'entendue dans celle-ci. Le dépôt en général est déposé dans le compte en fidéicommis du courtier inscripteur ou chez un notaire.

ACAIQ: Association des courtiers et agents immobiliers du Québec (ACAIQ) est chargée de la surveillance du courtage immobilier au Québec. Sa mission consiste à protéger le public par l'encadrement des activités professionnelles de tous les courtiers et agents immobiliers exerçant au Québec, tel que le prescrit la Loi sur le courtage immobilier. Regroupant l'ensemble des 15 000 courtiers et agents immobiliers du Québec, l'ACAIQ se voit confier la responsabilité d'appliquer la Loi et la réglementation sur le courtage immobilier. © www.acaiq.com

ACM: Analyse comparative du marché à l'aide de comparables vendus et à vendre.

Acte de vente: Document final conforme selon l'entente de l'offre d'achat entre les parties, préparé par un notaire et devant être signé par le vendeur et par l'acheteur, pour le transfert de la propriété. Ce document est ensuite publiée au bureau de la publicité foncière contre la propriété, comme preuve de la possession de la dite propriété avec les liens la grevant tels que l'hypothèque, les servitudes, etc.

Actif: Vos avoirs réels. Ce que vous possédez ou pouvez utiliser en contrepartie de vos passifs.

Affirmations: Phrases clés qui permettent d'avoir une attitude positive sur un ou plusieurs sujets.
Pourquoi les affirmations? Elles servent à une motivation mentale des plus efficaces. Tous les formateurs en motivation, en vente, en sport et en performance en parlent. Tous les champions s'en servent… pourquoi pas vous?
C'est gratuit, positif, et simple. Essayez donc!
L'idéal est de les écrire et de les avoir face à vous quotidiennement.

Les lire à haute voix et les méditer est aussi excellent.

Les enregistrer sur une cassette avec un fond de musique baroque est extraordinairement efficace!

Agence Immobilière: Terme désignant un commerce dont la fonction est de proposer ses services et des moyens pour la négociation et le conseil en matière de biens immobiliers, vente et location, conseil en matière d'achat, estimation de biens.

Ajustements: Chez le notaire, les taxes foncières et scolaires, les factures d'électricité, de gaz et de mazout ainsi que les intérêts hypothécaires déjà acquittés pour les services futurs doivent être calculés au prorata par jour. Cela peut représenter une dépense de plusieurs centaines de dollars, à payer lors de la conclusion de la vente.

Arbitrage: Mode de règlement d'un litige par lequel les parties soumettent leur différend pour décision à une tierce partie choisie par eux plutôt qu'au tribunal. Services généralement offerts par la Fédération des Chambres Immobilières du Québec.

Assurance-vie hypothécaire: Type d'assurance temporaire décroissante recommandée pour les familles qui ont des enfants. En cas de décès du propriétaire ou de l'un des propriétaires, l'assurance verse à ses ayants droit le solde de l'hypothèque à rembourser. Le but de cette assurance est de protéger les survivants contre la perte de leur maison. Les assureurs vie et les institutions bancaires offrent des produits très différents. S'informer!

AVPP: À Vendre Par le Propriétaire!

B **Bureau satellite:** Bureau secondaire en périphérie du territoire d'un courtier immobilier franchisé.

Bornage: Piquets ou poteaux délimitant les lignes d'une propriété, d'après l'arpentage des lieux.

Borne d'aqueduc : Tuyau sortant de terre avec un couvert qui démontre l'emplacement de l'entrée d'eau sur un terrain.

C **C.C.Q.:** Commission de la Construction du Québec.

COLE: (Livre «*Cole*»)
Livre facilitant les recherches de numéros de téléphone si vous ne détenez que l'adresse et vice-versa. Cet outil est très utile pour vos sollicitations. Aussi disponible sur Internet.

Collaborateurs d'affaires: Personnes clés qui travaillent en collaboration à échanger, donner ou plutôt offrir des services connexes aux clients existants et à venir.

Courtage: Le courtage est une activité d'intermédiaire de commerce consistant à rapprocher vendeur et acheteur.
Se définit comme courtier ou apporteur d'affaires toute personne, physique ou morale, qui se livre à une activité d'intermédiaire dans des opérations de vente ou d'achat de biens ou de prestation de services.

Copropriété: C'est une répartition de la propriété d'un immeuble bâti ou d'un groupe d'immeubles bâtis entre plusieurs personnes par lots, chaque lot comprenant une partie privative et une quote-part de parties communes. Dès qu'un immeuble appartient à deux propriétaires différents et qu'il est divisé en lots, il est soumis au statut de la copropriété divise ou indivise dépendamment de l'entente prise lors de l'élaboration de celle-ci.

Date de tombée: Date butoir pour remettre nos épreuves de publicité.

Droit de mutation immobilière: Communément appelé: «taxe de bienvenue».
En vertu de la législation provinciale, la ville perçoit une taxe sur le transfert de tout immeuble situé sur son territoire.
-      Le taux de ce droit de mutation est uniforme à travers la province selon un barème fixé.

- Le calcul est basé sur le montant le plus élevé, soit le prix de vente ou l'évaluation municipale.
- Il peut y avoir exonération dans certains cas.
- Le droit de mutation est payable à la ville par l'acheteur dans les premiers mois de transfert de la propriété sur réception d'une facture.
- Certaines villes offrent des programmes de subventions. Leur montant varie selon que l'acquisition porte sur un logement neuf ou sur un logement ancien et selon les subventions accessibles sur la propriété. Voir les municipalités à ce sujet.

Ɛ **Ententes de publicité:** Achat de groupe, par l'entremise de votre courtier ou votre franchise, d'espaces de publicité dans les médias.

Équivalence: Cours ou formation qui pourrait remplacer un cours donné si la matière et le contenu est justifiée et comparable.

Escompteur de commissions: Personnes ou entreprises qui avancent, moyennant des frais et intérêts, une rétribution à être versée lors d'une vente finale et à notarier. (À utiliser en dernier recours car très dispendieux!)

Équitable: Juste et respectueux.

Expirés : Propriété dont le contrat de courtage avec son courtier est expirée et qui apparaît dans le système de données de votre chambre immobilière. Vous avez le droit de les solliciter lorsque le contrat est parvenu à son échéance et non renouvelé. C'est de votre responsabilité de vous en assurer avant de solliciter. Si, par malheur, les données que vous avez sont erronées (le contrat est renouvelé avec le même ou un autre agent), vous vous excusez de l'erreur et souhaitez bonne chance au propriétaire vendeur dans sa démarche! Pas plus de dommages.

EVM: Étude ou estimation de valeur marchande. Attention, nous ne sommes pas évaluateurs agréés, nous sommes agents immobiliers. Il s'agit d'une estimation de la valeur marchande basée sur les comparables du secteur. De plus, sachez que ce n'est pas une science exacte, ce n'est qu'une approximation.

Frais de transactions: Frais fixe ou à pourcentage exigés et payables au courtier pour chacune des transactions faite en son nom. Ce montant est fixer et inclus dans votre contrat d'engagement comme agent.

Franchise: Territoires avec droit d'exploiter une entreprise de courtage selon les règles et les coûts du franchiseur.

Franchiseur: Entreprises vendant des bannières, des services immobiliers tels que l'image, à des propriétaires de franchises.

Financement: Moyen d'achat en empruntant sur la valeur garantie d'une propriété en autant qu'on a la capacité de revenus pour assumer les versements plus les intérêts. Peut être sous la forme d'une hypothèque, une balance de vente ou un solde de prix de vente.

Fiscalité: Voir Chapitre sur la comptabilité. Tout ce qui concerne les impôts.

Hypothèque: Droit réel sur un bien meuble ou immeuble, affecté à l'exécution d'une obligation. L'hypothèque confère au créancier le droit de suivre le bien en quelques mains qu'il soit, de le prendre en possession ou en paiement, de le vendre ou de le faire vendre. (Art. 2660 du Code civil du Québec) Une hypothèque peut être conventionnelle, légale ou judiciaire.

Infrastructures: Services offerts par la municipalité, tels que l'aqueduc, égout, rue, bordures, trottoirs, lampadaires etc.... Moyennant des frais.

K   **Kiosque:** Espace commercial d'un courtier dans les centres commerciaux ou aires d'achalandage des consommateurs.

L   **Légendes Urbaines:** Histoires invraisemblables inventées ou colportées par les croyances populaires. Voir mythes aussi!

M   **Matrice:** Carte maîtresse d'un emplacement d'un ou plusieurs lots cadastrés disponible auprès des municipalités.

Mythe: Le langage courant emploie aujourd'hui le mot «mythe» soit pour dénoncer une illusion, une croyance ou une légende urbaine.

MLS/SIA: Service Inter Agences *Multiple listing services*
Pour nous dans le métier, notre outil de travail soit le logiciel informatique pour accéder à cette banque de données était surnommé «Edgar» dans la région de Montréal et «Oscar» à Québec et maintenant «Matrix» le nouveau système MLS® personnalisé de la CIGM., est notre outil de travail de bases de données immobilières exclusives à tous les agents et courtiers immobiliers pour leurs clients au Québec. Mais sachez qu'il n'est pas accessible aux consommateurs.

O   **OPTION D'ACHAT:** Offre de location /achat dont une partie du loyer servira de comptant pour l'acquisition future de la propriété.
Celle-ci sera déterminée par contrat entre les parties.

P   **PARRAINAGE:** Coach, mentor ou tuteur qui encadre pendant une période de temps un agent débutant ou d'expérience voulant avoir de la formation sur mesure.

PATRIMONIALE: Appartenant au patrimoine québécois, avec des règles de protection précises et sévères.

Patrimoine immobilier: Ensemble de valeurs et de biens transmis de génération en génération. Héritage collectif ou individuel, naturel ou culturel, matériel ou immatériel. C'est aussi l'ensemble des biens immobiliers que vous possédez à une date donnée. Sont compris comme biens immobiliers, les constructions, les appartements en copropriété, les terrains à bâtir ainsi que les forêts, les champs et les plantations agricoles.

Prévisions financières: Sorte de plan d'affaires prévisionnel vous permettant de budgéter.

Procédures: Ensemble de règles et méthodes permettant d'accomplir une action avec efficacité dans un ordre donné et éprouvé.

PROSPECTS©: Logiciel d'interface immobilière vous permettant de relier entre autres vos clients, vos inscriptions et de plus, c'est une base de données dynamique où il vous est possible d'emmagasiner tous vos anciens clients pour ainsi donner lieu à des sollicitations ultérieures. Ce logiciel est également un agenda, un courrier électronique et agréablement, il vous produira des rapports sous forme graphique de vos activités, de vos ventes ou de vos projets. (Voir ressources et liens utiles)

R **Rapport de vente:** Rapport écrit décrivant une transaction et les intervenants impliqués.

Ratios: Mesures sous la forme de pourcentage pour évaluer vos performances.

Relogement: Services offerts par des courtiers, franchiseurs ou entreprises spécialisées pour le transfert et le déménagement d'une ville à l'autre d'employés ou de cadres d'entreprises.

Ruban à mesurer électronique: Mesure les distances jusqu'à 15 m (50 pi) grâce à un appareil ultrasonique à touche directe. Vous permet d'additionner facilement d'autres mesures et de calculer les aires et volumes. Indispensable dans notre valise mais attention, la précision de ses appareils semble discutable.

S **Sphère d'influence:** Cercle d'amitié ou réseau de contact.

Statut de travailleurs autonomes:

Source: Éducaloi - La loi vos droits - Travailleurs - Le statut du travailleur autonome

Le travailleur autonome est un entrepreneur indépendant qui exécute des contrats d'entreprise ou de service pour ses clients, dans le but d'en tirer un profit. Le travailleur autonome décide lui-même comment il exécute le travail, il est maître de ses horaires, fournit ses propres outils de travail, assume les risques de perte et de profit et peut souvent choisir de faire exécuter le travail par quelqu'un d'autre.

www.educaloi.qc.ca/loi/travailleurs/95/07/08/2006 18:34:57

T **TEELA®:** Un service par leur site internet, sur abonnement, au même titre que JLR® permettant de visualiser sommairement les activités transactionnelles qui ont eu lieu au niveau des propriétés. À titre d'exemple, si une propriété s'est vendue quatre fois au cours des dernières années, vous serez informés du prix, des noms des acheteurs et vendeurs et de la date des transactions.

U **Valeur marchande:** *(Market value)* - désigne le montant estimé qui serait payé pour les titres de biens immobiliers ou pour un permis acquis ou aliéné si le bien immobilier ou le permis sont offerts dans le marché libre par un vendeur consentent et annoncé sur le marché pendant une période raisonnable et d'une manière qui soulèverait un intérêt raisonnable.

Z **Zonage:** Instrument de contrôle de l'utilisation du sol qui détermine, pour chaque partie du territoire, des usages autorisés et des normes d'implantation en rapport avec ces usages.

Affirmations

Je connais le langage de mon métier!

J'aime rendre accessible mon langage.

Je suis connaissant(e) de mon métier!

J'aime vulgariser mes connaissances.

www.ingramcontent.com/pod-product-compliance
Lightning Source LLC
Chambersburg PA
CBHW061119220326
41599CB00024B/4092